LEARN TO OPERATE

学会运营

高效增长的52种方法

52

METHODS
FOR EFFICIENT GROWTH

袁野 著

无论你所要运营的产品形态如何，只要是想通过互联网来获取用户、留存用户和转化用户，运营中都会遇到冷启动期种子用户获取难、成长期用户裂变传播难、成熟期用户转化难等问题。然而，一切运营问题的根源均可回归至用户维度。因此，以用户为本就能探寻出互联网的运行规律，找到运营问题的症结所在。所以，本书从用户的角度出发，通过对运营的整个过程进行梳理，系统总结出了52种运营方法，以期解决每个互联网运营从业者通到的实际问题。

图书在版编目（CIP）数据

学会运营：高效增长的52种方法 / 袁野著. — 北京：机械工业出版社，2021.8（2024.5重印）
ISBN 978-7-111-68713-9

Ⅰ.①学⋯ Ⅱ.①袁⋯ Ⅲ.①企业管理—运营管理 Ⅳ.①F272

中国版本图书馆CIP数据核字（2021）第142280号

机械工业出版社（北京市百万庄大街22号　邮政编码100037）
策划编辑：赵　屹　坚喜斌　　责任编辑：坚喜斌　蔡欣欣
责任校对：王　欣　　　　　　责任印制：郜　敏
中煤（北京）印务有限公司印刷

2024年5月第1版第3次印刷
170mm×240mm・19印张・1插页・257千字
标准书号：ISBN 978-7-111-68713-9
定价：85.00元

电话服务　　　　　　　　　网络服务
客服电话：010-88361066　　机　工　官　网：www.cmpbook.com
　　　　　010-88379833　　机　工　官　博：weibo.com/cmp1952
　　　　　010-68326294　　金　书　网：www.golden-book.com
封底无防伪标均为盗版　　　机工教育服务网：www.cmpedu.com

推荐序

"用好产品改变世界"一直以来都是我做产品的理想。而好产品，也需要好的运营，就像顶级的赛车需要顶级的赛车手一样。产品和运营只有目标一致，融合为一个有机的整体，尽最大努力满足用户需求，才能给用户带来最好的体验。所以，我会经常与业内优秀的运营人员做交流。

机缘巧合下，读到了阿里巴巴前同事的这本书稿，让我感触颇深。从产品的角度来看这本书，确实是一部优秀的作品。

首先，他发现了一个问题，即那些愿意学习运营的人总需要整块的时间把一本书从头看到尾，才能领会其中的内容，并且发现绝大部分的案例是无法复制的；其次，他把这个问题转化成了一个需求，即运营人员可以碎片化地学习，翻开书就有收获，遇到问题可以直接查询解决思路；最后，他满足了这个需求，把运营理论充分工具化，可以用于不同的运营场景和产品形态。这一点不约而同地契合了我对产品经理的理解：所谓产品经理，就是发现问题并描述清楚问题，然后将其转化为一个需求，发动一批人将这个需求实现。我想，他已经做到了。

此外，我注意到他对运营层级的划分也很有意思，第一阶是学习基础运营知识，而最高阶除了管理团队（领导力相关）以外，竟然是"运营的产品化"。跟他交流后才了解到，他认为运营水平的最高阶是能把运营策略做成产品，让更多的人使用这个产品后再实现他们自己的"运营策略"，从而解决更多人的问题（或满足更多人的需求）。能把运营理解到产品的层面，真的很重要。因此，本书的内容通用性极强，适合各类产品运营、电商运营、活动运营、用户运营、策略运营等。

还有一个值得注意的地方，就是书中的短视频和直播的部分。那些基础且有效的运营方法，那些有趣有用的案例，也给了我对短视频和直播产品新的启发。在用户使用时长被短视频平台极大占据的今天，几乎所有面向大众消费群的产品都可能在短视频和直播平台中大放异彩，可获得的收益却大相径庭。我想，应该是运营的细节没有做好，而运营的细节，是基于对平台的理解。因此，直播这部分内容，推荐大家仔细研读，一定会有特别的收获。

　　最后，运营的高级形态是产品，产品的升华靠运营。

　　希望你能通过本书实现最高级的运营，跟我们一起，让好产品改变世界！

阿里巴巴前产品专家、《人人都是产品经理》作者，苏杰

2021 年 7 月 1 日

前言

一个顶级的运营人员，需要具备的核心能力是什么？

是解决问题的能力。

完成绩效指标是大多数运营人员最关心的，因为关系到直接收入与职位晋升。但是，有时候完成指标很容易，解决问题却很难。

产品运营、电商运营、策略运营、新媒体运营、用户运营、内容运营、增长运营、社群运营、活动运营、频道运营、数据运营、供应链（产业带）运营、垂类运营、短视频运营、直播运营……

以上所有运营岗位中，选择哪些岗位才能成为顶级的运营人员？

选择哪些岗位并不重要，重要的是要具备获取用户、留存用户和转化用户的运营能力。因为，互联网可以被看作一种工具，对于每个运营人员来说是"平等的"，但有的人能通过其改变世界，有的只能通过其做简单的信息同步。就像数学也是一个工具，有的人用它造出了原子弹，有的人只会用它买菜找零。那些顶级的数学大师，发现了数学的运行规律，并且将其提炼总结成为公式，当其他人再遇到类似问题的时候，只需要套用公式，就能得出正确的答案。本书的目标也是如此，围绕所有运营的最终结果——获取、留存和转化用户，总结出复用性极强的运营方法，希望在这些运营方法的帮助下，处于不同产品形态、不同目标用户和不同运营阶段的互联网项目，都能找到各种运营问题的答案，从而使你真正具备"解决问题的能力"。

互联网行业是个"浮躁"的行业，几乎每个产品都是那么的"急功近利"。"快速增长""短期爆发""一夜成名"几乎成为所有运营相关内容的核心利益点。但是，世界上真的存在很多"快速、有效、短期内爆发"的运营方法吗？本书将 52 种运营方法看作是一个长期的学习过程，每个星期熟读、会用、执行、总结一个方法，52 个星期后，相信你的运营能力就会有质的改变。在这里，从没有一种方法是 100% 可以复用的，也从没有一种方法能够使你简单快速地一夜成名，有的只是踏踏实实地学习，通过这些方法的启发，结合自己实际的产品运营特点和所处阶段，做出适合自己的运营策略并且执行下去。

目 录

推荐序

前言

第 1 章 52 种运营方法概述

1.1 互联网运营的趋势——流量边界被打破后的融合运营 ... 002
1.2 互联网运营的典型困境与误区 ... 005
1.3 52 种运营方法的创作背景 ... 009
1.4 52 种运营方法的内容特点与结构 ... 010
1.5 52 种运营方法的使用说明 ... 012
1.6 52 种运营方法的组成明细与导览 ... 013
1.7 52 种运营方法的有效性升级 ... 022

第 2 章 获取 / 留存用户

2.1 获取 / 留存用户的典型困境与原因 ... 024
2.2 获取 / 留存用户的 20 种方法 ... 024
    2.2.1 流量四维度分解法 ... 025
    2.2.2 流量圈层法 ... 032
    2.2.3 全渠道综合布局法 ... 038
    2.2.4 用户路径规划法 ... 040
    2.2.5 用户 16 宫格分析法 ... 046
    2.2.6 老用户价值矩阵 RFM 分析 ... 048
    2.2.7 用户激活 / 召回法 ... 052
    2.2.8 碎片需求拉新法 ... 054
    2.2.9 变现类社群运营 8 要素法 ... 057

2.2.10	线下融合法	... 065
2.2.11	惊喜节点设计	... 068
2.2.12	用户偏好盲测法	... 071
2.2.13	产品实物化	... 075
2.2.14	标杆打造法	... 077
2.2.15	产品六维度分析法	... 082
2.2.16	净推荐值（NPS）法	... 089
2.2.17	入口图点击提升法	... 090
2.2.18	关系链挖掘法	... 097
2.2.19	营销活动游戏化	... 101
2.2.20	大型营销事组织实践法	... 105

2.3 获取 / 留存用户的实战心得 ... 114

第 3 章 转化用户

3.1 转化用户的典型困境与原因 ... 118
3.2 转化用户的 14 种方法 ... 119

3.2.1	分层竞争力分析	... 119
3.2.2	用户决策因素分析法	... 126
3.2.3	锚点定价法	... 133
3.2.4	商品属性竞争力分析法	... 137
3.2.5	五感满足法	... 140
3.2.6	消费决策全链路干预法	... 149
3.2.7	三级渠道法	... 158
3.2.8	相关因素法	... 162
3.2.9	结果导向法	... 169
3.2.10	破零法	... 171
3.2.11	价值转移法	... 173
3.2.12	商品分类分层运营法	... 176
3.2.13	用户分类分层运营法	... 183
3.2.14	终点推荐法	... 186

第 4 章 运营综合能力与管理能力

- 4.1 运营综合能力的六阶成长 ... 192
- 4.2 提高运营综合能力与管理的 16 种方法 ... 193
  - 4.2.1 业务逻辑分层分析法 ... 194
  - 4.2.2 数据分析四种基础方法 ... 205
  - 4.2.3 节点跟踪法 ... 218
  - 4.2.4 运营方案模板 ... 222
  - 4.2.5 终态构造法 ... 225
  - 4.2.6 结果倒推分方法 ... 232
  - 4.2.7 视觉交互效率提升——三三法则 ... 238
  - 4.2.8 运营节点流面试法 ... 240
  - 4.2.9 运营提效管理——运营人员成长的三维评估 ... 244
  - 4.2.10 运营职级制度与运营能力特征模型 ... 247
  - 4.2.11 绩效相对排名法 ... 252
  - 4.2.12 每日清单法 ... 257
  - 4.2.13 风险预警法 ... 261
  - 4.2.14 反向验证法 ... 263
  - 4.2.15 复盘方法 ... 266
  - 4.2.16 头脑风暴法 ... 269

第 5 章 短视频/直播平台运营

- 5.1 互联网常规体验的上限 ... 274
- 5.2 短视频/直播运营的基础数据指标 ... 274
- 5.3 短视频基础运营整套方法 ... 275
  - 短视频运营整套方法 ... 275
- 5.4 直播基础运营的全套方法 ... 285
  - 直播运营整套方法 ... 286

第1章
52种运营方法概述

1.1 互联网运营的趋势——流量边界被打破后的融合运营

随着技术的进步，当下互联网行业悄然发生了一次重大的变革——流量边界被打破。

大约在2018年之前，互联网行业的流量边界是相当明显的。用户在娱乐、购物和工具类产品中有着相对明显的行为边界，比如，获取内容资讯到腾讯新闻、今日头条或微博；看视频就会去优酷、爱奇艺，买东西会到淘宝、天猫和京东；信息沟通会利用微信、钉钉等工具型产品。同时，各类产品在流量变现生态里有着各自的主要营收方式，电商平台靠交易佣金和商家广告费；腾讯新闻、今日头条、优酷和爱奇艺等主要依靠广告收入，同时还依靠向电商平台导流赚取商品交易佣金；微信以打通腾讯游戏、广告和第三方服务来完成变现。从本质上来说，当时的互联网行业各类产品的流量绝大部分是泾渭分明并且互惠互利的，消耗用户时间的产品（包括内容/娱乐类、工具类）通过商业广告的形式导流到消耗用户金钱的电商交易类平台，最终形成了典型的互联网产业商业化路径。彼时主流的运营方法无非就是从内容类/娱乐类平台买流量，然后引流到交易类平台进行用户转化，最后引导用户加微信群、关注微博再引导用户回流。从用户获取到用户转化最终到用户回流，横跨了多个产品类型，所以，运营分工也更加细致：内容运营、商品运营、用户运营、活动运营和流量运营，各自需具备相应的专业能力。虽然各大平台都在不停地尝试做"能力闭环"，即内容/娱乐类平台做电商交易以直接变现，交易类平台大力做内容以获取用户时间，但真正成功的几乎没有。

然而，流量边界随着短视频类产品的崛起被打破了。短视频不仅可以极大地消耗用户时间，还可以直接进行商品交易，再加上与直播的天然衔接，通过直播销售商品完成集中式的快速变现，购买用户大部分又都是该短视频账号的粉丝，在首次购物后即可以更低成本使客户回流（直播带货的复购率比传统电商平台高1～2倍）。因此，从用户获取到用户转化最终到用户回流，可以通过短视频平台"闭环"完成，流量边界被逐步打破。

更为重要的是，直播给予用户的视觉、听觉体验，是互联网通过一块屏幕（手机、平板电脑等终端设备）能给予的上限。用户体验的进化与内容形式的发展的大致联系，如图1-1所示。

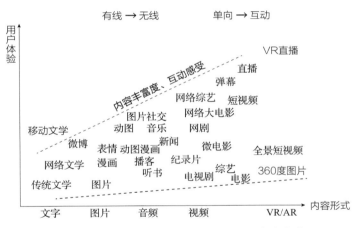

图1-1　互联网内容形式与用户体验形态的演进

因此，展望未来的互联网产品发展趋势，除工具类产品以外，大部分内容类、交易类产品都会短视频化、流量变现直播化。

流量边界被打破，也意味着运营的边界被打破。

一个高水平互联网运营人员的评估标准，不再看其是否具备专项能力，而是要看其是否具备综合能力。短视频和直播时代的到来，要求运营人员需要同时具备内容（包括短视频或图文）运营能力、用户运营能力、活动运营能力、产品运营能力、商品运营能力和运营管理能力等综合能力。所以，运营人员所需的知识结构和能力结构也发生了变化。

运营知识要向五横两纵的结构进行完善。图1-2展示了运营知识结构整体为五横两纵，其中，左右两边的"X行业"，就是你目前的核心变现行业。记住，互联网是工具，真正产生价值的是行业本身，互联网只是极大地提升了信息的传递效率、降低了信息的传递成本和拓展了信息的边界，使大部分行业更加快速地规模化并且降低了成本。比如，X行业是服装零售行业，加上互联网就是服饰电商，套用图1-2，左边纵向就应该是"什么是服饰零售行业"，右边纵向应该是"服饰零售的上下游需要什么"；再比如，X行业是教育行业，加上互联网就是在线教育，套用图1-2，左边纵向就应该是"什么是教育行业"，右边纵向应该是"教育行业的上下游需要什么"。另外五个横向的知识模块，就是通用性极强的"互联网运营"知识。在接下来的内容中会逐步讲解。

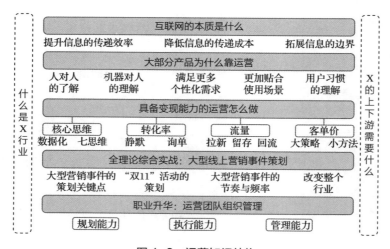

图1-2　运营知识结构

运营能力的提升，要学会使用"工具"，学会使用"运营方法"，并且一定要结合自己的行业特点，找到符合自身产品发展方向的运营战略和运营策略。学习单一岗位的运营方法论和看那些无法复制的案例已经变得越来越没有意义了。

1.2 互联网运营的典型困境与误区

互联网运营的典型困境通常有三种：其一，试过很多学到的方法，但用户量始终无法大规模增长；其二，用户无法留存，引流成本特别高；其三，有一定规模的用户量，但无法有效商业化，流量变现困难导致经营困难。陷入困境久了，往往会陷入运营的六个误区，最终的结果是产品体验越来越差、新增用户越来越少、老用户流失越来越多并且越来越无法产生有效收入。

因此，我们先将误区梳理出来，再围绕三大困境，提供多达 52 种的运营方法，助力运营人员解决更多问题，实现业绩增长。

误区一：过度关注用户增长，忽视真正的用户体验

大部分互联网公司都设有用户增长部和用户体验提升部，但用户体验被真正关注的其实并不多，大部分所谓的"体验优化"都是在产品里把视觉设计优化一番。诚然，视觉体验是互联网产品的主要体验，但并不是全部。最终的结果是，小到一个入口图设计，大到产品核心竞争力的提升，每个人嘴里都讲着用户体验，但落到产品里的"优化"却大都是个人审美、领导建议和成本妥协。

要真正关注用户体验，须从用户的五个感官层面逐一分解并层层优化。因此，用户体验可以这样定义——五种感知的总和加上反馈效率带来的第六感愉悦的程度。

五种感知，即视觉、听觉、味觉、嗅觉和触觉的感知；

反馈效率，即用户发出一个请求，产品（整体业务形态）给用户的反馈速度，大部分情况下速度越快越好；

第六感愉悦，即所有感官体验达到优质并反馈速度极快后，用户心里产生的超出预期的程度，超出预期越多愉悦程度越高，低于预期越多不愉悦程度越高。

只有用户体验提升部把用户的五种感觉都拆分出来，针对每个感官都采

取"优化策略",才是真正的关注用户体验。

误区二：过度关注产品价值，忽视价值结构

产品价值几乎是做产品、做运营的人被问及频率最高的问题。

"我们所做的这个产品有什么价值？"

"我们对公司的价值贡献是什么？"

"我们该如何提升我们的工作价值？"

以上三个问题常被戏称为"灵魂三问"。

这些问题有意义吗？有意义，但讨论产品的价值结构更有意义。

"我们目前做的整体产品，可以满足用户5种需求，其中，满足需求A和需求B是核心价值，需求C和需求D是补充服务，而需求E是创新项目，最大的价值是试错，可能是下一个突破点。"

"我们目前所运营的产品对公司的价值贡献在第×个需求得到最大化满足，对比竞争对手我们的特点是××。最终目标是用户路径中的一环得到更高转化，比如，拉新、转化、留存；注意、兴趣、了解、行动、分享。"

"我们提升工作的价值就是以核心产品为用户体验中心，向外拓展更多的衍生价值。"

如此，讨论产品的价值结构，就是站在一定高度看运营策略的合理性。而不是单纯地去想局部的产品"功能提升"，把功能当价值是永远找不到核心价值的。

误区三：过度关注数据结果，忽视数据决策

大部分运营人员都特别关注数据结果，在工作汇报时大篇幅地展现，并且找到各种自己的工作与数据结果的关联性，从而证明自己的业绩。但是，数据结果的产生，很大部分原因是因为产品整体都好，所以局部也不会太差。真正需要更多关注的应该是根据"数据结果"拆分出"数据过程"的不合理部分，然后改进运营策略与运营重心，做出真正的数据决策。比如，曾

经遇到的一个真实情况，某年的运营目标是新增用户数 100 万，最后的数据结果是新增了 120 万名用户，表面上看超额完成任务值得庆祝，但实际上这 120 万名新增的用户里，来自付费推广的用户占比超过 60%，基本上是花钱买过来的用户。反观这些用户的留存率和转化率，都是历年来最低的，这就意味着下一年的用户流失会非常严重，同时也意味着当年浪费了太多营销资源。

因此，我把运营的数据决策能力分为三个等级。

第一级：看懂数据结果，能找到若干问题并有相应办法；

第二级：从历史数据看到未来趋势，提前做运营规划布局；

第三级：大胆假设，小心求证，对未出现的问题及时预测并避免，对已出现的机会用数据验证策略的有效性。

误区四：过度关注用户数量，忽视用户成本

互联网产品的价值评估有三个维度，用户数量、用户时间消耗和成交金额。其中，用户数量是基础，只有用户数达到一定的量级，才能产生可观的用户时间消耗和成交金额。所以，用户数量一直被大部分运营人员优先关注。

用户数量是可以花钱买来的，要么把核心业务的价格降到亏本的程度，比如打车类产品，靠着疯狂的补贴使用户形成习惯；要么直接发现金红包给用户，比如春节期间各大互联网公司派发的现金红包，都能在短期内带来大量新增用户。但是，花钱买来的用户质量并不高，大部分用户将红包提现后即流失了。所以，一个负责任的运营人员，不仅要会通过钱来买到用户，更需要关注每个新增用户的成本。

用户成本建议分为三层来看：第一层是直接成本，即活动期所有花费的预算金额/总新增用户数，评估整体活动的单个用户成本；第二层是绝对成本，即活动期所有花费的预算金额/(总新增用户数 – 日常平均新增用户数)；第三层是综合留存成本，即活动期所有花费的预算金额/7 日内有二次访问

的新增用户数。真正高质量的用户运营，是使综合留存成本降到最低。

误区五：过度关注私域数量，忽视私域转化

说起近三年互联网行业的热门词汇，"私域流量"肯定能排到前列。几乎每个公司的运营人员都在追求所谓"私域流量"，可到了最后其实都在关注组建了多少个微信群，每个群有多少人，再加上微信公众号、短视频账号有多少粉丝，这就是所谓的"私域流量"。以实际效果来看，绝大部分用户群都没有真正高效的产出，群内的运营手段通常是推送活动信息和商品广告，而参与者寥寥。因为大部分用户的微信里都有上百个群，每日的信息量非常庞大，拉人入群容易，使群真正有效难。因此，需更多关注私域流量的转化能力，更多关注有多少用户在参与互动，有多少用户能贡献成交，有多少用户把产品良好的口碑分享出去。这些都需要整套私域流量运营方案的支持。

误区六：过度关注自己走得多快，忽视了大家走得多远

一个人可以走得很快，但一群人才能走得更远。

在互联网行业，技术岗位相对"标准化"，代码写得好与坏，大多数情况下都有数据可以衡量；产品岗位相对"流程化"，任何产品功能的改进与优化，都会到产品最高领导者处过审，其个人的判断非常关键；运营岗位，则充满非常多的不确定性，活动策划、商品选择、推广策略等几乎是一环扣一环，每一个动作都关系到其他运营部门的工作效率，这就要求每个运营细分岗位都有很强的协同能力。所以，相比于技术岗位、产品岗位，运营岗位更需要组织协同。

因此，个人运营能力达到一定层级时，必须要学会带领团队一起前行。

综上，以解决三大困境为终极目标，更关注真正的用户体验、更关注产品的价值结构、更关注数据决策、更关注用户成本、更关注私域流量转化、

更关注运营团队的建设和管理，成为以下运营方法的基石。

1.3　52 种运营方法的创作背景

在近 10 年的互联网运营工作中，遇到很多同事对于自身运营能力提升产生的困惑，大家普遍都看了很多相关书籍，可总是无法运用到实际工作中。总结下来，以下三个问题尤为突出：

（1）书的篇幅较长。不少人工作较为繁忙，没有时间、精力把一本书完整地从头看到尾；

（2）很多书中都会提出一个理论或借鉴行业通识理论，然后再搬运一些知名企业案例套入理论中；

（3）很多书中的运营方法论在当时是有效的，但放到读者执行时行业已产生较大变化，在自身业务中效果不佳。

所以，我就一直在想，有没有可能总结出一套像字典一样的运营工具书，打破时间的限制，无论环境发生了怎样的变化，当你遇到具体问题时，可以随时查阅。查到解决方法后，结合自身业务特点，去做适合自己产品的运营方案。然后在执行过程中，可以对比书中作者亲自做过的那些案例，看看最后的执行效果有哪些差异。再根据这些差异，总结出一套适用于自己公司产品的方法论。最后，将书中的运营方法，外化成一次运营实践，内化成读者自己的能力。这应该是一本书的内容真正能对读者产生实际帮助的最好方式。

经过回溯多年运营实战，我将用过的工具/方法总结下来，形成了 52 种运营方法。这些方法就像是不同型号的螺丝刀一样，有的人可以拿它修建航空母舰，有的人只能做出一把椅子。无论取得何种成绩，记得在书中预留的空白处，书写经过实战后你的改进方法。

1.4　52种运营方法的内容特点与结构

　　本书是一本不需要从头看到尾，章节与章节之间没有很强的逻辑关系和先后顺序的书。你只需要在遇到运营问题的时候，打开目录，找到适合你现在的项目/产品情况的方法，透彻地理解相关原理、技巧、使用方法，然后带着团队一起做出适合自己运营阶段的方案，执行下去，最后去收集数据看效果反馈，等待这些方法带给你的结果。

　　需要注意的是，所有方法产生的效果在当时都是正向的，并且每一种方法都是经过实战检验才沉淀下来的，但是，一定不要100%地完全复用，在你看到这些方法时环境已经有所改变，无论是技术的进步、用户习惯的改变，还是新的产品形态的产生，都会使这些方法所产生的效果有所不同，更不排除由于产品目标人群特殊或者时间点特殊，导致在某些极端情况下，运营方法是无效甚至是反效果的。故而在使用这些方法时，一定要充分地考虑目前自身产品的情况。就好像开车跟着导航走，一般情况下导航会带你顺利到达目的地，但偶尔也会出现前方修路或有事故发生的情况，导致你需要绕行，甚至干脆调头离开。

　　在内容结构方面，这52种方法都会包含方法名称、方法分类、针对问题、影响指标、应用场景、方法图标和实战案例。其中：

　　方法名称，是这个方法的高度概括。大部分方法都是在实践中总结出来的，所以名字可能很新颖；还有部分方法，是行业通识且运用比较广泛的，这些方法加入了"改进升级"，并且使用的案例也是最贴近现在的，所以，这部分方法的名字你可能已经知晓，但内容却完全不一样。

　　方法分类，是该方法的类型，包括获取/留存用户、转化用户和综合运营能力与管理能力。这些都是方法的大类，没有继续向下细分为产品运营、电商运营、用户运营或社群运营等，原因是很多方法可以多岗位通用，而每个公司对每个运营岗位的职责分配并不一样，比如，有的公司把社群运营归为用户运营，有的公司把社群运营交给单独的部门来做。所以，在方法分类上不再向下细分，只需关注方法大类即可。

针对问题，是指该方法主要可以解决实际运营工作中的哪类问题。注意，方法能帮助解决的问题都是运营层面的，对核心业务逻辑或业务模式的设计可能帮助不大。比如，某内容平台如何销售二手奢侈品，最适合的模式是什么，这样的问题是无法通过书中的方法来帮助解决的，但可以从部分方法中找到启发。本书中的方法能解决的问题是，已经确定了核心业务模式的企业，通过互联网如何获取/留存用户，如何转化用户（内容如何做、交易路径如何设计）。

影响指标。除了解决问题外，这些方法必然会影响很多运营指标。每个方法都有直接影响的指标和间接影响的指标，在不同的互联网产品中影响程度也是不一样的，所以，给出的影响指标只能作为参考。同时，也可以针对自身所负责的指标来进行方法的选择。

应用场景，是指此方法的细分应用场景或在某个体验层面带来的好处。比如，是在用户咨询的时候使用，还是用户首次打开产品的时候使用，抑或是在个人工作汇报、用户体验分析、竞争分析等运营具体工作中使用。此处仅仅是举例了常规的应用场景，每个工具实际使用场景可以有很多"跨界"的方式。

方法图标，是该方法的图形化展示，帮助使用者记忆或理解。

实战案例。每个方法均会有一个在运营实战中的使用案例，以帮助大家更深刻地理解方法的使用技巧。这些实战案例除了包括我在过往公司工作时的产出，还包括我与知名品牌合作咨询项目时的产出，所以，实战案例的内容很多都会涉及不同品牌的不同类型产品和不同渠道，使各个方法更加全面、通用、适用于不同类型的产品。

另外，在每一种方法的最后，尽量留出一部分空白，用于运营方法的反馈，借此希望你能使用运营方法产出结果，通过反馈形成适合你自己的业务且真正有效的方法论，引导你也做出运营方法论的沉淀。

1.5　52种运营方法的使用说明

无论你是刚入行的新人，还是具有多年运营工作经验的老手，都可以找到适合自己目前工作情况的运营方法。

使用52种运营方法，只需要遵循三个步骤：

（1）明确问题，由大拆小：明确目前所遇到的具体的1个运营问题，将这个问题分解为若干个子问题。将每个子问题分类，找到书中对应的问题类型，逐个匹配解决方法（见图1-3）。

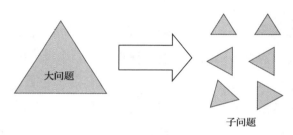

图1-3　运营问题由大拆小

（2）运用方法，套用现状：套用到实际的运营问题中，写出适合当前现状的运营方案，制定目标（最好是可量化的数据指标），执行跟进一段时间（建议为3个月）（见图1-4）。

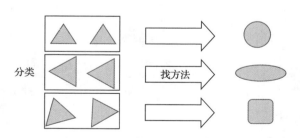

图1-4　对问题分类并使用解决方法

（3）总结复盘，改进方法：将适用于自身产品情况的改进方法、执行效果和升级理论进行总结，组织分享会与同事共同提升运营能力（见图1-5）。

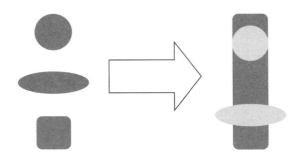

符合自己情况的运营策略

图 1-5　根据方法做出符合自己情况的运营策略

1.6　52 种运营方法的组成明细与导览

52 种运营方法分为三大部分——获取/留存用户、转化用户和运营能力。这些方法适合所有运营岗位，如，产品运营、内容运营（包含新媒体运营）、用户运营（又可称为用户增长、增长运营）、社群运营（本质是用户运营）、活动运营、流量变现、数据运营、策略运营、电商运营等。原因是，虽然各个运营岗位名称不同，但运营工作的职责都是互相覆盖和相通的，并且带来的结果就是获取/留存用户、转化用户和服务用户。比如，在用户运营里，要分析数据（数据运营），要做活动（活动运营），要做推广（推广运营），要做内容（内容运营），要改进产品体验（产品运营），还要做用户关系管理等。最后，无论在哪一个细分的运营岗位上，都要提升自己的综合运营能力和管理能力。因此，52 种运营方法最终不做运营岗位的分类，只做运营结果的分类，即获取/留存用户、转化用户和运营能力。

特别注意，在获取/留存用户部分和转化用户部分的方法中，很多方法的边界并不清晰，有的方法既能获取用户同时也能为转化用户做重要铺垫，有的方法在不同使用场景下获取/留存和转化用户的功能会互换。所以，下述所做的方法归类，是以通常使用效果为基础，其更侧重于哪一类即归入哪一类。

第一部分，在获取 / 留存用户的方法中：

有产品相关的方法：此类方法的目标是提升运营人员对产品本身的理解、认知、价值和用户体验的把控能力，通过这类方法，运营人员可以分析自身的产品和竞争对手的产品的优劣好坏，在功能层面给产品经理提出需求来改进产品，在用户层面可以通过运营手段去获取新客。

有用户体验相关的方法：此类方法的目标是让产品拥有更多的用户。其中，社群运营包含在此类里。这类方法主要是对用户进行深度的分析，然后进行用户的分类与管理，再通过触达手段进行用户的召回和激活，让新用户更多地互动，让老用户更频繁地互动。

有内容相关的方法：此类方法的目标是通过内容让用户增加对产品的黏性，可以有效地增加用户的访问频次及停留时长。内容类的方法侧重于用户线上行为的研究，再通过不同的内容形式，引导用户更频繁地互动。

第二部分，在转化用户的方法中：

重点是流量变现相关的方法，此类方法的目标是让你的互联网产品真正地赚钱。首先是流量变现方式的研究，然后是通过主流方式如何做才能让用户心甘情愿地去付费，最后是用户转化为客户（付钱后称为客户）后，还有哪些运营方法可以让用户第二次甚至更多次地付费。获取用户仅仅是第一步，有价值的互联网产品都是可以商业化的，都是要把用户转化的。

有做营销活动的方法，此类方法是通过活动的方式让用户更多地转化。实践证明，在互联网运营中最有效的转化用户的方式，就是利用各种活动。让利型或补贴型的活动最为有效，其他的如线下交流的活动，大部分都用于老客户维护。使用低成本做高效果的活动，是此类方法的重点。

第三部分，在提升综合运营能力的方法中：

主要是通用型特别强的运营能力的提升，其中知识结构与思维方式共同形成能力。在互联网行业中，无论做什么类型的产品都是需要这些基础能力的。

第 1 章
52 种运营方法概述

有数据化运营的相关方法：此类方法是几乎所有运营人员应具备的核心能力。所有互联网公司在运营决策时都必须依靠数据做判断。数据类的方法不需要有数学、统计专业背景，不会涉及复杂的数学模型或计算方法，只需要有基本的数据工具使用能力即可。运营人员对数据的分析，需要结合自身的经验和对趋势的把握。

最后是互联网运营特色的管理方法：此方法专注于挑选真正具有实力的运营人员，管理更聪明、更有经验的运营人员。管理类的方法更多的是从运营工作的特点出发，从招聘面试到员工晋升考评，管理类方法覆盖了整个员工在公司的生命周期。

表 1-1 是所有方法的罗列，可以快速找到你需要的方法。

表 1-1 运营 52 种方法大全

序号	方法名称	方法分类	针对问题	影响指标	应用场景	方法图标
1	流量四维度分解法	获取/留存用户	流量成本高、流量获取难、流量获取手段少	新用户数、引流成本、投入产出比	流量获取、种子用户获取、渠道建设与布局	
2	流量圈层法	获取/留存用户	流量分发不合理、不同层级运营服务商扶持策略效果欠佳	流量分发效率、利用效率、回流人数	平台型产品运营时内容流量、商品流量分发的机制建设，供给侧用户的良性竞争引导	
3	全渠道综合布局法	获取/留存用户	全渠道铺设后成本急剧升高、渠道管理效率低、变现成本高	总用户数、销售金额、退换货率	整体渠道布局与渠道运营策略、细分渠道运营方向制定、渠道冲突解决	
4	用户路径规划法	获取/留存用户	产品综合体验不佳、用户访问深度浅、变现路径不清晰	用户留存数、用户活跃度、变现转化率、产品好评率	产品基础运营规划、竞品对比分析、产品迭代方向、用户转化分析	

(续)

序号	方法名称	方法分类	针对问题	影响指标	应用场景	方法图标
5	用户16宫格分析法	获取/留存用户	用户的召回/激活成本高、无法衡量客户价值与客户贡献、重点用户运营无方向	用户分层运营效率、用户激活率、复购率和回流率	做整个产品用户生命周期分析、用户流失/留存现状分析与策略制定	
6	老用户价值矩阵RFM分析	获取/留存用户	用户关系管理不合理、忠实用户不挽回、价值低的用户频繁打扰、用户管理成本高	回购率、老客户激活率、分享/传播率	不同价值用户的维护与定向营销、高价值用户的深度服务、新产品种子用户的获取	RFM
7	用户激活/召回法	获取/留存用户	用户的激活/召回效率不高、用户召回的痛点挖掘不够、时间点/人群选择错误	激活率、召回数、回流成本	定期的用户激活/召回策略制定、配合RFM数据分析具体的落地策略方向	RRR
8	碎片需求拉新法	获取/留存用户	新产品冷启动成本高、种子用户获取困难、种子用户无法转化为忠粉并裂变	新用户数、裂变传播数、用户增速	产品冷启动策略制定、新用户裂变方式研究、用户增长的打法思考方向	
9	变现类社群运营8要素法	获取/留存用户	社群用户整体不活跃、社群传播力和影响力不足、拉新成本高	新用户数、回购率、复购金额	新型用户关系管理策略、社群运营与粉丝运营策略制定、用户口碑裂变渠道建设	
10	线下融合法	获取/留存用户	用户真实反馈少、用户痛点挖掘不深入、精准用户少	新用户数、转化率、反馈效率	获取精准用户、增强新用户的信任程度、形成粉丝裂变与互动运营	
11	惊喜节点设计	获取/留存用户	用户裂变与传播难、无传播动机、无超出预期的体验	新用户数、二次转化率、潜在用户获取数	新产品种子用户获取、用户运营策略制定、产品最后路径闭环设计	

第 1 章
52 种运营方法概述

（续）

序号	方法名称	方法分类	针对问题	影响指标	应用场景	方法图标
12	用户偏好盲测法	获取/留存用户	用户的第一选择是竞品、对自己的产品过于自信、缺乏新产品与行业顶级产品的体验差距分析	用户满意度、产品评分、用户活跃度	产品竞争力分析、用户内容偏好研究、产品重大改版、用户行为习惯研究	
13	产品实物化	获取/留存用户	互联网产品融入用户生活难、用户离开"屏幕"后唤起难、无法提示用户来访	用户活跃度、回购用户数、线下流量来源数	融入用户生活、提醒用户回流到产品、惊喜设计之一	
14	标杆打造法	获取/留存用户	冷启动困难、种子用户获取成本高、用户对产品没有形成有效认知	新商家数、新用户数、用户增长率	平台型产品招商、新产品测试	
15	产品六维度分析法	获取/留存用户	产品竞争力分析不成体系或者不完整，找不到关键差距，没有明确变现路径	用户好评率、用户数、转化率	产品分析、竞品分析与用户体验优化、运营规划制定	
16	净推荐值（NPS）法	获取/留存用户	用户体验与满意度无法量化、产品评估维度过多无法准确判断质量	新用户数、流量成本、用户好评率	用户调研、用户体验分析、产品迭代前摸底	NPS
17	入口图点击提升法	获取/留存用户	付费广告投入产出比较低、推广引流用户数量少、站内用户跳失率高	投入产出比、点击率、转化率	内容平台获取流量、投放广告/大促活动页面优化、产品访问深度加强	
18	关系链挖掘法	获取/留存用户	用户增长遇到瓶颈、多消费场景和营销节点转化提升难、冷启动内容推荐效率低	新用户数、连带转化率、内容消费量	产品用户拓展、新用户增长规划、冷启动个性化推荐算法优化	
19	营销活动游戏化	获取/留存用户	用户停留时长短、访问频次低、大型活动效果不佳、新增用户少	转化率、停留时长、新用户增长数	大型营销事件运营、用户激活/召回、产品提升用户活跃策略	

（续）

序号	方法名称	方法分类	针对问题	影响指标	应用场景	方法图标
20	大型营销事件组织实践法	获取/留存用户	大型营销事件组织流程混乱、难以达到大活动效果、大活动筹备事项漏洞百出	活动参与用户数、成交金额、活动传播影响力	大型营销事件组织、战略目标完成计划制定、产品单点爆发活动策划	
21	分层竞争力分析	转化用户	流量变现困难、找不到变现与用户体验的平衡、转化率与传播率过低	成交额、转化率、分享数	流量变现时的竞争力提升、用户长线运营规划、用户自传播方案制定	
22	用户决策因素分析法	转化用户	产品迭代优化侧重点不清晰、变现商品营销点包装不够、内容/描述页/询单话术转化率不高	转化率、回购率、传播数	衡量运营人员/产品经理对核心业务的理解深度、产品升级、变现效率改进	
23	锚点定价法	转化用户	用户决策较慢、转化周期长、性价比评估没有参照	转化率、客单价、购买频次	周期性复购品类定价规划、不同渠道差异化主推产品策略、内容传播引流爆款产品选择	
24	商品属性竞争力分析法	转化用户	用户整体转化率低、产品没有竞争力、市场被动、竞品深度分析不够	转化率、每日活跃用户数、投入产出比	改进产品/服务竞争力、给用户充分的购买动机、选品与转化策略制定	
25	五感满足法	转化用户	线上线下打通型产品体验评估困难、用户认知培养缓慢、口碑传播少	新用户数、转化率、传播数	线上线下融合型产品或线上产品地推方案制定、多种感官体验产品策略制定、用户体验升级	
26	消费决策全链路干预法	转化用户	产品运营节奏混乱、推广/促销/转化节点配合糟糕导致投入产出极低、整个产品运营侧重阶段不清晰	转化率、流量来源、投入产出比	用户运营规划、流量变现全链路运营、全网舆论优化与用户决策深耕	

第 1 章
52 种运营方法概述

019

（续）

序号	方法名称	方法分类	针对问题	影响指标	应用场景	方法图标
27	三级渠道法	获取/留存用户	获取用户的基础渠道搭建不科学、用户来源渠道成本高、用户触达手段少	用户数量、内容传播度、销售额	流量变现整体规划、内容类产品分发渠道铺设、渠道策略与渠道管理	
28	相关因素法	转化用户	缺乏数据化运营、有效运营手段少、沉迷于传统运营、手段没有更新	所有指标	数据化运营加强、重点数据与运营动作的匹配、围绕数据目标的策略制定	
29	结果导向法	转化用户	表面的价值点包装与传递低效、用户无法快速形成认知、对利益点没有具象的概念	停留时长、转化率、好评率	内容页与商品页策划、设计迭代与描述升级、营销全案制定	
30	破零法	转化用户	在大型平台流量获取难、转化率较低、无从众心理消费引导	转化率	用于大型平台运营、店铺运营/账号内容运营或内容频道、整体权重提升	1+
31	价值转移法	转化用户	用户对商品价值评估时间长、高单价产品难转化、转化场景匮乏	销售额、购买用户数、社群数	弱化价格敏感用户对价格的感知、提升客单价与贡献值、增加转化动机与转化场景	
32	商品分类分层运营法	转化用户	变现商品/服务主次不分、投放效率不高、陷入价格战、无法真正产生盈利	总销售额、流量数、利润率	规划商品结构/服务结构/内容结构、价格策略制定、平台流量获取策略	
33	用户分类分层运营法	转化用户	分层运营太过粗放、激励政策无效、马太效应越来越明显、产生反效果	平台健康度、供给方丰富度	流量分发、平台运营、供给方运营、品牌管理、健康度分析	
34	终点推荐法	转化用户	无法提升客单价和关联购买件数、主营产品盈利极低、变现效率较低	连带转化率、客单价、销售额	客服询单转化提升策略、关联购买提升计划、用户连带转化率方案	A~B

（续）

序号	方法名称	方法分类	针对问题	影响指标	应用场景	方法图标
35	业务逻辑分层分析法	综合运营能力与管理能力	产品宏观运营战略不清晰，无法达成主产品核心目标，产品前台、中台和后台规划配合效率有待提升	所有指标	产品宏观运营战略规划、以运营及产品为核心的效率提升规划、共用中台和后台的模块拆解	
36	数据分析四种基础方法	综合运营能力与管理能力	无法做到数据化运营、日常数据分析找不到结论、汇报逻辑混乱且效果差	所有指标	日常数据化运营、日报/周报/月报运营数据分析、根据数据制定运营策略	
37	节点跟踪法	综合运营能力与管理能力	运营工作与取得的结果无法关联、运营策略有效性验证困难、无法及时发现运营问题	所有指标	日常运营管理与问题分析、有效运营策略的复用、利用数据提升实时发现问题与解决问题的能力	
38	运营方案模板	综合运营能力与管理能力	运营规划方案无从下手、年终运营总结质量低、高潜力机会项目申请资源难	绩效考评成绩、获得资源支持	运营规划、运营汇报和高潜力机会项目申请	总-分-总-时间-进度-资源-人
39	终态构造法	综合运营能力与管理能力	运营打法不明确、产品的价值待验证、冷启动困难	用户数、用户满意度、产品商业价值（估值）	满足用户所有需求的终极形态畅想、产品运营打法与价值提升规划	
40	结果倒推分方法	综合运营能力与管理能力	运营/产品项目优先级难分、各员工工作的价值评估与意义	项目完成度、及时率、上线率	分工、岗位协作、产品提升评估、重要性分级	
41	视觉交互效率提升——三三法则	综合运营能力与管理能力	设计与运营协同效率低下、引流入口图的美观与有效难平衡、活动上线时间过长	准时上线率、活动流量获取、成交额	公司运营效率提升、设计与运营协同方式与权责划分、产品整体体验升级规划	1 2 3

第1章
52种运营方法概述

（续）

序号	方法名称	方法分类	针对问题	影响指标	应用场景	方法图标
42	运营节点流面试法	综合运营能力与管理能力	无法选拔出真正的人才、不能提出关键且正确的问题、难以甄别高水平运营人员	所有指标	面试招聘、运营交流、述职晋升	
43	运营提效管理—运营人员成长的三维评估	综合运营能力与管理能力	运营人员的成长与职级评估无依据、奖惩制度不明确、运营职级设置不合理	稳定性、离职率、人才梯队合格率	人才梯队建设、自身运营能力评估、运营团队管理思路	
44	运营职级制度与运营能力特征模型	综合运营能力与管理能力	运营层级不明确、层级晋升路径模糊、下一级能力要求不清晰	离职率、晋升率、员工积极性	运营人员的职业评估、下一阶段成长所具备的能力、晋升评估标准	
45	绩效相对排名法	综合运营能力与管理能力	运营人员/客服人员的离职率高、团队不稳定、绩效考核受淡旺季影响大、团队内因为工资问题气氛差	离职率、投入产出比、总成交额	流量变现中与客服、运营、销售相关的管理与考核工作	
46	每日清单法	综合运营能力与管理能力	日常运营总是在救急、运营没有规划性、目的性，流程不清晰	所有指标	日常运营管理、运营人员执行规范管理、每日运营工作检查	
47	风险预警法	综合运营能力与管理能力	产品不分大小各有风险，系统级、体验级、舆论级、合规级问题不可把控	投诉率、好评率、分享传播	新规则、新功能、新商品迭代上线前的风险预警、风险应对策略	
48	反向验证法	综合运营能力与管理能力	运营人员提出产品需求但无法获得高优先级、业务运营价值验证难	关键项目决策效率、优先级评估时间	运营规划汇报、产品运营优先级提升方案	
49	复盘方法	综合运营能力与管理能力	运营复盘无法找到关键问题、同样的错误反复出现、没有后续执行	后续运营所有指标	大型活动复盘报告、运营工作总结汇报、问题回顾与改进方案制定	

（续）

序号	方法名称	方法分类	针对问题	影响指标	应用场景	方法图标
50	头脑风暴法	综合运营能力与管理能力	某些专项问题无法解决、产品没有突破点、运营没有亮点	运营有效性、专项相关指标	创新产品功能、营销活动主题创意、内容运营评估	
51	短视频运营整套方法	短视频/直播	短视频渠道获取用户、转化用户和服务用户			
52	直播运营整套方法	短视频/直播	直播渠道获取用户、转化用户和服务用户			

1.7　52 种运营方法的有效性升级

在每一种方法的后面，都会留有空白。当你运用相应方法开展了实践，请将你的项目的名称、产生的背景、遇到的问题、解决方案和最后结果一同填写到反馈模板中。接下来，烦请编辑成文，发送至微信公众号：xiaoyedianshang929，就有机会与作者互动。

希望在经历了各种产品的实践检验后，本书还可以帮助更多的人。

学会运营
高效增长的52种方法

第 2 章
获取 / 留存用户

2.1 获取/留存用户的典型困境与原因

目前，获取/留存用户的典型困境是用户增长缓慢、获取新用户（流量）的成本高和无法有效留存用户。

用户增长缓慢的主要原因是产品运营方法欠缺，核心用户需求没有被超出预期地满足；另外，互联网行业的产品越来越综合化，大平台的产品（App）也能满足用户不同的需求，导致中小企业的产品获客非常难。电商运营场景中也一样，大型电商平台几乎占据了市场90%以上的份额。

获取新用户的成本越来越高是互联网行业的共识，不仅是由于互联网渗透趋于饱和而流量红利消失，还由于用户的需求也更具多样性和不确定性，无法通过简单统一的商品、服务满足，也无法通过规模的提升而降低成本。

无法有效留存用户主要是由于互联网行业竞争空前激烈，大型公司通过补贴、降价和发红包等方式不断提高用户的预期，使中小企业的产品即使综合体验更优，也无法抵抗直接"发钱"的利益诱惑。另外，运营手段匮乏和产品核心竞争力缺乏也是造成无法有效留存用户的重要原因。

因此，获取/留存用户的方法为第一优先级，本书总结出了多种方法，帮助大家从产品竞争力、用户需求超预期满足和获取/留存用户的运营手段三方面提升用户获取/留存的效果，同时降低成本。

2.2 获取/留存用户的20种方法

获取/留存用户部分共有20种方法，适用于产品运营类、用户运营类和内容运营类等岗位。

2.2.1 流量四维度分解法

序号	方法名称	方法分类	针对问题	影响指标	应用场景	方法图标
1	流量四维度分解法	获取/留存用户	流量成本高、流量获取难、流量获取手段少	新用户数、引流成本、投入产出比	流量获取、种子用户获取、渠道建设与布局	

流量四维度分解法是互联网运营中针对流量获取的最核心方法。其底层逻辑是"获取流量之前",先明确"流量的来源",不同的来源有不同的特性,或量大、或精准、或转化、或流失。在做运营数据分析时,几乎任何关键指标的大幅度波动,都要先分析流量波动,流量波动的分析节点就是看来源的波动。

流量四维度分解法是先将流量来源分为四个维度:站内流量、站外流量、免费流量和付费流量。所谓的"站",是指获取流量的"核心渠道"。然后将其组成四个象限,每个象限的流量就会具备两种维度,分别是站内免费、站内付费、站外免费和站外付费,如图2-1所示。

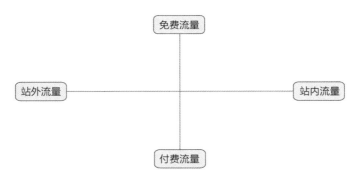

图 2-1 流量四维度分解法

接着,围绕产品的核心渠道,把流量来源逐一梳理到图2-1的四象限图中实时监控,定期总结分析,最后调整策略和运营重点。下面,分别以电商运营和互联网产品运营举例说明。

以电商运营为例，X 品牌在核心渠道淘宝网的运营，采用流量四维度分解法后，可以得出如下的来源图，如图 2-2 所示。

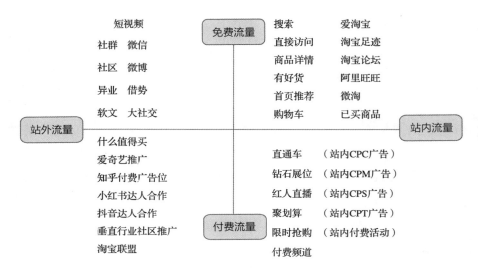

图 2-2　采用流量四维度分解法后的详细来源

图 2-2 中各维度流量来源大多是高度概括的，在每个来源中还可以再细分，如站内免费中的"搜索"流量，就可以再次细分为淘宝搜索、天猫搜索和订单搜索，每个搜索渠道来源还可以再向下细分到"搜索来源词"，也就是具体有多少用户通过某个关键词而访问品牌店铺的，都要细分拆解来看。精细化的运营，是要看到最底层的来源维度的。表 2-1 是拆分到关键词的搜索流量监控表。

表 2-1　搜索流量关键词监测

品牌	商品型号	日期	淘宝搜索人数	TOP5 进店关键词	搜索人数	天猫搜索人数	TOP5 进店关键词	搜索人数
X	微波炉 –MD	12 月 10 日	2890	微波炉	883	1785	微波炉	632
				微波炉 X 品牌	771		微波炉 家用	451
				微波炉 家用	425		微波炉 正品	322
				微波炉 包邮	433		微波炉 X 品牌	252
				微波 光波炉	378		微波炉 智能	128

（续）

品牌	商品型号	日期	淘宝搜索人数	TOP5 进店关键词	搜索人数	天猫搜索人数	TOP5 进店关键词	搜索人数
X	微波炉–MD	12月11日	2978	微波炉	879	2102	微波炉	635
				微波炉 X 品牌	763		微波炉 X 品牌	477
				微波炉 智能	632		微波炉 家用	423
				微波炉 包邮	473		微波炉 包邮	328
				微波炉 家用	231		微波 光波炉	239
	烤箱–KM	12月10日	3177	烤箱	971	1746	烤箱	619
				烤箱 28L	848		烤箱 家用	441
				烤箱 包邮	476		烤箱 智能	315
				烤箱 智能	467		烤箱 X 品牌	246
				烤箱 X 品牌	415		烤箱 烤排骨	125
		12月11日	3274	烤箱	966	2058	烤箱	622
				烤箱 包邮	839		烤箱 家用	467
				烤箱 智能	695		烤箱 智能	414
				烤箱 大	520		烤箱 X 品牌	321
				烤箱 X 品牌	254		烤箱 28L	234

* 表中数据均为举例，非真实数据。

站内付费和站外付费的流量，无论推广渠道名称叫直通车还是钻石展位，都可以根据付费方式而总结为 CPC（按点击量付费）、CPM（千次展示成本，即按千次展示付费）、CPS（按照成交量付费）和 CPT（按照展示时间付费）这四种是主流的互联网广告付费方式。付费流量最重要的运营结果是控制 ROI（投入产出比），站内付费流量的 ROI 普遍好于站外付费，原因也比较简单，用户访问"站"的动机就比较确定，如果"站"是电商平台，对应确定性的用户动机就是"购物"，所以 ROI 会较高。

站内付费流量的引入和运营，关键是做"低于竞争对手的流量成本"。而站外付费流量的引入和运营，关键是做"用户消费决策的影响和传播广度"。所以，付费流量的日常运营数据表应该加入"人均引流成本"和"投入产出比"。

对于新品牌的电商运营，笔者建议优先投入站内付费，优先级建议最先投 CPS 广告，其次是 CPC 广告，最后投 CPM 广告。站外付费流量方面，笔者建议在商品月成交量已经积累 1000 件以上或 300 个以上的评论时再开始投放，不建议刚上线就投站外付费流量。制订一份付费流量监测表，关键的维度和数据如表 2-2 所示。

表 2-2　付费流量监测表

日　期	付费流量成交金额（元）	总推广费（元）	付费总流量数	人均引流成本（元）	投入产出比
12 月 10 日	11436	2859	953	3	4
12 月 11 日	8320	4160	832	5	2
12 月 12 日	2295	2295	459	5	1
12 月 13 日	2802	2802	467	6	1
12 月 14 日	8160	1632	408	4	5
12 月 15 日	11388	3796	949	4	3
12 月 16 日	24720	4944	824	6	5
12 月 17 日	2728	2728	682	4	1
12 月 18 日	3060	3060	510	6	1
12 月 19 日	3984	996	249	4	4
12 月 20 日	36680	7336	1048	7	5
12 月 21 日	27450	5490	915	6	5
12 月 22 日	8064	2016	504	4	4
12 月 23 日	5140	1028	514	2	5
12 月 24 日	2688	2688	448	6	1
12 月 25 日	4172	2086	1043	2	2
12 月 26 日	14496	3624	906	4	4
12 月 27 日	26250	5250	750	7	5
12 月 28 日	6732	1683	561	3	4
12 月 29 日	4932	822	274	3	6

图 2-2 中的"站外免费"流量，是日常品牌自有的站外营销阵地。这个来源的特点就是性价比极高，几乎是以最低的成本吸引更多的新增用户。

该流量运营的核心是"内容运营",站外免费的渠道大部分是内容型平台,需要较强的内容制作能力。

以互联网产品运营为例。Y产品是一款互联网教育类App,主要面向的用户是互联网运营人员和产品经理。其主要获取用户的渠道为各大"应用市场",如腾讯应用宝、华为应用市场和苹果的App Store等,变现方式为销售课程,所以,"站"就划定为应用市场,站内即为应用市场内,站外即为应用市场外。如图2-3所示

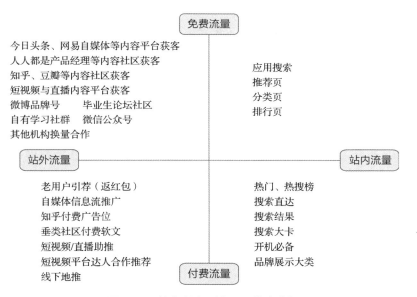

图2-3 教育类产品流量四维度分解

这类产品的线上主要获客渠道其实是今日头条、网易、抖音等内容类平台,获客方式是把优质课程的片段做成免费内容发布,获取粉丝后引导用户下载App进行成交转化。

显然,互联网产品与电商的流量来源分解具有不同的特点。互联网产品更加依赖"站外免费"渠道的内容运营,电商运营更加注重核心渠道站内的免费+付费运营。这样做是为了平衡"获客成本"与"获客质量"。

从上述教育类产品的流量四维度分解来看，这类产品的运营策略通常不会过度依赖某几个大型平台，而是全网内容平台都做内容分发。运营策略的第一步往往是产出"爆款内容"，通过优质的免费内容获取用户关注（成为粉丝），第二步才是适时推出付费类课程促进其转化，第三步是把转化后的用户组成社群，第四步是引导各类用户做传播（渠道是社交软件、社交媒体等），第五步是给已传播的用户奖励。这些步骤所引来的新增流量，都可以再次归纳到图 2-3 所示的流量四维度分解中的某个象限里。最后如此循环往复做增长运营。

四维度的流量梳理完成，下面就是"数据监控"和运营策略调整。主要看"数据异常点"，然后对比竞争对手该流量来源的数量和来源关键词等情况，最后，制定针对性的运营策略并实施。

举个例子，线上全渠道运营 X 品牌，从内容传播到交易平台销售所有运营工作都涉及。现状是 Y 品牌的成交额和市场占有率均为第一，X 品牌处在第二的位置。围绕某电商平台做两个品牌的数据分析和调研后，得出的结论是：转化率和客单价指标两个品牌相差不多，主要差距在流量方面，总流量相差 12% 左右。因此，X 品牌将大量的广告预算投放在站外平台，短时间内做到了流量快速上升，甚至总流量超过了 Y 品牌，但是 X 品牌的销售额却没有显著上升。站外投放引入流量虽然数量大，但是精准度较差，并没有转化多少。这就是品牌在运营中经常犯的错误，没有经过仔细分析，只看表面数据指标，就开始找短时间能提升指标的方式，导致达不到最终的销售结果，白白浪费广告预算。

对之前的数据重新整理，使用流量四维度分解法做一次更深入的来源分析。列出的"浏览人数"指标，代表了从该来源进入品牌店铺的总访问人数，用于衡量该流量来源的引流能力；"浏览次数"代表所有来访用户浏览的所有页面的次数总和，"人均浏览次数"（也称访问深度）等于浏览次数/浏览人数。这两个指标共同衡量该来源的"用户质量"，也就是衡量其引流的精准性，如表 2-3 所示。

表 2-3　X 与 Y 品牌的流量四维度分解法深度分析

流量维度	来源名称	Y 品牌 旗舰店			X 品牌 旗舰店			流量差距	流量差距比例
		浏览人数	浏览次数	人均浏览次数	浏览人数	浏览次数	人均浏览次数		
站内免费	主站搜索	4770	6249	1.31	4190	5531	1.32	-580	-14%
	品牌搜索	3851	5468	1.42	3560	5091	1.43	-291	-8%
	首页推荐	2609	3366	1.29	2719	3426	1.26	110	4%
	直接访问	1012	1427	1.41	973	1401	1.44	-39	-4%
	分类频道	973	1187	1.22	889	1040	1.17	-84	-9%
站内付费	CPM 推广	2640	2930	1.11	2711	3036	1.12	71	3%
	CPC 推广	2378	3210	1.35	1129	1310	1.16	-1294	-111%
	CPS 推广	1027	1304	1.27	518	616	1.19	-509	-98%
	CPT 推广	-	-	-	-	-	-	-	-
	付费活动	3102	3567	1.15	3213	3856	1.20	111	3%
站外免费	自有社群	3096	3901	1.26	2012	2515	1.25	-1084	-54%
	微信公众号	1948	2416	1.24	1629	2004	1.23	-319	-20%
	微博	606	679	1.12	709	801	1.13	103	15%
	异业合作	519	561	1.08	481	505	1.05	-38	-8%
站外付费	返利类平台	2673	2914	1.09	2711	2928	1.08	38	1%
	导购平台推荐	1243	1318	1.06	1321	1361	1.03	78	6%
	资讯平台硬广	356	360	1.01	349	359	1.03	-7	-2%
	短视频付费推广	164	167	1.02	186	188	1.01	22	12%
	总流量	32967	41023	1.13	29300	35968	1.23	-3667	-13%

上述深度流量四维度分解后，发现 X 品牌与 Y 品牌主要的来源差距有两大维度，一个维度是站内付费，其中 CPC 推广和 CPS 推广差距尤其明显；另一个维度是站外免费，其中自有社群和微信公众号差距更为明显。因此，下一步的解决方案应该是围绕站内付费推广的优化，可以在 CPC 推广中提高竞价，增加推广时段和区域等；在 CPS 推广中增加商品数量，提升返佣

比例等。而在站外免费部分，深度学习和分析竞争品牌的玩法，提升社群用户数和活跃度，另外是改善微信公众号的内容建设。这些都比在站外大量投入硬广更有效。

以上就是流量四维度分解法，在不同类型的产品运营中有不同的梳理方式和数据跟踪方式，一定要结合自身实际业务来开展。记住，每一个维度的流量来源都至关重要，而每一个来源，都可以比别人做得更好。

2.2.2 流量圈层法

序号	方法名称	方法分类	针对问题	影响指标	应用场景	方法图标
2	流量圈层法	获取/留存用户	流量分发不合理、不同层级运营服务商扶持策略效果欠佳	流量分发效率、利用效率、回流人数	平台型产品运营时内容流量、商品流量分发的机制建设，供给侧用户的良性竞争引导	

流量圈层法是对用户质量和数量综合分析后进行归类，然后给不同类别匹配不同内容（广义的内容，包括视频、文字、图片等形式）的一种方法。这个方法是一种流量分发机制，需要产品、算法的互相配合。此方法的使用前提是产品目前的用户偏好较为多样、分布较为广泛，或者产品中的内容过剩（比如有上千万件商品或过亿条视频），需要合理的筛选机制找出优质内容。

流量圈层法的本质是一个"投票"机制，即让同类型用户形成一个大圈层，再把圈层中的用户按数量进行分割。这种方法先要给用户数量最少的圈层匹配一个内容，然后收集反馈动作，并用数据衡量（就是点击率、收藏数、转化率、点赞量、播放时长和评论数等），这就相当于用户不断用行为（购买、付款、评论、点赞等动作）给内容"投票"，将票数较高的内容推向下一个数量级的圈层，以此类推。对于用户来说，投票越多（购买商品或查看内容就是一次"投票"），系统对用户的偏好理解越清晰，匹配的内容就越精准，对于产品（App）来说，被投票的内容越多，就越了解内容适合什么样的人，便能形成良性循环。

这个方法的思路最早来自于搜索引擎的排序方法。早年的谷歌，需要将高质量的网页排在前面，以获得用户的点击，点击越多说明体验越好。那么，定义"高质量"或找出"高质量"网页的方法就成为运营的关键。事实证明，谷歌找到了这样的方法。创始团队发明了反向链接。简单来说，就是对全网页面中互相链接的数量及质量进行分析，A 网页被其他网页引用的次数越多，则 A 网页的得分越高，排序也就越靠前，如果其他网页的质量也非常高，那么 A 网页的分数则会更高。这相当于是其他网页为 A 网页"投票"。A 网页的质量越高，被其他网页引用的概率就越大，其他网页如果质量越好，就继续给 A 网页加分。而具体网页质量的判断，可以收集用户的行为数据，包括直接访问人数、停留时长、跳失率等。

在实际运营的产品中，国内某大型电商平台的流量分发机制就是将用户特征打标签，然后通过标签形成不同的圈层。每个用户都被几十到上百个标签所刻画。基础标签包括性别、地区、月均消费额（评估购买力）；偏好类的标签有正装、运动鞋迷、有车一族；行为类的标签有购买过、收藏过、加购物车等。具有相同几个标签的用户，组成一个大的圈层。再对圈层进行数量级分割，形成用户量为 1 万—8 万—20 万—100 万不等的小圈层（数字仅为举例，实际用户量是由特定算法计算得出）。

然后，将平台上的商家也进行圈层分级。一般会分为 7 个层级，每个层级即是一个商家池。划分标准完全依照商家所在行业的成交额，越高的圈层，成交额的门槛越高。注意，不同行业由于本身市场容量的影响，进入一个圈层的成交额门槛值是不一样的。例如，糖果行业第一层级为成交额 0 ~ 400 元，第二层级为 401 ~ 12000 元；而服饰行业，第一层级的成交额可能为 0 ~ 1000 元，第二层级为 1001 ~ 30000 元。糖果行业和服饰行业本身的市场容量就不同（数字仅为举例，存在实时变动情况）。

平台数据系统中的商家层级划分，对应的是不同量级的流量池（见图 2-4）。

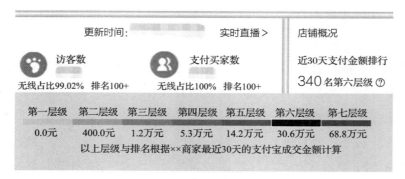

图 2-4　某电商平台数据后台层级划分

接下来，就是用户圈层与商家圈层的匹配：将一个产品推送给数量级为 1 万的目标用户池，通过用户的"投票"行为数据分析（包括点击率、转化率、收藏数、评论数等），表现持续良好就不断匹配到下一个数量级的用户圈层；而相同层级的商家，被匹配到的用户基础圈层是同一个量级的，如果商家的商品持续得到高票，商家自身也会升级到下一个层级，面对更大的用户圈层。这样互相促进，互相"投票"，使整个流量分发机制越来越精准、越来越完善，最终实现给对的人看对的商品，提升用户体验与流量利用效率，同时也让商家不断为了进入下一个层级而努力。

这个方法的好处还在于，防止了商家的虚假交易（刷单）。因为，产生虚假交易的买家账号标签都是非常混乱的，故而所在圈层也非常多变，当这些账号大量购买某个商品时，这个商品可匹配的用户圈层也就越来越多样，最后，系统就无法准确地将该商品推送到真实的精准用户面前，从而导致商品的真实投票数据越来越低，进而慢慢被淘汰。

另外，在新闻资讯型的产品运营中，也是基于此方法做推荐策略的。比如国内排名前列的新闻资讯产品，也是将用户偏好打标签（也就是形成用户画像），然后，一条新的资讯上线后，匹配感兴趣的第一层用户圈（数量级在 300 左右）。如果用户的点击率、停留时长、评论数、分享数达到一定比例，就会被推送到下一个圈层，数量级在 3000 左右，以此类推。在用户反馈数据特别好的情况下，最高可以推送到千万级的流量池。例如，图 2-5 为某内容平台的圈层流量池量级设计。

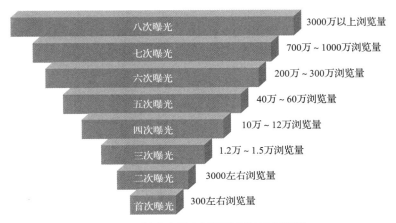

图 2-5　某内容平台圈层流量池量级设计

值得一提的是，资讯类产品对于信息的时效性要求较高，所以除了信息的用户"投票"数据外，还会额外加入发布时间的权重。理论上，越新的信息的权重会越高，达到某一个时间点（比如上线一个月）后，就会降低推荐的权重。

需要特别注意的是，用户的圈层是动态变化的。因为每个人在不同阶段的兴趣点会发生较大变化，有的兴趣会消失，有的兴趣会新增，所以对用户进行刻画的"标签"也是动态变化的。比如，一个刚工作的用户，感兴趣的内容可能是提升工作能力及处世方式的课程，感兴趣的商品限于基础的生活日用品；当用户积累 3 ～ 5 年工作经验后，随着收入的增加，感兴趣的内容可能是带团队的方法，感兴趣的商品是更高品质、更大品牌的东西；有了孩子后，感兴趣的内容马上变成了育儿经验分享，感兴趣的商品开始增加儿童玩具等。

那么，具体如何设计流量圈层才能使运营效率提高？根据用户量和产品的成熟度，可以将流量圈层法分为五个级别。不同产品在不同的阶段，适合不同级别的流量圈层运营。

第一级的圈层，是单一维度的划分。以用户的数量作为唯一划分依据，按照比例划分出不同的圈层。比如，总数的10%形成第一层，20%形成第二层，30%形成第三层等，以此类推。

第二级的圈层，是二维度的划分。将用户的数量加质量指标共同列为划分依据。首先是做用户质量的划分，质量衡量的指标包含月度访问次数、评论（互动次数）、分享转发次数等。如果是电商类平台，还可以加入购买金额、购买间隔时长和购买频次（单位时间内购买次数）来做"用户质量"的判断。然后，将质量类似的用户划为一个大圈层，根据比例划分为不同数量级的圈层，在匹配内容时，针对不同质量的不同圈层用户进行较为精准的展现。

第三级的圈层，是用户的特征刻画（打标签形式较为常见）和时间有效期匹配。以兴趣特征作为用户圈层的划分基础，再加入时间有效期的算法平衡，然后再按照用户数量按比例进行分割，这样形成的圈层是目前成熟产品较为常用的。用户形成圈层后，还需要将匹配的内容进行特征描述，打上相应的标签。最后通过产品的算法，匹配二者。可以想象，在未来的产品运营中，最有价值的就是能准确刻画用户及用户偏好的标签（数据），无论任何产品（App），只要明确了目标用户的兴趣特征，就可以低成本地找到目标用户，这是互联网运营的理想状态。

第四级的圈层，是找到各个标签的关联关系，从而找到用户偏好间的关联关系。这个时候就能不断"挖掘"用户的新需求，推送合适的内容，也就可以增加更多内容的曝光、点击和转化。比如，在电商的商品运营推荐策略中，如果一个用户购买了一双运动鞋，再推荐类似运动鞋的转化率是较低的，导致展现位置曝光后无点击，也就是进行了无效推荐。那么，如果找到运动鞋高关联的其他品类，且又是用户偏好的颜色、材质和价位，大概率可以提升推荐的有效性。由于商品间通常有"搭配关系"，因此可以对已购买商品同时又买了其他商品的用户进行关联标签的提取，比如，买运动鞋的用户又买了运动裤，那就可以从运动裤商品圈层中找到匹配该用户偏好的商品进行推荐。而在资讯娱乐产品中，标签之间的关联关系就比较难找，同样是喜欢看体育内容的一群用户,很难立刻计算出每个人还喜欢哪类内容。所以,大部分资讯娱乐产品会让用户先选择自己偏好的内容类型,再进入产品首页,抑或是优先推送大部分用户已"投票"过的优质内容,以留住新用户。随着用户访问次数的增加,推荐的内容也会越来越符合其兴趣偏好。

第五级的圈层,则是基于第四级后再加入"现实关系网"的运营策略。单个用户的特征偏好即使关联起来,挖掘潜在需求也只是面对"一个人",划分的圈层也只是"一个人"应该所处的位置。而人类社会是群居社会,可以让圈层和圈层之间产生关联,可以同时挖掘"一群人"的需求。比如,某电商平台(产品)的亲情号设计,除了可以增加"新用户"以外,更可以了解用户间的关系,后续加入现实关系网的策略划分圈层,场景营销就可以运营得非常高效了。例如,淘宝在春节时策划的"抢新春红包"活动,而且鼓励用户"帮助"父母绑定账号,一家人一起抢,人越多抢的红包越多。现实关系网明确后,你们的特征偏好可能就会被整合计算,最终共同形成一个偏好标签群,还可以形成一个特殊的"流量圈层"。然后,在日后的场景营销中,运营效率就会提升。比如,在过年过节或过生日需要送礼品的场景中,给你推荐对方偏好的商品(看过的、收藏过的、在购物车内的),同时在所有展现页面都加入相关节日元素,不断提醒你需要送礼物,最终促进转化(见图2-6)。

以上就是流量圈层法,它解决了用户高度复杂构成后的内容匹配问题,解决了内容过剩情况下高效挑选优质内容的效率问题。圈层的运营极限是做到在合适的时间给需求明确的人群(注意是一群人)匹配感兴趣的内容,就是最好的圈层运营策略。

图 2-6 淘宝 App 关联亲情号抢红包玩法

2.2.3 全渠道综合布局法

序号	方法名称	方法分类	针对问题	影响指标	应用场景	方法图标
3	全渠道综合布局法	获取/留存用户	全渠道铺设后成本急剧升高、渠道管理效率低、变现成本高	总用户数、销售金额、退换货率	整体渠道布局与渠道运营策略、细分渠道运营方向制订、渠道冲突解决	ALL

全渠道综合布局法是指为覆盖大范围的用户而做线上全渠道的布局，包括几乎所有的线上交易渠道和内容传播渠道。由于渠道过多会出现成本增高，运营效率降低，甚至是顾此失彼的情况，所以，特别设计了一套前台、中台和后台的结构，使全渠道综合布局更加高效，每个渠道都有自己的使命和运营策略，最后的目标是给产品带来更大的综合收益。

后台的作用是给所有业务提供底层支持，这里区别于互联网公司的技术后台和运维后台，此处是渠道结构的后台，因此包含两个重要的系统，围绕核心用户资产做运营、裂变。

那么，后台的这两个系统为：产品用户池系统和返利监测与结算系统。

产品用户池系统必须重点建设，因为用户信息是各类产品的核心资产，用于收集前台所有渠道的所有用户信息，包括交易信息（商品、价格、RFM等）、行为信息（点赞、评论、分享等）和基本画像（年龄、性别、所在地等）。

返利监测与结算系统，可以选择性分阶段地建设。目前用户裂变的最有效方式是人与人传播分享，产生预期效果后（如产生购买行为），传播者会收到一笔佣金。这时就需要返利监测和结算系统，促进用户与用户之间的传播。这个系统还可以做深度的关系链挖掘并进行营销。

中台的作用是输出内容（广义的内容，包括商品、服务）给前台各类渠道。包含三个部分，内容与分发、商品与资源和物流与售后。这三类属于供给体系，集中化、统一化的管理可以提升运营效率，避免每个渠道都有一套供给体系。

内容与分发，指的是整合内容制作、内容渠道分发资源，统一为产品做全网传播、全网舆论优化和内容营销。根据不同渠道的规则对内容做针对性优化。

商品与资源，指的是核心变现的承接物，可以是商品、服务或课程等内容。其中的资源是指变现承接物的返佣金、推广资源等。

物流与售后比较容易理解，就是所有渠道统一配送，售后有统一客服团队，可以减少成本，提高效率。

前台是所有渠道的枚举，如果核心业务是电商的话，渠道列表就是天猫、京东等；如果核心业务跟内容相关，渠道列表就是各大自媒体平台。每个渠道都有一些细分的模式或关键点，比如，阿里系渠道，分为淘宝、天猫和淘宝直播等不同特点的渠道类型。每个渠道最好有"一句话策略"，这句话高度概括该渠道运营策略方向，每个渠道根据发展阶段的不同，核心策略方向是不一样的。

电商类前台、中台、后台的渠道结构，可以总结为图2-7。

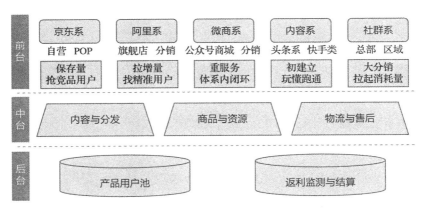

图 2-7 电商类全渠道综合布局

某酒水饮料产品的线上渠道综合布局可以参考电商类全渠道综合布局。前台枚举了线上全渠道，包括了京东系、阿里系、微商系等。我们接着提炼出两个关键的模式与特点。最后是"一句话策略"的提炼。比如，京东系，下面有两个关键的模式，京东自营和POP（开放平台）店铺，一句话策略是"保存量,抢竞品用户"。因为当时该品牌在京东自营的销售量相对较高,而增速较慢,基本是"存量竞争"格局,所以一句话策略就是保住现在的销售量,针对性地争夺竞争对手的用户。

如果是内容型产品(如教育类、短视频类或金融类),也可以描绘出前台、中台、后台结构,如图 2-8 所示。

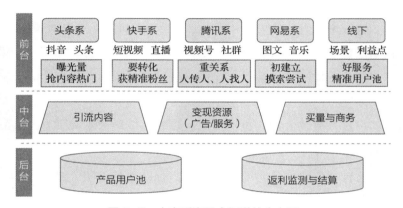

图 2-8 内容型产品全渠道综合布局

全渠道是互联网时代必须要做的,在用户决策和消费习惯如此碎片化的今天,每一个渠道的每一个用户都可能是产品的潜在用户。但是,渠道过多就会不可避免地产生冲突,也会极大地提高管理成本。因此,合理的、高效的渠道综合布局势在必行。

以上就是全渠道综合布局法,同样要根据自身的核心业务情况加以改进。

2.2.4 用户路径规划法

序号	方法名称	方法分类	针对问题	影响指标	应用场景	方法图标
4	用户路径规划法	获取/留存用户	产品综合体验不佳、用户访问深度浅、变现路径不清晰	用户留存数、用户活跃度、变现转化率、产品好评率	产品基础运营规划、竞品对比分析、产品迭代方向、用户转化分析	

用户路径规划法,指用户在对该产品信息的访问中产生的一系列行为,

每个访问节点(页面、功能)连起来就形成了用户路径。做好一个产品的运营,关键是明确用户的路径,以及每条路径带给用户的"感受"。

在任意一个互联网产品内,用户对产品整体的体验,包含"路径"和"内容"两个部分。其中,路径是指用户从打开使用到关闭最后一个页面,经历的每一步(或浏览的每一个页面)都算作一个节点,这些节点串联起来就形成"路径"。路径设计的好坏直接决定基础体验的好坏。另外一部分"内容"是广义的概念,包括文字、视频内容,商品(如果是购物类App),工具(如果是地图类App等),课程(学习类App)等。

用户路径用来引导用户解决问题,内容则是真正解决用户问题的核心。如何快速、准确、高效地让用户找到"满足需求的内容",是路径规划的唯一使命。

一套体验优质的用户路径规划具有四个要点。

A. 用户路径框架设计

在产品路径规划前,要进行路径的框架搭建。方法是先将产品页面分层级归类,每一个页面算作一个节点,将这些节点有效率地连接起来,自然就可以形成一条体验较好的路径。

分层级归类通常有四层,分别是认知层(导航层)、内容层(广义的内容,包括文字图片、视频、商品、课程等)、决策层和变现层,如图2-9所示。

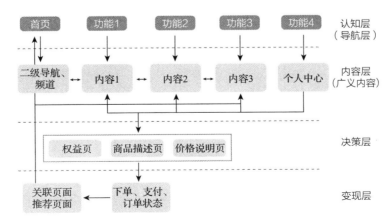

图2-9 用户路径框架设计

认知层也可以称为导航层。每个产品都有一个最核心功能（核心业务），其他功能（业务）都是对其的拓展或辅助。认知层就是规划产品首页所包含的核心+拓展功能（业务）。首页一定是简单直接的，即告知用户产品是做什么的，有哪些关键内容等。这是个最重要的页面，不同类型互联网产品的规划逻辑是非常不一样的。但是，共同点在于对用户需求两种动机的路径设计是一样的。这两种动机一个是寻找，另一个是发现。任何产品路径规划的逻辑，一定是在认知层中加入寻找动机和发现动机，具体谁为主谁为辅，不同类型的产品不一样。比如，工具型产品，就是以寻找动机为主，发现动机为辅，以地图类、词典类产品为代表；内容型产品，大部分是以发现动机为主，寻找动机为辅，以新闻资讯类、短视频类产品为代表。

比如，高德地图就是一款以寻找动机为主导的产品，其绝大部分用户是以寻找动机为主，打开 App 的目的就是为了找到一个地点并想办法到达，那么认知层的显著路径是引导用户去寻找，将寻找的体验做到最好。实际在设计路径时就会将搜索栏显著增大，甚至可以直接语音搜索，点击搜索栏马上提示搜索过的地点，以及分类地点和收藏地点。

抖音则是以发现动机为主导的产品，开屏就是有趣的短视频，马上给用户最直接的"核心业务结果"，从而形成强烈的认知，还有一些互动的小功能，如点赞、评论等作为辅助。

值得特别注意的是，发现动机和寻找动机，会随着用户习惯的改变而改变。最典型的就是电商类产品，之前大部分以寻找动机为主，想到买什么了而目标明确地去搜索，现在逐渐变为以发现动机为主，打开首屏就是先逛逛看，让系统告诉用户有什么是值得买的。由此，大家可以发现，淘宝 App 的首屏，从之前楼层式的分段展示，变为以智能推荐单品为主导，这是一次非常有效的用户路径改造。在 2018 年"双 11"后的总结会上，淘宝总裁明确表示，来自个性化推荐的订单数量已经超过了搜索带来的订单数量。

内容层即"广义内容"，包括图文、短视频、商品和服务信息。现在越来越多的产品有基础文字、图片、视频内容，还会有一些生活实用类功能，综合起来都是内容层需要研究的。运营的目标是尽可能使所有内容层的展示都"超过竞争对手"。

决策层是关键路径的节点，用户在这一层的内容里是可以做出"转化"决定的，可以是付费用户的转化，可以是互动行为的转化，如点赞、评论，也可以是其他行为的转化。这一层的路径往往和内容层的界限较为模糊，好的内容也是决策的依据。比如，电商产品中的商品描述页，内容类产品中的试看、试听。

变现层是最终用户付款购买的路径，包括下单、付款、付款后再次推荐等页面节点。这一层的路径设计，最好是可以"回流"到内容层的各节点，持续地使用户在产品中有"行为"。不建议到某个节点后，用户需要点击"退回"按钮回退。

每个层级之间要有交叉流动的路径，不建议只给用户一个层级路径的选择，或者必须跳回首屏才能转到其他层级的路径。

B. 最短路径到达关键节点

数据表明，在用户路径设计中每增加一个页面，就会产生一定比例的用户跳失。所以产生了各种各样的"漏斗分析"。因此，在做路径规划的时候，找出决策层的所有页面节点，尽可能缩短用户到达的路径。再进一步优化路径，尽可能缩短用户达到"感兴趣"内容的路径。购物类产品的运营策略是个性化展示（千人千面），内容类产品则是根据用户兴趣标签进行推荐（也是一种千人千面）。

C. 形成闭环

体验较好的路径规划可以使用户每到一个页面节点，均可以顺利地再访问到任何一个层级的页面。尽可能地避免出现"路径死胡同"，即访问到一个页面没有更多选择可以进行其他操作，只能退回到上一级页面。给用户一个畅行无阻的通道，就好像给了他一直向前开车而不需要倒车的体验，试想不用倒车进入停车位，而是直接前行就可以到达所有目的地，这样的体验是无与伦比的。从产品本身运营的效果来看，将路径形成产品体系内的闭环，所有的关键指标，诸如 PV、转化率、停留时长等，均会得到不同程度的提升，信息内容类产品尤其明显。

比如，某短视频产品的路径设计是这样的：用户浏览完毕一个短视频，必须退回到首页，再浏览其他短视频封面，点击后才能进入继续浏览。这样的体验并不好，不如直接下滑展示下一条短视频。

D. 符合大多数用户常识的预期

在用户路径入口的运营中，每点击一步进入的页面，其设计需要符合用户常识的判断。这些常识均来自于市场上占有率较高的产品，甚至一些专业词汇都由这些产品创造。在运营时，不需要刻意为了区别而区别，否则会极大增加用户理解的成本。

比如，在电商运营中，淘宝定义了线上的"橱窗"这个词，加入橱窗的商品即可有一定的搜索加权，这已成为行业通识。在另外一个电商平台中，将同样的功能称为"店长推荐"，这就比较反常识。在淘宝中专门有一个在店内展示的位置也叫"店长推荐"，但与"橱窗"的功能不同。所以，这样改通识定义，大部分用户是无法直接联想到正确的功能的。

还有一个常见的例子，大多数 App 都有一个 TAB（标签导航）入口名称为"我的"，点击进入可以查看订单信息、管理自己的身份信息、设置功能和查询售后服务等。因此，当用户想查询订单信息时，大概率第一反应就是点击进入"我的"页面。而有些 App 的路径则是将"订单"单独设计成为一个 TAB，就会导致大部分人点击"我的"后找不到订单，带着急切的心情回到首页再次寻

图 2-10　某电商类 App 反用户常识预期的设计

（产品会不断更新，截图为当时的版本）

找,最后在底部找到一个"订单"入口(见图 2-10)。这样的路径设计和体验都是相对"反常识"的,所以,用户感受非常糟糕。

最后一种常见的反用户常识的路径设计,是在产品首页出现的图片不可点击。一般来说,在产品首页出现一个大的图片轮播(通常称为首页焦点图),通常是可以点击并且进入一个内容集合页的。之前遇到一个产品,首页焦点图第一轮竟然不能点击,第二轮点击后显示了一则通知。这是非常违反常识的设计,用户体验自然也不好。

所以,在设计用户路径规划时,尽可能多地进行调研,了解大家通常的认知。

用户路径框架再进一步,可以抽象出一个产品典型用户路径。以电商类产品为例,可以得到一张用户路径图,如图 2-11 所示。

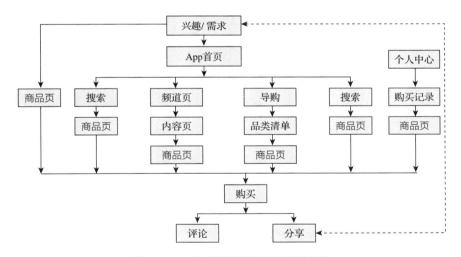

图 2-11 典型的电商产品用户路径图

从图 2-11 中可以看到,商品页是关键节点,肩负着决策和变现的功能。所以,原则上要有最短路径能达到商品页。频道页则包含了各类图文评测、短视频导购等内容,这些可以增加用户访问频次和停留时长,当然最后也会链接到"商品"页,形成购买动作。购买节点完成后,引导用户进行评论和分享,形成所谓的"路径闭环",可以让更多用户再来访问。

以上就是用户路径规划法，用于为用户打造一款路径清晰的优质产品。

2.2.5 用户 16 宫格分析法

序号	方法名称	方法分类	针对问题	影响指标	应用场景	方法图标
5	用户 16 宫格分析法	获取/留存用户	用户的召回、激活成本高、无法衡量客户价值与客户贡献、重点用户运营无方向	用户分层运营效率、用户激活率、复购率和回流率	做整个产品用户生命周期分析、用户流失/留存现状分析与策略制定	

用户 16 宫格分析法是指将已在产品（App）中产生过行为（访问、购买商品或特权付费）的用户分为四类，对每一类再进行四个数据指标的趋势综合分析，从而针对不同类别的用户采取个性化的运营召回和激活的策略。

数据表明，把已在产品中产生行为的用户再次召回和激活的成本，远低于通过推广拉新用户的成本，所以，当产品有一定的用户量时，就要对召回和激活用户做专项运营。运营策略根据核心业务不同而不同，但运营前的数据分析是相同的，大部分运营场景皆可使用用户 16 宫格分析法。

首先，该方法把用户分为四类：新注册用户、活跃用户、沉睡用户和僵尸用户。每一类用户的定义可以根据不同产品类型进行微调。

新注册用户：在目标分析时段内新注册的用户。

活跃用户：在分析时段内有过"活跃行为"（如购买过商品或观看时长超过 10 分钟）的用户。

沉睡用户：在分析时段前有过活跃行为，分析时段后没有更多行为的用户。

僵尸用户：已在产品中注册，但没有过任何活跃行为的用户。

目标分析时段指的是一个时间区间，所有的数据都在这个时间范围。比如，2021 年 1 月—12 月，这就是一个目标分析时段。目标分析时段是可以根据产品特性自行定义的。比如，活跃用户定义，可以是每日活跃分析，也可以是每月活动分析等。

然后，重点赋予每一层用户关键的四个指标。

新注册用户四大指标：新注册用户数、首次付费率、人均订单数和客单价（或是 ARPU 值即每用户平均收入）。

活跃用户四大指标：活跃用户数、复购率、人均订单数和客单价。

沉睡用户四大指标：沉睡用户数、唤醒率、人均订单数和客单价。

僵尸用户四大指标：僵尸用户数、激活率、人均订单数和客单价。

如果是电商运营场景，每一层指标再加入一个总的成交金额贡献即可。如果是互联网产品运营，可以加入变现指标，如会员购买总金额、付费内容购买总金额等。

最后，对每一层的每一个维度数据做同比数据分析，即可形成一张全面、详细并可预测未来走势的全景图，即用户 16 宫格分析图，如图 2-12 所示。

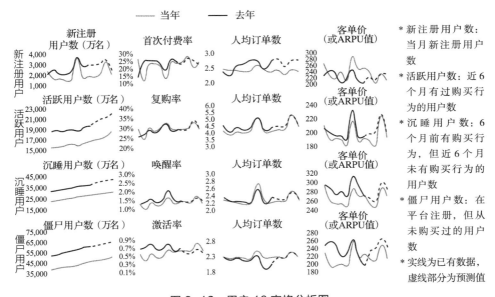

图 2-12　用户 16 宫格分析图

通过 16 宫格分析法可以对比趋势变化，可以预测未来的走势，也可以根据不同层级用户身份的变化趋势而决定着重做哪一块，这对于用户运营工作来说是既清晰又有效的。

更进一步,针对 16 宫格的用户身份转化也可以做出一个流转图,以更显著地分析用户流转,还可以验证运营策略的有效性,越多地流到活跃用户越好,如图 2-13 所示。

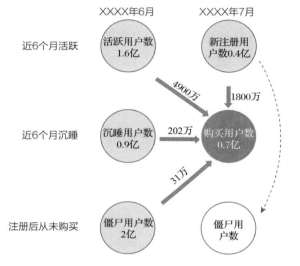

图 2-13　用户身份流转图

用户 16 宫格分析法在数据层面对产品的用户做综合分析,主要从用户关键行为(访问、注册、购买商品或其他消费)出发,以时间为尺度衡量定义用户类型,最终提炼出共性,再制定对应的运营策略。

以上就是用户 16 宫格分析法。再次提醒,这套用户运营方法可以适用于各类产品场景,但必须根据不同业务类型做调整。尤其是对僵尸用户、流失用户、活跃用户的定义。

2.2.6　老用户价值矩阵 RFM 分析

序号	方法名称	方法分类	针对问题	影响指标	应用场景	方法图标
6	老用户价值矩阵 RFM 分析	获取/留存用户	用户关系管理不合理、忠实用户不挽回、价值低的用户频繁打扰、用户管理成本高	回购率、老客户激活率、分享/传播率	不同价值用户的维护与定向营销、高价值用户的深度服务、新产品种子用户的获取	RFM

老用户价值矩阵 RFM 分析是指对已产生过消费行为的用户进行价值分析与排布，对不同价值的老用户采取不同的召回运营策略，常用于有变现交易的互联网业务中，也可以直接简称为"RFM 模型"。这个模型专门针对"已购买"用户的行为特征做分析，所以，可以看作是用户 16 宫格分析方法的补充和延伸方法，把最具有价值的"老客户"做单独的拆分，也意味着针对这类用户做单独的用户运营策略。RFM 是衡量用户价值和用户消费能力的重要方法。

RFM 模型是用户三种关键消费行为特征的缩写。

R 代表消费间隔时长（Recency），指最近一次消费至今的时间长度。可以反映当前用户的活跃状态。

F 代表消费频次（Frequency），是指在分析期内的用户总共购买的次数。可以反映当前用户的复购意愿度或忠诚度。

M 代表消费金额（Monetary），是指在分析期内用户总共消费的金额。可以反映当前用户的消费能力。

只要定义出 R 值范围和 F 值的具体次数，再把 M 值对应匹配，就可以得出一张电商运营的 RFM 常规数据表，如表 2-4 所示。

表 2-4 运营的常规 RFM 数据表

RFM 分析	F=1（购买1次）	F=2（购买2次）	F=3（购买3次）	F=4（购买4次）	F=5（购买5次）
R ≤ 30（近30天有交易）	214600 元 4500 人	110200 元 2310 人	43500 元 900 人	87000 元 1980 人	174000 元 3390 人
30<R ≤ 90（30-90天内有交易）	249400 元 5250 人	133400 元 2790 人	87000 元 1830 人	52200 元 1110 人	261000 元 5460 人
90<R ≤ 180（90-180天内有交易）	1160000 元 25350 人	510400 元 10650 人	232000 元 4830 人	116000 元 2610 人	319000 元 6690 人
180<R ≤ 360（180-360天内有交易）	4785000 元 99930 人	928000 元 20130 人	406000 元 8610 人	203000 元 4230 人	388600 元 6810 人
R>360（360天前有交易）	2610000 元 56190 人	580000 元 12720 人	191400 元 3990 人	98600 元 2040 人	203000 元 4290 人

通过表2-4，就能很快地找出该品牌的RFM人群特征，比如，R值在180～360天的时候，第二次购买的人最多，有可能此品牌所在的品类是半年后即使用完需要复购，也有可能是在180天左右做老客户召回效果最好。每个格子内的人数是随着时间变化的，可以连续监控表格内人群数据变化，形成趋势线和对比，就能找到更多问题。另外，每个用户除了RFM的数据，他／她的购买商品信息、收货地址信息和联系方式都要在底层数据库中有详细的记录，这样才能为人群定向营销做好准备，这样RFM才有实用价值。

特别注意，RFM分析模型必须根据不同行业的特征来选取R值范围和F值范围。快速消费品（食品饮料类、个人卫生用品等）通常R值选取为30天、90天和180天，F值则在1～8甚至更多，而耐用消费品的R值选取通常为90天、180天、360天甚至是更久，F值范围则在1～3左右。其他的互联网产品运营，可以把"购买商品"改为其他关键指标，比如知识付费、特权付费或者打赏付费。

除了上述的使用方法外，RFM模型还可以给单个用户打"消费特征"标签。此时，R值则代表该用户最近一次消费时间到现在间隔了多少天。比如，A用户在29天前购买过商品，那该用户的R值就是29天。F可以代表该用户在某时间段内的购买频次，比如，该用户在90天内一共购买了3次。M可以代表同一时间段内的总消费金额，比如，该用户在90天内一共消费了560元。这样在用户线上咨询时，系统自动匹配该用户的消费特征标签，以便客服人员给予不同的回复话术，提升转化率。

另外，根据每个用户的RFM标签，就可以定义出"人群价值"矩阵表。比如，把最近一次购买小于90天的定义为高R值，大于90天的定义为低R值；把90天内消费频次大于等于3次的定义为高F值，小于3次的定义为低F值；把单人消费金额高于平均客单价的定义为高M值，低于平均客单价的定义为低M值。R值、F值和M值完成高和低的定义后，人群价值矩阵如表2-5所示。

表 2-5　人群价值矩阵表

客户分层定义	R 值	F 值	M 值	用户运营策略建议
核心 VIP 客户	高	高	高	购买意愿高、消费能力强的特别忠实客户，建议单独划拨资源，在小范围内提供稀缺、价值高、体验好的个性化服务。组建头部 VIP 客户群
重点召回客户	低	高	高	同样也是忠诚客户，但最近无消费记录，可能还不到需求点（根据不同品类特性判断），建议通过新品发布优先购买特权、优先发货特权，新功能体验来召回
深度发展客户	高	低	高	最近有购买行为且消费金额高，只是频次较低，说明对品牌整体信任，老客户的触达频次或触达内容需复盘，建议做关联品类或上下游商品推送，或者推送满额免费赠送商品
重点回访客户	低	低	高	久未购买且频次降低，历史消费金额很高。建议客服团队定向回访，摸清用户的体验感受变化和具体原因，再提供个性化的服务
高潜力客户	高	高	低	仅消费金额较低，说明对产品认知强，有良好体验，但消费能力有限，建议给此类用户在高单价商品或服务推送时做定向优惠，不断提升用户的消费意愿
纯新用户	高	低	低	最近有购买行为，但消费金额和频次低，可能还未进入复购周期，或者是以红包利益吸引而来的尝新客户，建议做持续数据跟进观察，不必频繁触达，避免打扰用户
常规维护客户	低	高	低	最近无购买行为且消费金额低，但是频次较高。建议按照常规触达计划，规律地发送优惠信息、活动信息等，这类用户也是较好的用户体验调研对象
流失客户	低	低	低	此类用户大部分为已流失客户，可以抽取部分用户做随机采访，摸清产品在普通用户心理的认知

注：必须根据自身行业重新定义 R 值、F 值和 M 值的"高低"标准。

RFM 模型是用户 16 宫格分析法的延伸，围绕"已购买"的用户再次按消费时间间隔、消费频次和消费金额分出的用户"价值矩阵"，不同价值潜力的用户均有成熟的运营方向建议。

再次提醒，对消费时间间隔（R 值）、消费频次（F 值）和消费金额（M）的"高低"定义，必须要根据不同产品类型做调整。

2.2.7 用户激活 / 召回法

序号	方法名称	方法分类	针对问题	影响指标	应用场景	方法图标
7	用户激活 / 召回法	获取 / 留存用户	用户的激活 / 召回效率不高、用户召回的痛点挖掘不够、时间点 / 人群选择错误	激活率、召回数、回流成本	定期的用户激活 / 召回策略制定、配合 RFM 数据分析具体的落地策略方向	RRR

用户激活 / 召回法是指通过信息触达将用户批量拉回平台的方法。该方法有三个维度，用一句话概括就是在"对的时间"给"对的用户"发送"对的内容"。

A. 对的时间

"对的时间"是指在合适的时间点向用户推送召回信息。这个时间点的选择包含时段和日期段。时段选择是指在一天中具体推送信息的时间段，比如 14 点~ 15 点。日期段是指具体推送的某几日。不同的业务形态推送的时间差别非常大，而且要不断测试对自身业务最高效的时段和日期段。比如，在电商运营中，推送的时段为 9:00-10:00、12:00-13:00 和 19:00-20:00。一般来说是电商用户的访问高峰期，当然，不同品类也有少许差异，需要做测试；推送日期段，往往是在大型活动开始前 1 ~ 3 天逐步推送信息较为有效，另外还有活动当天的零点和即将结束的 23:00 再推送一次增加利益点的活动信息，召回效果都比较好。

在其他类型的互联网产品运营中，"对的时间"的差异就需要更多的测试和深度挖掘用户访问动机来确定。比如，新闻资讯类的产品推送，可能需要在每一天的 8:30-9:30 时段，以确保新闻的新鲜度，召回更多的用户，而直播类的活动可能是在活动前 1 天发送预告，当天的 18:00-21:00 再次推送可能效果更佳。每种类型产品的用户使用高峰时段均有不同。

B. 对的用户

"对的用户"是指目标推送人群大概率在当时的时间点是有相关需求的。不要求推送的人数多，但要求推送的目标人群准确。

"对的用户"的筛选方法可以通过用户 16 宫格分析法找到需要重点推送的人群，再通过其他的诸如收货地址、访问地址、访问设备型号、近期消费内容和近期消费商品等因素做综合推测。

C. 对的内容

"对的内容"是指给对的用户推送的信息。通常是一篇文案，该文案的设计要简洁、清晰、有利益点和行动点。前 13 个字必须包含核心结果和利益点。常见的错位是内容过于冗长，并且没有后续的行动点。

最后，在对的时间给对的用户发送对的内容全部确定完成，下一步就是选择用户触达渠道。触达的渠道越多越好，目前较为常用的触达渠道为：App 推送、短信、邮箱、微博、微信（群、公众号）和线下。

用户激活 / 召回法如果结合用户 16 宫格分析法则会更加有效。前端数据分析和用户分层分类，再配合在对的时间给对的人发送对的内容，最终形成高效的用户激活 / 召回。

举个例子，在用户召回运营实战案例中，有一款英语教育类 App 制定的召回策略产生了很好的效果。该产品内的英语培训课程有托福、雅思和大学英语四级、六级考试。

针对"对的时间"，测试了考试前 3 个月、前 2 个月和前 1 个月，但结果都比较一般。于是反向思考，在考试结束后推送是否会有更好的效果。于是选取了考试结束后，公布成绩的当天进行推送，效果特别好。

"对的用户"的选取比较简单，目标人群就是在校大学生，通过用户的定位信息（用户已授权）和购买地址，专门挑选出在各大高校的用户。线下的触达渠道，则直接选择高校内部的食堂、入口公告栏等传统方式。

"对的内容"是一套简单清晰有利益点的文案，大意为"还有机会！每日 1 元，考过英语四、六级，只需猛戳链接 ××××××"。该条文案首先非常简单清晰，利益点为"每日 1 元"，以极低的价格引起用户关注，"考过英语四、六级"是核心结果，符合目标人群的诉求；"猛戳链接 ××××××"是行动点，让用户看到推送后还能再跳转到目标页面形成最后的转化闭环。

以上就是用户激活/召回法,用于客户的召回/激活(转化),提升产品的活跃用户数和购买用户数。召回的用户是相对高质量的用户,值得付出成本去维护。

2.2.8 碎片需求拉新法

序号	方法名称	方法分类	针对问题	影响指标	应用场景	方法图标
8	碎片需求拉新法	获取/留存用户	新产品冷启动成本高、种子用户获取困难、种子用户无法转化为忠粉并裂变	新用户数、裂变传播数、用户增速	产品冷启动策略制定、新用户裂变方式研究、用户增长的打法思考方向	

碎片需求拉新法,是指对用户碎片化需求的满足,要做到超出用户预期的满足,使用户成为产品/品牌的"种子用户",由其作为用户裂变增长的基础。

无论是一个新的产品,还是一个新的品牌,无一例外地都会经历一个周期:产品上线期—种子用户期—裂变增长期—稳定运营期—可能的衰退期。每个生命周期节点都有各自的特点,其中,种子用户期(亦可称为冷启动)是最难做好的,绝大部分产品在种子用户期就失败了。所以,碎片需求拉新法,能最大限度地使产品进入裂变增长期。该方法的使用步骤如下:

首先,要站在"裂变增长期"往回看产品的运营策略,即明确怎样使用户自发地分享、传播产品(此产品为泛产品概念,包括App、品牌或服务)。核心原则是:提供极大超出用户预期的体验感,甚至是可以给用户带来极大的惊喜。

其次,制定触发机制,明确在什么样的情况下,可以触发执行极大超出预期体验的附加体验。触发机制分为三个方面:预算、种子用户标准和触发条件。

预算是前提,要有专门的人力、现金或赠品来支持此项运营策略。

种子用户标准是关键，直接关系到预算、投入产出比和裂变质量。遇到符合标准的用户要及时响应其碎片化的需求，有些时候还要主动挖掘用户预期，以便在执行的时候给予更高一级的体验。

触发条件是执行时机，需要有一个总的原则，加上若干灵活的、有弹性的规则。这是非常考验运营人员的商业敏感性和对用户需求挖掘能力的。

最后，是持续不断地运营种子用户，比较常见的方式是组成种子用户社群，或者将其作为核心志愿者来运营社群，最终引导其进行裂变。

举个实战的例子，某新兴品牌在做电商渠道运营时，所制定的碎片需求拉新的方案与效果。

品牌背景：从零开始创立的居家生活类品牌，主营居家日用百货、服饰、鞋包等品类。

碎片需求收集：所有一线运营人员必须每日做30分钟的客服，收集用户的各类需求。

预算：每人每日有200元额度，可以满足符合条件的用户的碎片化需求。

种子用户标准［关键，在满足第（1）条的情况下，第（2）条和第（3）条满足任意一条］：

（1）单笔购买金额在600元以上（这个标准是根据品牌平均客单价制定的，当时品牌客单价在90元左右，600元的门槛是很高的）；

（2）年龄在20～35岁，所在城市为一二线城市（符合品牌主打目标人群要求）；

（3）一个月内复购两次及以上的用户；

触发条件（满足任意一条）：

（1）收货地址是学校、公司、公共机构等同类人群聚集的地方；

（2）其他品牌或店铺拒绝过用户，但我们在成本可控（低于200元）的情况下可以满足；

（3）用户有情感诉求，如表白、生日、感恩等使用场景；

于是，在接下来线上某用户咨询的过程中，遇到了这样一个需求：用户购买了一套价格为 899 元的粉红色真丝睡衣,其所在城市为石家庄市(符合种子用户标准),他想要在这套睡衣里加入一张卡片,上面写"我很想和你度过余生",寄送地址是石家庄市的一所大学(满足了收货地址是学校、有情感诉求两个条件)。这是一个完全符合种子用户通过碎片需求拉新条件的购物场景。故而,立即启动了提前设计好的拉新机制。转交给拉新与用户增长运营人员专门跟进,务必做到"极大超出用户预期的体验感,甚至是可以给用户带来极大的惊喜"。

接下来,运营专员先是紧急通知仓库,留意此订单的流转状态,要在正式出库装车前找到此订单包裹并截留,然后自行开车到仓库(60 多公里的路程),并准备了一张充满浓浓情谊的卡片,按照用户要求写上"我很想和你度过余生",找到已截留的包裹,将此卡片放入包裹后再装车发出。同时,给用户及时的反馈(很重要),告知用户"您的要求已经帮您完成了,祝您如愿收获属于自己的幸福"。

这样就结束了吗?当然没有,这样只是完成了"符合用户预期"的体验。要持续地跟进,不断挖掘用户这种碎片化的需求背后还有哪些期望,并极大地超出其预期地满足。至此,运营专员会持续跟进用户的"结果",时常问候"目标种子用户"是否得到了自己想要的结果。令人遗憾的是,大约三个星期后,我们在退货仓看到了这件商品,用于表白的卡片也是原封不动地躺在这件真丝睡衣上。拉新运营专员马上与该用户取得联系,告知"结果",并且送上几句宽慰的话,用户好感度开始增加。至此,我们要更进一步,运营专员可以对用户说:"这件衣服虽然被退回来,但明显女孩是试穿过,曾经有一瞬间她还是接受了的,如果您不嫌弃,这件衣服我送给您。"用户停顿许久,回复道:"太感谢了!真心的感动!我都无法表达此刻的心情……"隔着屏幕我们都可以感受到用户那种惊喜、感动和难以言表的心情。

这,才是极大超出用户的预期体验。起始于一个碎片化的需求,触发了设计好的种子用户拉新机制,再不断地挖掘和跟进,直到产生了这样一个爆发点,让种子用户产生无与伦比的体验,从物质上和情感上,都得到了意想不到的体验感。

之后我们免费且及时地将这份意义非凡的商品寄给了这名用户。

到这就结束了吗？当然没有，该种子用户已经确立了忠实粉丝的身份，一定要再持续跟进，使其"裂变"，才能最后实现碎片需求拉新的目的。再过大约两周，我们邀请该种子用户成为某区域的品牌社群志愿者。他非常愿意加入社群，并且开始不断地拉亲朋好友入群。每逢品牌的促销活动，他都会不遗余力地帮助宣传。我们也提供了专属返佣链接，后来他通过为品牌拉新用户，每个月得到的收入不菲。

通过碎片需求拉新法，逐步建立了数以千计的"种子用户"社群，不仅为品牌以低成本好口碑的方式带来海量的新用户，还为品牌真正的销量做出了极大的贡献。

以上就是碎片需求拉新法，用于新产品的冷启动，获取第一批种子用户。注意使用此方法时，要将种子用户充分沉淀到可实时沟通的社群中，为后续的裂变打基础。

2.2.9 变现类社群运营 8 要素法

序号	方法名称	方法分类	针对问题	影响指标	应用场景	方法图标
9	变现类社群运营 8 要素法	获取/留存用户	社群用户整体不活跃、社群传播力和影响力不足、拉新成本高	新用户数、回购率、复购金额	新型用户关系管理策略、社群运营与粉丝运营策略制定、用户口碑裂变渠道建设	

变现类社群运营 8 要素法，就是对品牌/产品私有用户社群的关键要素进行提炼并制定运营策略，从而促进品牌/产品的用户转化、用户拉新和用户复购的一种方法。在此特别强调"变现类社群"，特指通过互联网产生销售行为的品牌/产品组建的社群，区别于普通内容型互联网产品、服务型互联网产品的社群运营。

变现类社群也是目前比较流行的"品牌私域流量"的重要组成部分。其特点是通过即时通讯软件（如微信）的群组功能，把用户批量导入进群，便于即时宣传、即时互动和即时转化。

变现类社群的本质就是一个特殊的 CRM（用户关系管理）系统。在管理学里，客户关系管理的定义是指企业为提高核心竞争力，利用相应的信息技术以及互联网技术协调企业与顾客间在销售、营销和服务上的交互，从而提升其管理水平，向客户提供创新式的个性化的客户交互和服务的过程。其最终目标是吸引新客户、保留老客户以及将已有客户转为忠实客户，增加市场占有率。最早由 Gartner Group Inc（加特纳集团）公司在 1999 年提出了正式的 CRM 概念（Customer Relationship Management，客户关系管理）。

无论是从概念还是最终目的来看，这跟变现类社群运营是一致的。只不过，运营的动作和效果是实时的，信息传输成本更低，还有更好的互动。那么，社群的本质是 CRM，CRM 的核心又是什么？是特权，即用户特权。

用户特权是社群运营 8 要素中的关键要素。但是，只有特权是无法做到效率最大化的。所以，以社区运营效率最大化为原则，本书总结出了变现类社群运营的 8 个要素，分别是：用户分层、专属特权、舆论引导、实时响应、志愿者制、适当的门槛、维持活跃、不断升级。

A. 用户分层

做社群运营，客户分层是基础。分层之后是分类，即将不同类型的用户加以区分并归类，再给予不同的运营策略。如果不分层，将所有用户放到一个群里，风险是非常大的。最常见的情况就是，对于产品/品牌正面的舆论没人响应，一旦出现一点负面声音，大家就跟着批评，结果本是想做好服务和营销的社群，变成了"维权"群。个中原因其实很有趣，用一句话概括就是——所有人都在一起的群，会让部分用户的期望，被动地不合理提高。举个例子，在我做某品牌的社群运营的初级阶段时，只知道要把尽可能多的用户拉到群里，然后发优惠券、发红包进行活跃刺激，期望最终产生转化。但是，群里的用户来自全国不同地区，对商品和服务的期望并不一样，就拿到货时长这个维度来说，群里江浙沪的用户对到货时长的期望是一天，即下单后第二天就要收到货，再等一天就要到群里催促，甚至是抱怨，等到第三天就是灾难级的投诉；而同样在群里的内蒙古、新疆、西藏等地区的用户，大部分用户对到货时长的期望为三天，少于三天到货是惊喜，第四天到货普遍会催促，第五天可能才会抱怨，第六天不到才可能去投诉。然而，当期望一天到货和三天到货的用户都在一个群里时，往往会出现江浙沪的用户等了三天开始投诉，然后带动其他地区的用户一起跟着抱怨品牌服务差。为了安抚用户情绪，我们错误地决定给三天以上未收到货的用户发 3 元红包进行补偿，这下群里更热闹了，那些收到货的用户也来投诉说等了太长时间，品牌服务太差。这个群真真正正地从一个服务用户的群变成了"维权"群，得不偿失。最终，我们解散了所有用户社群，推倒重来。

第一步就是将用户分层。以用户特征和期望为标准，将不同类型的用户进行充分的细分，尽可能地把预期较为一致的用户划分到一个群里，真正做到"人以群分"，然后才是进行精细化运营。具体的分层方法如下：

第一层，专家级用户群，目的是从运营策略角度判断各项优化是否合理。我们要求公司各关键管理层（CEO、市场总监、运营总监、商务总监等），每人各自找三位在特定岗位杰出的"专家"，比如，市场总监找到三位做"市场"非常有经验的"专家"，运营总监则找到三位做"运营"很资深的"专家"，并且优先选择跨行业的专家入群，最终组成专家顾问群。此群专门用于新产品、新活动的新方案的讨论和优化。

第二层，忠实用户群，目的是服务好现有的忠实用户，促使其裂变传播并且维护产品口碑。所以，可以规定入群的用户均为 3 次及以上复购且总消费金额在 1000 元以上的用户。此分层规则需要根据品类特性进行灵活调整，如果是电器等耐销品类可降低复购次数为 2 次，如果是快消类可提升复购次数到 4 次或 5 次，如果是无零售交易的互联网产品，则可以以访问频次、停留时长或者是否为付费用户进行衡量。第二层可以再进行不同维度的细分，例如，加入区域化的区分，浙江地区符合某些条件的用户为一层，其他地区为一层等。总之，维度细分越充分，用户预期越趋同，社群的运营质量就会越高。

第三层，普通用户群，目的是促进用户更高频地转化，最终成为忠实用户。所以，入群的规则是购买了1次商品的用户。同样，需要根据不同品类的特征和商品本身去改进。如果是金融类产品，则可以根据用户购买的金额再次划分用户的社群归属。

第四层，潜在用户群，目的是使用户进行首次购买/使用服务。入群规则通常为领取了线下小赠品/试用装的用户，或者是在线上购买了付费优惠券，将商品加入了购物车等的用户。

第五层，关联用户群，目的是挖掘用户需求，找到潜在用户。此群只适合部分品类，而且是在其他层级社群运营常态化的时候启动。这个层级的社群用户往往从关联品类或关联场景中海选而来。比如，当前是做奶粉品类，那关联的品类就是尿不湿、婴儿湿巾等，所以可以联合尿不湿品牌共建社群，通过联合活动、联合红包等方式将购买过尿不湿的用户组建起新的奶粉品类社群。

以上便是社群运营的第一步，客户分层的具体方式和思路。一定要活学活用，根据自己所运营的品类特性进行规则上的优化。

B. 专属特权

上文提到，社群的本质是CRM，而CRM的核心是特权，即用户特权。特权的设计是社群能否产生真正实用价值的根本。

合理的特权设计并不复杂，只要根据业务特点形成一套实用性高、价值感强、专属感强和有合理升降级机制的会员利益体系即可。

第一，根据业务特点，把所销售的品类分为高频（如零食、美妆）和低频（如电器、家具），单一垂直品类（如只做家纺）还是多品类（如无印良品）业务共同发展。不同业务特点的用户特权设计差别非常大，切忌使用无差别的特权设计方案。

第二，制定具有较强实用性的特权。可以是优惠券/免单券，可以是实物的商品（作为赠品），最好是比较通用的标准化强的数码类、个人护理小电器类等产品，不建议选用服装、鞋类等作为特权选品。

第三，是价值感强。价值感和单纯的价格高低是不同的，价值感指的是用户对该特权的第一反应评估，不假思考、不用比价就"感觉"值钱，而单纯的价格是需要很多因素评判的，比如品牌因素，可以带来很明显的价格上的提升。但价格高并不意味着价值感强。比如，一个名牌的指甲刀，可能需要100元左右的高价格，但用户的第一反应评估却是，一个指甲刀而已，再值钱也不会贵到哪里去。

价值感强的特权往往更吸引用户去主动升级。提升价值感有两个技巧，一个是可以增加某些产品尺寸的大小来增强"价值感"。比如，抱枕商品，通常抱枕的尺寸在30cm×30cm左右，但如果是1.5m×1.5m大小的特大号抱枕，价值感往往就会立刻提升。虽然有可能30cm×30cm尺寸的抱枕使用真丝等高级材料导致实际价格更高，但直观来看更大的抱枕可能会更贵，利用用户普遍先入为主的认知，可以提升价值感。另一个是可以使用第一反应就感觉"贵重"的材料。以上述指甲刀为例，如果告知用户在达到某条件时，将获得一个18K镀金的指甲刀，产品的价值感立即获得了较大的提升。

第四，是专属感强。专属感是要让不同层级用户感觉到此特权是专门为自己定制的，不是人人都有的。最好是能使用户更加珍惜，或者能去炫耀的。专属感的特权以航空公司设计的会员特权较为典型。各大航空公司金卡级别的用户，会有很多专属的特权，比如专属休息室、免费餐饮和提前登机等。很多用户会为了保持自己的金卡等级，甚至会在快失效时故意找机会多飞几趟。

第五，在社群较为成熟时，最好设计合理的升降级机制。当用户在某个时间段内达到某些条件，比如在1年内持续累计消费金额达到5000元或累计下单次数超过12次时，即可快速升级到更高级别的群，享受更具吸引力的特权。但是，再想升到更高一级就需要满足更多的条件。最终比较合理的用户结构分布是，最低级别的用户社群人数较少，中等级别的用户人数最多，高级别的用户人数最少。重要的是级别会下降，当在某段时间内未达到所规定条件，会员等级会下降，这会给用户以紧迫感，使其更加珍惜会员的身份。绝大部分用户对降级都会感到遗憾，那么，在此基础上还需要设计一个"挽回措施"，比如，在降级 1 个月内，用户完成某些动作，还可以重新获得之前的等级。比如，在 1 个月内累计消费 300 元，即可升级回原来的等级。挽回措施的条件往往要将门槛适当降低，以激励用户"轻松"完成。这样既能使用户感受更好，还能充分挽回用户，此后将会更加珍惜相对高等级的会员身份。

值得注意的是，社群运营中的特权，往往比普通的平台会员体系具有更强的传播性和互动性，所以，在兑现特权的时候，一定要及时快速地反馈给用户，当"特权商品"达到用户手中时，引导其及时分享到社群里是非常必要的。

有时候，好的专属特权往往仅需一句文案就可以体现。举个例子，在运营某品牌的社群时，我们选定了一批中级用户在群里。特权之一是每个月会在群里发送一张 8 折的优惠券兑换码，比如 WYYX0809 这样的代码，用户可以复制代码到 App 里兑换优惠券，并且代码只发到这个群里，同时，又希望通过此群用户再传播出去来获取更多新用户。所以，运营伊始我们发送的文案是：

各位朋友，下面是本月的专享优惠券，代码 WYYX0809，打开 App 进入我的 - 优惠 - 兑换优惠券使用，有效期截止 ×××× 年 × 月 × 日 23:59，欢迎帮忙转发！

在复盘总结的时候，发现用户的参与度和实际消费情况并不理想，原因是没有太好地体现"专属感"，使用户没有很强的参与动机。于是，我们沉寂了两个月没有发优惠券（发了其他小礼品作为替代特权），再发送时，将文案改为：

各位朋友，下面是本月的专享优惠券，代码 WYYX0108，打开 App 进入我的 - 优惠 - 兑换优惠券使用，有效期截止 ×××× 年 × 月 × 日 23:59，千万不要告诉别人！

仅仅是最后一句话的区别，"欢迎帮忙转发"变为"千万不要告诉别人"，从广告意图立刻变成"专属特权"。用户的第一反应是"我专属的，别人没有，不用白不用，赶快去用"，而第二反应则可能是"千万不要告诉别人？看来比较稀有，马上转给闺蜜小张，也炫耀一下我的特权能给大家带来福利"。所以，最后的效果是，兑换数量和使用数量均有大幅度的提升，仅仅是一句文案的差别，就非常有效地突出了"专属特权"的专属感。

C. 舆论引导

舆论引导是为了使社群健康平稳地运行。群里的用户越来越多，产生的舆论风险也会越大。大部分人看到品牌/产品的负面消息时就会跟风，无形中放大了负面舆论，而在群里看到正面的舆论或者活动信息时，大部分人不会跟着讨论或者自行转发。所以，对于变现类社群运营来说，群里的舆论要及时进行引导和管控。

首先，社群组建时就要对人员结构进行布局。一般要有两三个品牌官方运营/客服人员，对社群的基础组建、活动发布和会员管理等进行日常维护。

其次，在日常社群运营中，如果有不满意的用户产生了负面言论，先认错，并且马上与用户私下取得联系，询问具体购买或使用上的细节，尽量避免在群里针对负面言论进行群发群回。大部分用户如果不知道具体问题细节和产生背景，很容易针对品牌的回复产生误会，从而造成群里更大的危机。对于社群的舆论引导细节，可以提前制定规则和服务标准，比如：不能在群里有歧视性话语；不能忽视某用户的提问等。另外，针对不正常状态的用户要及时"优化"，比如，不合理的投诉用户，可以做踢出社群处理，但是踢出时间要控制好，不能在群聊时进行，最好是结束某一话题后的1周左右，悄然踢除即可。

最后，正面的舆论要鼓励用户在群里传播，同时官方账号回应，其他可控的"用户"账号进行舆论引导跟进，营造"好事传千里，坏事不出门"的舆论氛围。

D. 实时响应

实时响应是要做到针对群内用户提到的问题做及时回复，电商运营人员的回复速度标准是 36 秒内做首次回复。但是，社群的形态是多人对多人的交流场景，所以可以放宽到 50 秒做首次回复即可。回复速度越快，用户整体的感受越好。

E. 志愿者制

随着社群内用户的逐步增多，产生的内容信息也会同步增多，用户询问的问题数量也会增长，但是，绝大部分用户的问题都是类似的，回复的内容也类似。比如，在群内购买过商品的用户，基本都会询问什么时候发货，什么时候到货等问题，这类问题还必须回复。这就会造成维护社群的人力成本极大地增长。所以，需要设定志愿者，帮助及时回复群内用户的信息，尤其是重复率较高的问题，有时候直接复制同一套话术即可，很简单，但必须有人来做。

对于志愿者的招募和选拔，可以从大学校园招募，也可以在忠实用户当中选取。志愿者在运营一段时间社群后，可以给予适当会员权益、小礼品或者是红包奖励等形式进行维护。以保持志愿者的积极性。

F. 适当的门槛

适当的门槛在较为高级的用户组建社群时使用。这个门槛可以是用户付费入群，也可以是购买了一定金额的商品即可加入。一般来说，有了门槛就有了质量，付费社群无论从活跃度、转化率和回购率等关键指标上来看，均大幅度地超过无门槛的社群。比如，付费 9.9 元加入社群的用户，就比免费加入社群的用户质量要好。到了最后，真正高质量的社群运营，都是做有门槛的社群。

G. 维持活跃

活跃维持是根据不同层级社群来做的，不需要刻意保持活跃，也不能完全不刺激用户使其活跃，更不能设置条件将沉默用户踢出群聊。具体来看：

忠实用户群，不需要刻意保持活跃，主要做服务和实时信息反馈，品牌官方人员最好不要滥发信息；

普通用户群，适当进行活跃维持，偶尔发一些品牌活动信息，对会员的激励政策等；

潜在用户群和关联用户群，保持活跃和互动维持，甚至可以每日发新闻、天气预报等内容，使品牌或产品在这类用户中保持高频度的曝光，增加转化机会。

H. 不断升级

随着用户在品牌社群沉淀的时间越来越长，对商品和服务的预期也会不断地发生变化，所以，要不断地进行服务和特权设置的"升级"。

比如，在群里为会员每月发送一张 8 折优惠券，如果连续发了 10 个月，用户的预期就是每个月都有优惠券，所以不着急用，领不领也无所谓，反正下个月还会有。当一项会员特权逐步地降低了吸引力，领取率、使用率和分享数都逐步下降的时候，就要开始升级了。

社群升级有一个技巧，就是围绕特权进行升级，不断给用户更好的特权，当这个特权超过成本预算时，则抬高入群门槛，变成付费社群，用收费来摊平升级后的特权成本。当再次到达成本极限时，则可以取消这项特权，增加两项成本相对可控的特权。

以上是所有变现类社群的运营 8 要素，我们可以根据自己的业务特点活学活用。社群没办法使品牌突飞猛进地增长，但是，对于服务老客户，提升回购率等方面，是目前为止最高效的方法之一。

2.2.10　线下融合法

序号	方法名称	方法分类	针对问题	影响指标	应用场景	方法图标
10	线下融合法	获取/留存用户	用户真实反馈少、用户痛点挖掘不深入、精准用户少	新用户数、转化率、反馈效率	获取精准用户、增强新用户的信任程度、形成粉丝裂变与互动运营	

线下融合法是指围绕互联网产品（App）的目标人群举办线下活动，可以是粉丝间的交流活动，可以是产品新功能发布会活动，也可以是创造一次新奇体验的活动。这样的方式看似是成本较高的"笨"办法，其实如果做好了，可以获得用户体验、口碑传播和品牌形象提升的多重效果。线下融合法找到的用户一般都比较精准，比较适合在产品冷启动时获取种子用户。

　　因为，寻找用户通常可以分为"人找人"和"场景找人"两种。"人找人"是通过引导或利益刺激使用户进行分享，其他人看到分享后被其影响也可能成为用户；"场景找人"是指通过营造需求或贴合使用场景，吸引感兴趣的用户到来。线下的获客，更多的是贴合/营造场景，通过"场景找人"找到的人大多是有相应需求的，比"人找人"更加精准。"人找人"的关键点在利益刺激，分享出去的信息面对的人是非常不精准的，而"场景找人"的关键在"明确需求"，获得信息的用户有真正的需求。

　　注意，既然是"线下融合"，就不单单是指"线上往线下延伸"，不能简单理解为"地推"，而是还需要有"线下往线上延伸"的过程。这一过程的终点通常不是"下载"或"注册"App，而是在产品中进行了最终的"转化"。

　　举个例子，比如运营一款拍摄婚纱照的产品（App），如何寻找种子用户？可以通过对已有用户进行利益刺激（给予优惠券或者分享后红包），以使其分享产品信息到社交网络中，看到此信息的绝大部分用户，其实不会马上产生拍摄婚纱照的需求，所以并不精准。那如果贴合结婚场景，在婚庆公司附近或在民政局附近做线下活动，吸引来的用户大部分都是有需求的，是更加精准的。然而，吸引到用户"下载"了产品就结束了吗？如果是结束了，这样的活动充其量只是一次"地推"而已。线下融合还需要让用户进行一次"转化"。所以，让用户转化是下一步必须完成的。婚纱照价格一般都比较高（通常过万元），用户很少会在下载产品（App）后马上就能转化为购买用户。故而，可以将婚纱照产品变成可以更快速决策的"定金"或"今日特别优惠券"

形式，以 9.9 元为体验价格，如果正式消费，可以抵 1000 元。

如果用户通过线下活动下载 App 并且成功地转化为付费用户，就是一次成功的"线下融合"运营。

运用线下融合法时需注意两个关键问题：成本效率和实时反馈。

成本效率是线下融合法获取用户的最关键问题。在线下有限的空间、有限的时间中，如何贴合/营造场景获取用户，用最低的成本获得最好的效果，一直是难点。解决办法是尽可能地使场景满足用户需求，尽可能地降低用户转化的体验成本，尽可能地缩短用户的决策链路。最后成本的评估，可以用总花费金额/转化的用户数，计算出单个用户的获取成本，然后对比线上获得一个用户的总成本。一般来说，占据线下融合成本最大的部分是场地租赁，可以通过第三方场地租赁商（如邻汇吧）获得较理想的价格和地段。

实时反馈是指在线下活动中（会议中）让参与者实时反馈演讲内容的质量评分，并且提出更多的需求或建议。区别于活动（会议）整体结束后发放反馈问卷调研用户体验，实时反馈是在参会前就给每个人发放问卷。与用户面对面地交流后，每聊完一个主题，即提醒用户打分，同时引导其提出更多建议。为了促使用户积极打分，还可以设计一个兑换机制，即会议结束后，填写完问卷所有问题的用户，凭借填写完成的问卷兑换当场会议纸质版资料或加入官方运营群等权益。

这是落地线下融合策略时的一个创新反馈方式，可快速了解会议内容的质量，还能收集运营方向可能存在的问题，也可以进一步收集更多用户需求，可谓一举多得。实时反馈表模板如表 2-6 所示：

表 2-6　线下大会实时反馈问卷

	XX 线下大会实时反馈表
姓名	联系方式	职务	公司名称	业务诉求
主题	演讲人	内容评分（1-5 分）	改进建议	期望延伸内容
平台运营战略	王 ××			

（续）

XX线下大会实时反馈表			
平台活动介绍	张×		
用户体验策略	李×		
广告投放策略	钱×		
商家运营配合	袁×		

评分标准：

5分：演讲内容丰富，实用性强，演讲人表达清晰、易理解，对目前运营项目帮助极大

4分：演讲内容较丰富，具有启发意义，演讲人表达流畅、清楚，对目前运营项目有帮助

3分：演讲内容有参考价值，知悉后续方向，演讲人节奏把握较好，对目前运营项目有启示

2分：演讲内容仅有少量参考意义，大概理解未来运营方向，演讲人基本表述清晰，对目前项目有较少指导

1分：演讲内容毫无意义，不清楚如何运营配合，演讲人没有讲清楚，对目前运营项目无意义

会议结束时，用此问卷兑换今日会议内容纸质资料

总结一下，产品实物化和线下融合法，是产品运营的两大拓展方向。这是从人找人到场景找人的转化。最后再次强调，线下场景融合不同于"线下地推"，地推是单向的宣传，线下场景融合是双向的互动。务必要使线下获得的用户在线上转化一次，才算是真正意义的"融合"。

以上就是线下融合法，用于获取种子用户，通过"场景找人"降低成本，同时增加与用户的交流和互动，直接获取产品改进需求。

2.2.11 惊喜节点设计

序号	方法名称	方法分类	针对问题	影响指标	应用场景	方法图标
11	惊喜节点设计	获取/留存用户	用户裂变与传播难、无传播动机、无超出预期的体验	新用户数、二次转化率、潜在用户获取数	新产品种子用户获取、用户运营策略制定、产品最后路径闭环设计	

现在的运营推广，绝大多数人只会简单粗暴地"买曝光、买流量"，很少有人考虑低成本地让用户形成口碑传播。事实证明，通过口碑的传播，是最低成本且最高质量的推广，而想形成口碑促使用户自发地传播，运营手段除了利用红包、返现金等方式刺激以外，就是"给用户惊喜的体验"最为有效。

所以，在做一个产品/商品的运营策略时，要专门有一部分是如何带给用户"惊喜感"。

有人会问，什么是产品体验的惊喜感？简单来说就是通过运营，使用户体验极大地超出"预期"。而用户预期目前是什么样的，做到什么程度算是极大超出预期？从以往的经验来看，用户目前的预期大多是"行业"的平均值，抑或是行业龙头企业的"标准"值，极大地超出预期可能需要提升50%以上的"平均值"或"标准值"。比如，在电商运营中，在物流时效这个体验维度上，2014年绝大部分物流公司的时效在2～4天（江浙沪地区），当时顺丰快递就可以做到1～2天即可到货（江浙沪地区），基本能实现下单后隔日到达。这就会带给用户极大的惊喜感。所以，当时在淘宝、天猫等电商平台做运营的人员，只要是销售比较高端或者贵重的商品，都会首选顺丰快递，不仅会给用户更快到达、更安心、更好的体验，还能直接提升购买转化率。就是在商品标题里加上"顺丰包邮"四个字，都可以直接提升进店点击率。随着行业的发展，目前用户的普遍预期就是隔日达，如果能做到1～2小时达，才能给用户惊喜感。可见，用户的预期是不断变化的，惊喜节点的设计也要与时俱进。惊喜节点的设计可以从以下三个方面考虑：

购买过程的惊喜设计；

购买后对商品体验的惊喜设计；

售后的惊喜设计。

购买过程的惊喜设计，往往是通过用户在商品购买决策过程中更细节的商品展示和更细致的服务来完成的。与线上客服沟通时，大部分的用户预期是"买完即结束"，所以，如果能以用户使用细节为出发点再做一次沟通，就可以给其超出预期的"惊喜感"。

在购买奶粉的过程中，体会到了某国内品牌的更贴心的服务。相比于其他奶粉品牌的购买即结束，该品牌做到了带给用户超出预期的"惊喜感"。

图 2-14 为沟通细节的对比。

图 2-14　下单购买后的提醒与购买即将结束的沟通记录

购买后对商品体验的惊喜设计，通常是通过商品本身的超高品质和惊喜式"赠品"来实现的。比如，坚果品牌三只松鼠，在商品品质上就极大地超出了当时的用户平均预期。就拿我经常消费的开心果产品来说，当时在超市购买的其他坚果品牌平均 1 袋会出现 3～8 个坏果，而三只松鼠是平均 2 袋里才出现 1 个坏果；另外，三只松鼠随商品附赠了一整套赠品，从湿巾到果壳袋再到封口夹一应俱全，吃坚果的过程中会遇到的一些小麻烦也一并解决，可谓极大超出用户的预期。

售后的惊喜感设计，围绕快速售后反馈和实时跟踪进度展开。一般来说，售后是最能体现互联网产品运营给用户好感度差异的环节。售后主要涉及沟通效率、退款退货时效和退换标准。比如，在第一次使用淘宝平台的"急速退款"服务时，那种惊喜感是非常强烈的。点击退货后 1 小时内就能收到货款，直到现在都不是所有平台都能做到的。

为了提升用户对体验环节的惊喜感，可以做一次全链路的"对比分析"，可以将行业巨头、主要竞争对手和自身产品进行每个用户体验环节的对比——从产品体验、用户收货使用和售后服务进行每一个维度的对比，最好都是数据化的对比，然后将某个环节做到"极大地超出用户预期"，就是特别好的惊喜节点设计。

除此之外，惊喜节点设计也要考虑成本。每个惊喜节点设计都会有更多的花费，小到一个礼品，大到一次明星送货，都会有更多的时间和金钱支出。所以，在惊喜感的设计当中，要明确好目的和设置成本上限。有的惊喜感的设计是为了做产品运营的冷启动，有的是为了活动传播，有的是为了建立口碑和品牌，还有的可以做成体验壁垒。其中，把惊喜感设计做成体验壁垒，是最高级别的设计，比如，海底捞的用餐服务，处处有惊喜，处处是壁垒。

在非电商运营的场景里，惊喜节点设计更多依靠内容。如果可以不断让用户发出"哇，原来还有这个功能""哇，原来还能这样玩""哇，原来还有这种服务"类似这样的惊叹，就是一个好的惊喜节点设计。

以上就是惊喜节点设计法。绝大部分产品都没有专门思考这一方面，通过运营实际上可以给用户很多惊喜感。

最后，再提示两个惊喜节点设计的思考方向：一个是围绕核心产品，做服务的延伸；另一个是围绕核心服务，做产品的延伸。

2.2.12 用户偏好盲测法

序号	方法名称	方法分类	针对问题	影响指标	应用场景	方法图标
12	用户偏好盲测法	获取/留存用户	用户的第一选择是竞品、对自己的产品过于自信、缺乏新产品与行业顶级产品的体验差距分析	用户满意度、产品评分、用户活跃度	产品竞争力分析、用户内容偏好研究、产品重大改版、用户行为习惯研究	

用户偏好盲测法来源于经典的双盲测试法。双盲测试法是指在试验过程中，测验者与被测验者都不知道被测者所属的组别（实验组或对照组），最

终结论分析由管理测试者（通常是组织方）揭晓实验组和对照组的细节差别，得出最后的结论。此方法最早用于医学领域，用来测试新药的效果。逐渐地此方法被应用在商业研究领域，诸如用户调研、消费品用户偏好、产品竞争力分析、系统评估等领域。

理论上双盲测试法一定要测试者与被测试者均不知道所属组别，而实操中的双盲测试法，通常是被测试者不知道组别，只要隐藏有关产品的品牌标志，用户在不知具体品牌的情况下，通过实际使用几个同类产品来比较各自的性能（口味、属性等），目的是使用户抛弃偏见，抛弃品牌因素，通过直观的感受和使用体验，选出自己偏好的是哪一款产品。实操中的双盲测试法有一个经典的应用案例——百事挑战：

1972年，百事公司做了一个关于可乐口味的测试，名叫百事挑战。在卖场、购物中心和其他公共场所，百事工作人员在桌子上摆好两个没有标签的杯子，一杯装的是百事可乐，一杯装的是可口可乐。测试者被邀请直接品尝两杯可乐并选出更喜欢哪一杯。结果，选择百事可乐的用户更多。接着，工作人员提前告诉后面的测试者，哪杯是百事可乐，哪杯是可口可乐，再去品尝两杯可乐。结果，选择偏好喜欢可口可乐的用户更多。盲测的结论是，单从味道偏好判断，百事可乐的味道比可口可乐的好，可一旦用户提前知晓品牌，就会更加偏好可乐的鼻祖品牌可口可乐。这一现象被认为是品牌的认知因素干扰了用户选择，但一直没有更加科学的方法来验证。

直到20多年后，神经学家蒙太格（Montague）在2003年夏天，进行了一个神经学的"百事挑战"，他运用功能性核磁共振造影（functional Magnetic Resonance Imaging，fMRI）机器观察大脑的活动，追踪血液在大脑各个部位的流向。在盲测时，一半人的大脑血液流向表明更喜欢百事可乐。但当明测（告诉测试者哪杯是可口可乐，哪杯是百事可乐）时，有四分之三的人大脑血液流向表明更喜欢可口可乐，可口可乐这四个字令大脑内侧前额叶皮质区域（大脑控制高等思维的部分）的神经元产生极活跃的情形。由此可见，有时候味道并不是最重要的因素，而是神经对某个品牌的反应程度，当听到或看到可口可乐的品牌时，大脑正通过广告回忆起品牌形象和概念，而这时品牌的影响就超越了产品实际的品质。

双盲测试法常被用于零售消费品的测试，而用户偏好盲测法根据互联网运营特点进行了改进。

用户偏好盲测法用于新产品基础竞争力分析或产品重大改版可能引起的用户流失分析。这两种分析的前提是，找到被测试的用户是完全没有用过同类产品的目标人群。

具体的使用流程分为四个步骤：

第一步，确定该新产品的直接竞争对手和行业用户量第一的产品品牌。

第二步，将自己的产品与竞争对手的产品的核心路径和内容抽离出来，去除所有视觉和品牌要素。

第三步，将产品打开至首页，邀请完全没有使用过类似产品的用户，进行产品体验。有条件的话可以接入一些人体检测行为设备（如视觉跟踪设备、心率测量仪等），研究用户使用不同产品时的视觉停留状态、心率变化、情绪和微表情等。

第四步，收集数据，从停留时长、访问深度和转化意愿这几个方面来评估。绝大部分情况，要做到盲测时产品的竞争力和各项关键数据优于竞争对手或行业头部品牌，这样才能保证在投入真金白银推广时，产品是有竞争力的。

在用于产品重大改版可能造成用户流失的分析时，只有与上述流程第一步不同，即将竞争对手的产品改为自己的产品的旧版与新版，其他步骤一致。

用户偏好盲测法对于产品重大改版时的决策具有重要作用。大部分上线1年以上的产品核心体验路径已培养出用户习惯，重大改版往往会破坏用户原有使用习惯，因此很可能会造成较为严重的用户流失。如果只是单纯的A/B Test（A/B测试），有时候数据并不准确，只有通过真正的盲测法，才能得出较为客观的结论。

盲测法与互联网中的A/B测试有着显著区别。A/B测试更多的是在已有成熟产品中设置2种不同的视觉体验（比如，同一个位置放置2个不同风格的入口图做 A/B 对比测试），然后随机将等额用户数量分成两组，观察不同组别用户的行为。主要衡量指标是点击率、转化率和停留时长等。而盲测法更多的是基于跨品牌、跨公司的体验测试，或者是产品重大改版的体验测试（用户路径发生根本改变时适用），唯一的数据指标就是有多少用户更喜欢哪一个品牌／公司的产品，是否有更多的用户喜欢重大改版后的产品体验。

盲测法曾应用于一款互联网智能语音音箱硬件和 App 产品的开发。

第一步，当时市面中头部的品牌为 ×× 精灵和 × 度智能音箱，明确其成为盲测对比产品。

第二步，将两个品牌的硬件产品拆开，去除原有外壳，连同自己研发的硬件产品一起换装成一模一样的外壳，再将 App 中的用户核心路径和反馈内容抽离出来。

第三步，邀请 50 个从未用过智能音箱的用户进行偏好盲测。

硬件测试方面，我们在距离音箱 1 米、3 米、5 米及 7 米的地方，要求测试用户以同样分贝的音量发送相同的指令，然后记录音箱的响应速度和准确度与不同用户的预期差距，最终记录用户的偏好，得出硬件偏好的盲测结果。

在 App 软件测试方面，我们去除了所有品牌因素，只保留核心功能点和反馈的内容，然后给测试用户一个任务清单，包括 App 连接音箱、手机控制音量、绑定音箱主人等操作，观察用户的操作顺畅程度，并实时记录用户当时的体验感受与情绪波动，最终得出软件偏好的盲测结果。

测试最后，收集和分析软硬件用户偏好数据完成后，还要跟用户做深度访谈。着重询问用户各项偏好选择背后的原因和预期，在接下来的产品设计中取长补短，不断优化自身产品性能，优化内容方面的运营方向。

以上就是用户偏好盲测法，帮助运营人员朝着正确的方向优化产品体验。

2.2.13 产品实物化

序号	方法名称	方法分类	针对问题	影响指标	应用场景	方法图标
13	产品实物化	获取/留存用户	互联网产品融入用户生活难、用户离开"屏幕"后唤起难、无法提示用户来访	用户活跃度、回购用户数、线下流量来源数	融入用户生活、提醒用户回流到产品、惊喜设计之一	

产品实物化是指将虚拟的互联网产品（App）的形象进行实物商品的转化，使用户脱离于终端（手机、平板电脑）的屏幕、脱离于网络也可以看到产品相关的形象，持续刷新产品在用户心中的存在感。这也是使产品时刻融入用户生活中较为有效运营的方式。

产品实物化可以分为两种类型，一种是线上产品的内容延伸，另一种是类似吉祥物的产品形象代言。

线上产品的内容延伸比较常见的形式是一门线上课程，配上一套关于课程的书籍、书签或文具等产品。当用户脱离于屏幕以后，使用这些商品时，都能被提示到这些产品。比如，馒头商学院等线上培训类产品，就会衍生出课程的书籍、书签或笔记本等实物商品。无论是有偿还是无偿地送达用户手中，都可以产生提示作用。在用户不使用馒头商学院这个 App，甚至不用手机时，也可以看到并联想到馒头商学院。在各类实物化商品中，最好加入可以直达产品的二维码，便于用户随时再回访。

以吉祥物的产品形象代言的最终目的，是让用户看到此形象就能想到"产品"（或品牌）。这个形象设计区别于请明星代言，明星代言是有有效期的，并且一个明星可以代言多个品牌（或产品），无法达到"看到此明星就能想到产品"的目的。通常的做法是，如果品牌的 Logo（商标标识）本身就是一个具体的"形象"，比如小动物、人脸等，那将 Logo 直接设计成可爱的吉祥物即可，然后将吉祥物制作成绒玩具，可以起到较好融入用户生活的作用。还可以印制到抱枕、靠垫等各类生活用品上，效果也会不错。如果品牌 Logo 是一个比较抽象的图案，那必须要重新单独设计一个具体的

"形象",来代表产品品牌。

所以,把互联网产品实物化的前提是将产品的品牌形象具象化。品牌形象不只是一个"图案",而是一个有形态、有灵魂的"生物"。

把产品实物化以后,一方面可以做传播,另一方面还能做流量变现。在产品推广期可以在地推的时候做成赠品发放给用户,形成口头传播,当产品逐渐壮大形成一些口碑后,这些带有吉祥物的产品都是可以被购买的。如图2-15所示,阿里巴巴旗下产品的实物化设计,都是各种各样可爱的动物或类动物生物,都是每个有实体的"毛绒玩具"或"模型摆件"。

图 2-15 阿里巴巴旗下产品的"实物化"形象设计

以上就是产品实物化的具体方法,用于将虚拟的互联网产品实物化为商品,通过商品与用户在线下建立更多链接,最后融入用户的各种生活场景中,不断提示用户,不断刷新在其心中的存在感。

2.2.14 标杆打造法

序号	方法名称	方法分类	针对问题	影响指标	应用场景	方法图标
14	标杆打造法	获取/留存用户	冷启动困难、种子用户获取成本高、用户对产品没有形成有效认知	新商家数、新用户数、用户增长率	平台型产品招商、新产品测试	☆

标杆打造法是指在新的产品或新的业务起步时，打造出一个具有足够吸引力的"成功案例"，以取得目标用户的初步信任，最后形成一定传播影响力，再带来更多用户。这几乎是所有互联网产品运营、电商平台运营最常用的方法。

标杆打造法需要贴合具体业务场景和产品特性进行深度定制，每个产品在不同时期，打造的标杆都是不一样的，运营细节更是千差万别。所以，在打造标杆的时候，建议遵循如下流程：分析产品与竞品的优劣势→确立标杆打造后带来的数字目标和战略目标→目标拆解并用尽产品/运营所有的功能达到目标→全渠道传播→复盘与跟踪效果。

分析产品与竞品的优劣势：标杆打造前，先明确自身产品相对于竞争产品的优势，找到自己的不足，并想办法通过运营手段弥补自身"不足"。在打造标杆案例的过程中，一定要充分发挥自身产品的优势，避免产品的劣势。要将产品所有的能力、特长充分地发挥出来，才能最大限度地将标杆做成可复制的案例。具体的分析过程和方法，可以使用前文介绍的"产品用户路径拆方法"。

确立标杆打造后带来的数字目标和战略目标：标杆打造的第一步，是确立目标。不同于以往，标杆打造的目标不仅仅要确立一个数字指标，更要有一个战略目标，战略目标是为整个公司其余项目（产品）大提升做铺垫的。数字指标通常容易确定，多以销售金额、新用户数、内容数量、分享率作为主要指标。

战略目标通常不单单是一个数字指标，而是一个结果，是一个"客观事实"。比如，成为大品牌入驻的第一购物平台、关联产品种子用户获取、新业务扶持完成等。战略目标通常是为公司战略级项目"带流量",最终形成另外一个产品的潜在爆发。业界双目标达成效果最好的可能就是天猫运营部门发起的"双11"活动。"双11"活动不仅可以完成成交额的数字指标,更能完成阿里系其他产品的战略扶持。比如,在2013年的"双11",天猫除了制定了成交额目标以外,还要扶持当时支付宝App中的理财产品"余额宝"。因此,当年"双11"就新增了一个玩法——活动前将钱转入余额宝,抽取最高1111元的红包奖励,并且可以更快速地付款抢购热门商品。"双11"的用户量和成交量都创下了新纪录,所以,余额宝产品在那次"双11"活动后"一夜爆红",存储资金量和用户数飙升。

目标拆解并用尽产品/运营所有的功能达到目标:对数字目标和战略目标同时进行拆解。数字指标较容易拆解,将一个大指标不断拆成小指标,然后针对每个指标制定对应运营策略即可。比如,可以将成交额拆解为流量、转化率和客单价,然后分别制定提升流量的运营测量、提升转化率的策略和客单价的策略。战略目标不容易拆解,而且不一定会马上实现,需要后续的持续运营才可能实现。所以,通常会将战略目标拆解成"阶段",对每个阶段的一个关键数字指标进行"达成程度"的衡量。比如,计划运营一个活动标杆,除了达成某个成交额外,还能带动更多大品牌入驻并参与,其中,当年带动200个大品牌入驻并参与,第二年带动500个大品牌入驻并参与。这就是战略目标的制定和拆解。两个目标拆解完成后,就需要运用产品自身所有优势和功能全力完成每个"小目标"。如果打造得好,这些优势就是未来的竞争壁垒。

全渠道传播:打造出来的标杆,需要大范围地传播,让更多潜在用户知道。全渠道的传播不仅需要渠道支持,还要把控好节奏。渠道分为免费渠道、付费渠道和资源置换渠道三类。免费渠道大都是全网五大自媒体平台的产品官方账号的内容传播,包括:今日头条、百度百家、腾讯内容开放平台、大鱼号(阿里系多产品内容分发)和网易;付费的传播渠道有中心化的权威媒体,还有自媒体平台的付费大号等;资源置换渠道没有固定的方式,需要跟不同的合作方进行针对性的谈判。比如，天猫的天合计划，京东的东联计划。这些都是可以通过"置换"广告资源进行传播的渠道。在节奏方面，传播需分为三个阶段，一个是标杆打造前的"预热"阶段，一个是标杆打造中的"爆发"阶段，最后一个是标杆打造后的"回流"阶段。每个阶段对应不同的传播渠道，每个阶段侧重传播标杆的某一个特性。

复盘与跟踪效果：标杆打造的最后，是对整个标杆进行复盘与效果跟踪。复盘的目的是使在下一次的标杆打造中避免本次运营的问题，提前做出应急预案，不断改进运营方式。复盘迭代也是整个运营工作形成"闭环"的最后一步，务必及时完成，如图 2-16 所示。

效果跟踪着重对数字指标的达成和战略目标的达成情况进行不断跟踪。如果完成了，总结哪些地方做得好，哪些地方可以做得更好；如果没完成，责任到人，分析具体哪个环节出了问题，下次是否可以避免，改进或迭代方案要及时做出来。

图 2-16　运营工作闭环

需要特别强调的是，除标杆打造的整个流程以外，还有三个关键点需要特别注意：

A.让"标杆"自己传播，增强说服力。如果打造的标杆是一个"成功的商家"或是一个"成功的品牌"，可以给予奖励，使对方形成自传播，增强标杆的说服力。

B.将标杆带来的"利益"转化为目标用户易理解的语言。不仅仅是数字指标完成了多少，而是更加形象地类比这个指标意味着什么，给用户更直观的感受（例如 2010 年"双 11"，淘宝将全天 9.36 亿元成交额类比为超过全香港一天的社会零售总额）。

C.打造的标杆具有足够的代表性。一个标杆打造得好不好的衡量标准，是要看使它成功的运营手段放在其他用户身上是否可以复用。如果其他用户可以复用，可以带来同样的好处，那么这个标杆打造得就足够具有代表性，就是成功的。反之,则是不可复用的标杆,是没有意义的。

以上是标杆打造的流程及关键点,下面以最经典的打造标杆运营案例——天猫图书与音像制品招商项目,为您解读标杆打造的流程细节和关键点的把握。

背景:淘宝商城(后改名为天猫)在冷启动期,遇到了招商困难,平台上缺少主流品牌的商品,商家结构以二三级代理商为主。大部分品牌方由于渠道冲突或价格管控的原因,不愿意官方入驻淘宝商城平台,当时的目标品牌星外星唱片经过多次谈判,仍然不愿意官方入驻,只允许一个经销商售卖部分商品。

目标:为图书与音像制品行业招募当时排名第一的发行品牌星外星唱片。

运营思路:将行业第二名或第三名的品牌打造成标杆案例,不仅在品牌曝光、品牌传播和品牌认知上得到提升,并且还能获取极大收益。

运营策略简述:

首先,进行竞品分析。在图书与音像制品行业里,与淘宝商城类似的电商渠道有当当网和亚马逊中国,对方均以自营的方式与星外星有着直接的合作,无论从明星资源、商品首发还是活动影响力上,都优于淘宝商城。再看星外星唱片的竞争对手,当时市场上有鸿艺唱片、百代唱片、索尼音乐娱乐等。

其次,基于该行业的特点,其主要的消费人群是固定的粉丝群体,只要能找到粉丝组织的领导者,开发种子用户和裂变用户的成本将大大降低。所以,制定了一个结果目标和数字目标,分别为招募星外星入驻和单日销售唱片数超过 20 万张(当时平台还未有歌手的唱片单日销售量超过 6 万张)。

再次,是运营打法落地,选取鸿艺唱片为打造的标杆品牌(星外星的主要竞争对手之一)。再设计出一场竞赛活动,星外星和鸿艺唱片均选出一款时下热门商品(首发的新唱片)和若干辅推商品放置于同一个页面,并用不同背景颜色做出显著区分。活动开始后,有意将流量资源集中分发到鸿艺唱片的产品——萧敬腾专辑。

这次打造标杆品牌的活动还有一个细节，就是让粉丝投票选出更喜欢的明星，并将数据实时展示在页面上。因为购买行为是短时的、瞬间的，买完即走，无法形成更大规模的有效传播效应，所以设置了一个可以让用户买完还来，并且愿意分享给更多身边粉丝的动机，就是投票竞赛，如图2-17所示。

图 2-17　打造标杆品牌

最后，是为这次所打造的标杆进行全渠道传播。线上，我们找到了两位明星的粉丝后援会，通过后援会的力量在当时的各大论坛、贴吧、微博进行传播，并且给粉丝后援会的会长赠送明星签名版的唱片或海报，激励会长发动更多的粉丝在各自的社交账号（QQ、微信等渠道）做二次传播。

复盘结果，活动中唱片的总销量达到18万张，离目标差了一点点，而且是在没有一分钱付费推广预算的情况下。但是，更重要的是第二个目标达成了，星外星看到竞争对手的唱片售卖得更好，并且人气更高（用户投票数据更好），马上开始走入驻流程。随着行业最大的发行品牌星外星的入驻，淘宝商城极大地丰富了商品结构，顶级明星的唱片首发活动再也没有缺少该渠道。

这就是标杆的力量，让一个敢于和平台深度合作的品牌受益，直接带动其他更多品牌的入驻，完成平台整体的供给侧升级。

在后来的互联网运营中，打造标杆法，几乎成了平台型产品的首选运营方法。在确定性不高的业务中，通常都会集中资源打造一个标杆。

以上就是标杆打造法，用于互联网平台级产品的业务冷启动或突破。这背后的本质是平台增量和存量的思考，存量是流量分发，增量是行业商家结构、品牌结构和商品结构的整体最优解。标杆打造，可以细分为打造行业标杆、店铺运营标杆、用户体验标杆等多个维度。

2.2.15 产品六维度分析法

序号	方法名称	方法分类	针对问题	影响指标	应用场景	方法图标
15	产品六维度分析法	获取/留存用户	产品竞争力分析不成体系或者不完整、找不到关键差距、没有明确变现路径	用户好评率、用户数、转化率	产品分析、竞品分析与用户体验优化、运营规划制定	

产品六维度分析法是指，通过六大维度对产品做成体系的分析，得到完整的竞争力提升模型，不断改进运营策略，在每个用户体验细节做优化，最终超过竞争产品。

绝大部分产品的起步都是参照行业领头公司的产品，甚至"像素级抄袭"的情况也屡见不鲜。而从产品运营的最终目标来看，大家对"成功的产品"的评判标准并不一致。任何运营人员都能轻易地说出几个标准，比如，良好的用户体验、简洁好看的交互页面、运营数据的提升、拉新留存转化指标达成等。这些评判标准仔细想想都是"正确的废话"，都是绝对意义上的"正确"。

个人认为产品的终极目标不是运营到100%完美的状态，而只要能超过竞争对手的产品即可，超过主要竞争对手就可以占得先机，超过所有竞品就相当于占领了整个细分市场。所以，分析竞争对手成为运营开展前最重要的工作之一。这是一个严谨且不可缺少的运营过程。为了对产品的分析尽可能全面准确，我总结出了一套六个维度分析法。把产品的流量获取和流量变现环节抽象为六个维度的能力，使用时对照这六个维度进行自己的产品和竞争对手的产品的详细分析。

产品六维度分析法，从产品本身的路径出发，逐步跟踪用户行为节点、分析决策的关键因素、转化率、来自电商行业的服务体验的惊喜节点设计，在产生超预期的感受时埋下回流动机，随后通过激活/召回策略沉淀用户心智。最终，以运营之力，产品之根，做出每一个体验细节，超过竞争对手。

六个维度分别是：用户路径、体验成本、关键决策、下单付款、售后服务和激活/召回。

A. 用户路径

用户路径的规划在本书的"用户路径拆解"部分有详细讲解,所以不再赘述。这里补充一个站在用户视角直观体验产品的对比方法,名为"用户五步法"。

"用户五步法"是指用户打开产品(App 或网页)任意点五次,能到达的路径节点。通常,体验较好的路径设计是三步到关键节点(核心内容或变现点),五步可形成闭环(转化后还能一键回到关键节点)。

"用户五步法"对两个不同产品阶段进行单独研究,一个阶段是首次访问五步;另一个阶段是用户日常访问的五步。

在分析首次访问五步时,产品的首页功能说明或开屏小视频入门引导,都算作一步。然后是引导用户注册等环节,每点击一次屏幕上的按钮,都算作一步,而用户打字输入不计入步骤中。比如,引导用户填写手机号进行注册,点击"发送验证码"按钮,算作一步,但是用户键入手机号不算一步;接下来,用户填入验证码不算一步,点击"提交"按钮,算作一步。注册完成也许只需要三步,然后详细记录接下来第四步和第五步可以到达哪里,能否在注册后的两步之内,就能到达核心内容点或变现点。

用户日常访问的五步,是指第二次及以上打开产品时路径的流程。内容阅读类产品开屏即是标题加图片的信息流,滑动一次不计入一步,产生点击后算作一步,进入主要内容后如果再点击关联/推荐文章、评论按钮或分享按钮,再继续算作接下来的几步。而电商交易类产品的步骤就会比较复杂,第一步可以去搜索、去频道页还能通过个性化推荐直接进入商品页,接下来还有加入购物车、下单、付款、确认收货和评价等步骤。这些用户点击动作后展现的页面,均可以截图,并整理分析用户五步以内能否完成"关键转化动作"。

"用户五步法"不仅要做我方产品分析,还需详尽对比竞争产品的五步。这样就可以逐一找出用户路径上的区别与差距,最后就可以针对性地做路径优化。图 2-18 展示了路径对比:

图 2-18 用户路径五步法的总结对比

从图 2-18 中可以看到,我方产品的用户路径过长,五步内无法做到"体验闭环",即直接付款完成所有转化动作。需要改进。

"用户五步法"还可以再升级为"三步法",即从打开产品首页,随机点三步,是否能达到关键转化节点。还有更加极致的内容型平台,如抖音App,打开即是关键转化节点,直接开始播放短视频,而其他的动作设计都是给用户做互动的,此时的互动行为就是为内容"投票",让系统更快速地理解用户的兴趣,并按此兴趣持续推送相关内容。

B. 体验成本

用户对产品核心功能的体验成本非常关键,可以说是运营需要把控的核心内容。一个用户在用产品前、中、后三个阶段,都是有"体验预期"的。在使用产品前,会评估为什么下载/注册产品、这个产品能做什么,能解决我的什么问题,是否会让我以更低成本获得想要的结果(成本包括时间成本和金钱成本);在产品使用中,会不断评估交互界面是否好看,功能是否齐全,有什么是值得花钱购买的内容/功能/商品;在产品使用后,总结一下整体的体验,如果特别超出预期或符合预期,可能就会分享给他人,如果不符合预期,很有可能先放置一段时间,最终被卸载。在整个过程中都在消耗用户的时间成本,而在转化为付费用户后,又在消耗用户的金钱成本。时间成本和金钱成本这两个成本的对比,是在做竞品分析时非常重要的维度。

降低用户体验成本有两个有效的运营手段——基础内容质量提升和降低门槛(试用试看)。

用户前两步的访问，影响了他对整个产品的预期和评判。打开产品时的第一眼，用户会决定是否继续使用或者给产品变现的机会。基础内容的质量有时候比付费内容（包括文字、视频、商品）还要有吸引力。举个例子，抖音是一个短视频 App，其价值在于有意思的短视频使用户获得愉悦感，精髓在于产品的个性化算法，给用户推荐的都是他感兴趣的内容。但是，如果一个新用户（没有兴趣点和基础数据）刚打开抖音，他/她应该看到什么样的基础内容才能留存下来？不是告诉他/她短视频如何好，产品的功能是什么，短视频如何制作等内容，而是找一条最能代表抖音娱乐属性的内容作为基础，展现给用户。那么如何判断这是一条优质的短视频？就是把获得"赞"和评论较多的作为"基础内容"推给用户。背后的逻辑是把经过大众验证的内容作为基础，出错的概率总会小一些。当你经常使用抖音，留下越来越多的兴趣点后，你就能刷到点赞没那么多的"新的小视频"，毕竟，那个时候就算给你推一两条没有意思的，你也不会马上离开产品，而是快速刷过去。

降低门槛是降低体验成本最直接的方式。当一个产品内容较为丰富，单个服务/商品价格较高时，往往成为阻碍用户转化的最大元凶。如果希望促使用户更多转化，则可以对这些用于变现的商品和服务进行充分的"打碎"。比如，有一款英语学习类产品，里面的课程价格是 1999 元，对于大部分目标用户（学生）来说，还是偏高。所以，可以将内容充分切分，提供 9.9 元试用前两个阶段的课程；也可以将费用做成分期付款，每天只需 10 元左右，充分降低用户体验的门槛。在做竞品分析时，一定要注意竞争对手的产品体验门槛到底有多么低，一般来说只需要比主要竞品低 10% 即可。

C. 关键决策

关键决策维度是六维度分析法中非常关键的维度，直接影响用户的留存和转化。关键决策分为体验层和内容层两个部分。

体验层是指在用户决策前，是否有良好的"前期体验"。比如，整个页面清晰度高，简洁明确地传递所有商品/服务信息，是否有"尝试的机会"并且尝试的体验是否优质。体验层提升最好的方式就是充分的"场景营造"，即通过"一块屏幕"对现实充分模拟或者对未来情景刻画，从而实现用户充分地认知、理解产品/商品，以便更顺畅地转化。场景营造通常用于两个节点，一个节点是用户首次登陆（打开）产品时的运营，另一个节点是关键变现节点。

用户首次登录产品（App）的场景营造，是给用户第一直接感知的节点，要尽可能地营造"浸入式的体验"场景。比如，一款英语教学类产品的首次登录页，普通产品都是一套产品使用说明的流程，场景营造较好的产品可以做到开屏是一段小视频，视频中出现一位学姐，以迎接大学新生的场景带用户从"校门口"（即产品首页）一直到学校教室（即产品内的核心内容）逛一遍，然后引导用户进行一次英语测验，测验结束后马上反馈英语评级的结果，接着推送一套定制化的教学内容，并明确从当前级别上升到目标级别的课时、掌握词汇量等内容，最后给出下一步学习的入口，整个流程结束。类似这样给用户营造熟悉的开学的场景，由真实人物带入产品，体验会好于机械的页面说明和操作指导，因为，谁也不想跟着一部机器进行学习。

关键变现节点的场景营造，是指在用户转化的关键节点进行充分的场景化营造，给予用户充分的转化理由或动机。最有效的场景营造是给用户"没想到还有这样的使用场景"的惊喜感。这对于提升用户转化率尤为重要。然而，不同的产品有着不同的变现节点的场景营造方式，其中较为典型的三种是实物类商品的使用场景营造、金融理财类商品的消费场景营造和知识付费类商品的应用场景营造。实物类商品的场景营造通用型较强，虚拟类商品（如金融类或知识付费类）场景营造的个性化较强。

举例来说，实物类商品的场景营造是给用户更多的"消费理由"，促使用户发觉商品更多的使用"场景"。这些场景一般都是围绕一个商品本身的功能来做延伸。比如，做一款字帖商品的运营，如何在商品描述页（关键变现节点）营造更多的使用场景？字帖商品最直接的使用场景是"练字"，那么，在此基础上，可以营造诸如送礼场景（给适龄孩子做开学礼物），可以营造亲子互动场景（父母和孩子一同练字），可以营造休闲娱乐场景，还可以营造升职后签字的场景,(给成人练习的字帖),甚至还可以营造一个生活场景,通过字帖练字使写的字好看,从而获得事业的提升,如图2-19所示。

———— 送的不是红字贴　是心意及传承 ————

送自己　　　　　送父母长辈　　　　送朋友同事　　　　送孩子
修身养性 培养气质　敬老尊贤 老有所乐　相处和睦 增进情谊　学习第一步 始于练字

图2-19　字帖产品延伸使用场景

内容层的关键决策,是指用户看的内容,是否符合他的关键决策因素。比如,用户购买英语课程的关键决策因素可能有师资背景、课程特点和学完的结果(例如通过考试),但辅助决策的内容却强调教室大、学校环境优美,这样的关键决策内容是不符合用户决策因素的,因此大概率也是无效的。

D. 下单付款

下单付款的维度主要是分析付款工具和付款便捷的程度。这方面可以和竞争对手产品做深度对比。要详细对比用户下单后,付款前、付款中和付款后所有流程体验,包括售前咨询、订单管理和付款工具多样性这三个方面。

售前咨询的对比先从是否有沟通工具开始。在很多产品设计中,根本就没有可以供用户进行售前咨询的通道,甚至连咨询电话都很难查到。这样会流失很多即将转化的用户。因为从国内的线上消费习惯来看,很多问题看商品描述页并不能完全找到答案,只能靠人工咨询的方式获得答案。尤其在电商运营中,售前的人工咨询是必不可少的,而且最好是可以通过文字(即时通信工具)直接沟通。如果有售前咨询的入口,那么,可以直接咨询竞争对手的客服来分析竞品的售前体验。直接将用户经常问到的问题整理成一份文档,然后向竞品的客服逐一询问,再把对方回复的内容记录下来进行分析。

订单管理的对比是从用户个人中心的一级入口开始的。在用户下单后,会有几种状态：待付款、已付款、待收货和退款中。这几个状态的位置、从属关系和点击后的内容，都会影响用户对产品的信赖程度。假如一个用户下单并付款了，但是无法看到此订单的状态，心里是非常没有安全感的。

付款工具多样性是指在付款时用户能选择的付款方式。这方面的对比非常简单，直接列出竞争产品所具有的付款方式即可。目前主流的第三方付款工具有支付宝，还有银行信用卡直连的付款方式，都是较为便捷常见的，需要多种支付工具的支持。

E. 售后服务

售后服务维度的竞争力提升，也是通过简单直接的对比。直接购买竞争对手的商品，然后进行不同方式不同时间段的售后服务体验。一般的方法是分五次购买竞品商品，在不同的售后场景下发起售后服务申请。第一次申请可以是在未收到货的时候的申请，分析竞品的已发未到货就申请退款的处理方式；第二次申请可以是收到货后立即申请售后，分析竞品已到货未确认收货的售后服务；第三次可以是确认收货后申请售后，分析竞品已付款且确认收货后的售后服务；第四次可以是在到货后的 15 天，让系统自动确认收货，然后再申请售后服务，分析竞品在长时间间隔下的售后服务；第五次可以是确认收货后使产品破损，然后申请售后服务，分析竞品在用户无责任的情况下的处理方式。

售后服务的体验直接关系到用户是否会再次回购，甚至影响口碑的传播。但是，售后服务往往需要预算支持，无论是用户责任还是运营方责任，最后有效的处理方式就是补偿用户一笔钱。需要补偿多少，什么情况下补偿全额，什么时候补偿部分，都需要根据竞品进行策略的制定，以售后服务保障投入产出比。

F. 激活 / 召回

激活 / 召回的对比是较为困难的。除了分析竞争对手发来的关怀短信，几乎没有更多办法去分析竞争对手的激活 / 召回方式和发送的人群特征。因此，激活 / 召回部分的对比，主要是用不同收货地址购买竞争对手不同价格段的商品，并且购买频率也有 1～3 次的差别。最后收集每个账号收到竞品推送的召回文案。

以上就是产品六维度分析法,在做竞争对手产品分析时,按照这六个维度进行逐步分析,将会对竞品有一个全面完整的了解,进而补齐我方产品的竞争力,通过针对性的运营策略落地,赢得市场。

2.2.16 净推荐值(NPS)法

序号	方法名称	方法分类	针对问题	影响指标	应用场景	方法图标
16	净推荐值(NPS)法	获取/留存用户	用户体验与满意度无法量化、产品评估维度过多无法准确判断质量	新用户数、流量成本、用户好评率	用户调研、用户体验分析、产品迭代前摸底	NPS

净推荐值(Net Promoter Score,NPS)法是目前比较流行的产品口碑调研方法,主要作用是将"产品口碑的好坏"进行数字量化。本质是一种计量某个客户向其他人推荐企业或服务可能性的指数。它还是有效的顾客忠诚度分析指标。大多数主流互联网产品都会在尽可能不打扰用户的情况下,进行净推荐值的调研。

净推荐值法的使用非常简单,只需要一个问题——"根据最近的使用感受,您是否愿意将××产品推荐给您的朋友或者同事?"然后给用户一个打分选项,分值最低为0分,代表一定不会,最高为10分,代表一定会。比如,在国内排名前十名的新闻资讯类产品的NPS调研,就会插入日常内容阅读中,如图2-20所示。

图2-20 某产品的NPS调研

根据用户推荐意愿程度,将其分别定义为推荐者、被动者和贬损者。

推荐者(打分在9~10分):是具有狂热忠诚度的人,他们会继续使用产品或购买商品,并主动推荐给其他人;

被动者(打分在7~8分):总体满意但并不狂热,未来将会考虑其他竞争对手的产品;

贬损者（打分在 0 ～ 6 分）：使用并不满意或者对当前产品还未形成忠诚度。

净推荐值的具体计算方式为，推荐者所占的百分比减去贬损者所占的百分比，即，净推荐值（NPS）=（推荐者数 / 总样本数）× 100%-（贬损者数 / 总样本数）× 100%

比如，有 100 个人参与了 NPS 的打分，打出 9 分和 10 分的人总共有 55 个，打出 7 分和 8 分的人总共有 30 个，打出 0 ～ 6 分的人总共 15 个。那么，推荐者所占百分比即为 55%，贬损者所占百分比为 15%，NPS 净推荐值则为：55%-15%=40%。

通常，NPS 的得分值在 50% 以上被认为是不错的。如果 NPS 的得分值在 70% ～ 80% 之间则证明该品牌拥有一批高忠诚度的好客户。

NPS 计算公式的逻辑是推荐者会继续购买并且推荐给其他人来加快你的成长，而贬损者则能破坏你的名声，并让你在负面的口碑中缓慢成长。

净推荐值法有一个最大的好处，就是它足够简单和单纯，只需要一个问题和一次打分，它既不会被人看成是某种广告，也不会让受访者感觉受到"侵犯"，更不会像通常的客户满意度调查那样因为问题太多反而降低了所收集的信息的有效性。更重要的是，这样的提问是直接与产品的感受、公司的运营状况联系在一起的。因为，如果一个人愿意把某个公司推荐给他的朋友，那么他实际上是在用自己的信用来保证这种推荐。产品好到让更多人推荐，就做到了高效传播——口碑传播。

目前，大部分知名互联网产品都在使用净推荐值法。此方法本质上是对产品体验和产品口碑的数字量化，可以让运营人员、产品和公司的决策者们对产品给用户的感受有更加直观的体会。强烈推荐使用。

2.2.17　入口图点击提升法

序号	方法名称	方法分类	针对问题	影响指标	应用场景	方法图标
17	入口图点击提升法	获取 / 留存用户	付费广告投入产出比较低、推广引流用户数量少、站内用户跳失率高	投入产出比、点击率、转化率	内容平台获取流量、投放广告 / 大促活动页面优化、产品访问深度加强	

入口图点击提升法，是最基础的提升引流效率的方法。无论是站内获取流量、站内外广告投放，也无论是付费渠道的引流还是免费渠道的引流，用户是否点击成为决定效果的最关键要素。而用户的第一触点，就是一张入口图，因此，入口图的点击率也会直接影响到最核心指标——投入产出比。

通过不同形态产品的运营，总结了高点击率图片的六大要素，包含营销三要素和视觉三要素两大部分。

其中，营销三要素为：是什么、怎么做和利益点。视觉三要素为：排版、配色和文案。

营销三要素之是什么

所谓"是什么"，指图片要明确清晰地直接展示商品/服务，用户看到后 1 秒内即可能马上理解这个图片（Banner）点击后展现的是什么。入口图就是给用户一个初级预期，当这个预期符合他的需求或者调动了他的情绪时，就会产生点击行为。在流量成本极高的现在，要珍惜每一次用户的点击。

明确表达出点击图片后会看到什么内容（包括商品和服务），也是"过滤"目标用户的重要过程。如果入口图上只有单纯的文案或者一些打折优惠信息的话，是无法快速给用户"具象"的初级预期，即使有点击，大概率引入的也都是非目标人群，从而直接造成推广费用、推广时间和推广展示的浪费。

需要特别注意的是，在入口图当中放置了确定的商品或服务，在点击后的承接页里面必须能很快地找到，甚至必须放置在前两屏的位置。原因很简单，大部分用户被图片中的商品吸引而点击，点击后却很难找到展示的商品，就会引起用户的"负面情绪"，甚至有一种上当受骗的感觉。而接下来的动作除了会马上关掉页面（增加了用户跳失率）以外，还可能卸载产品来发泄情绪。在实际运营过的项目中就出现过入口图上放置的热门商品，用户点击后在活动页找不到，最后不仅转化数据特别低，还造成了部分用户强烈的不满和投诉。

最后提醒一点，尽管现在的技术可以实现"自动制作入口图"，但质量却参差不齐，上线前一定要多层审核文案与商品图的匹配情况，否则会出现十分低级的错误，比如，某电商平台出现的错误入口图，如图 2-21 所示。

文案是"好茶好水好生活"，商品展示为牛奶。往往越低级的失误，越容易让用户失去信任。

营销三要素之怎么做

"怎么做"又称为"行动点"，在入口图上必须设置一个明确的引导行动的"区块"，最好是一个"按钮"，提示看到入口图的用户下一步

图 2-21　文案与商品不匹配的错误入口图

该怎么做很重要。按钮设计的要明显，并且要有引导文案落在上面。这在克鲁克的互联网经典《点石成金》中有所阐述，加入"按钮"比不加"按钮"点击率高很多，甚至是立体的按钮对比扁平化的按钮点击率也是不一样。事实表明，相当多的用户在看到了入口图片后，不知道能点击。通过实际对用户的观察可知，还有一部分用户看到图片上的"按钮"甚至会双击。

在移动互联网时代，增加"按钮"这一部分被逐渐地弱化，甚至大部分入口图都没有了"按钮"。因为触摸屏设备的特性，可以随意"点击"，即使看上去不能点的地方也可以低成本地尝试点击。但值得注意的是，图片中加入"行为引导文案"，依然可以提升点击率。

营销三要素之利益点

利益点是引起点击欲望的核心因素，也是给足用户充分的点击理由。一张高点击率的入口图必定是核心利益点非常突出且简单易懂的。单纯地靠图片中的商品展示无法引起用户足够的点击欲望，只能告诉用户"我是谁"，而给出足够的点击理由就要靠利益点的设计。

利益点区别于活动主题，利益点是给用户一个明确的结果，而且越是简单直接，越能提升点击率；活动主题是一类内容的合集，主要是告诉用户点

击后能看到的商品、服务或内容的类别。比如，活动主题为"春季家装节"，利益点为"全场5折，全国包邮"。

视觉三要素之排版

排版就是入口图所有元素（如产品、场景和文案）的排列方法。通过营销三要素可知，一张好的入口图，一定有明确的商品/服务展示出来，但是，有了产品，就要有相应的背景来衬托，背景可以是纯色，也可以是一类该产品使用的场景。

排版的结构主要有垂直水平式、三角形式、渐进层次式、辐射式。

垂直水平式：

如图2-22所示。

图2-22　垂直水平式的排版

依次排列产品，同款不同颜色在同一个水平线上，给人强烈的秩序感和丰富感，产品一定程度上成为背景，但却是最大化的背景。文案更加突出，因为文案放置在居中的位置，大部分用户关注的焦点就是图片中间。这样的排版方式适用于形状较为规则、主色调较为一致的商品。

三角形式：

三角形式排版分为正三角形、倒三角形和对角线三角形三种。三角形是稳定的代名词，这样的排版会给用户稳定、刚性的感觉，适合有棱角、有科技感的产品，比如数码类、个护类或家装类产品。

正三角形排版，产品立体感强，前景的产品和背景的产品轻重分离，产品非常突出,文案和产品配合成为正三角形,适当用颜色突出即可,如图2-23所示。

图 2-23　正三角形的排版

倒三角形排版，与正三角形特点类似，都是强调立体感，但倒三角更显得活泼，可以让文案适当地突出来，如图 2-24 所示。

图 2-24　倒三角形的排版

对角线三角形，如果排列得当的话运动感非常强烈，将一个产品从不同角度进行展示，让人感觉产品在"旋转着扑过来"，视觉重心也会落在产品上，如图 2-25 所示。

图 2-25　对角线三角形排版

渐进层次式：

利用透视原理，给人极强的立体感，再加上方向性，用产品非常自然地指向了文案，使得视觉顺序上会关注产品，再加上文案，配合得相得益彰，如图 2-26 所示。

图 2-26　渐进层次式排版

辐射式：

动感活泼，表现力非常强，多个产品像开花一样发散出来，给人以新鲜感、带入感，再加上一些透视，文案也很好地融合进画面，如图 2-27 所示。

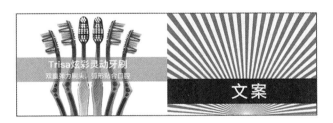

图 2-27　辐射式排版

从数据测试来看，各式排版对点击率影响不是特别大，没有一种排版方式是特别突出的，只要是信息明确、利益点突出、看着舒服，点击率都不会特别差。但是，有一种排版方式，点击率表现特别不好，就是竖型排版。这样的排版方式极大地增加了用户的识别时间和理解难度，造成点击率下降。

以上就是常见的排版类型，没有好与坏，也没有好看和不好看之分，只有适不适合当前的产品。比较高效的方法是一次做出两三个不同排版的入口图，放到线上去测试，最后找到点击率最优的投放。

视觉三要素之配色

配色是指各元素的颜色搭配。不求炫目，但要"亮眼"，自然而美好是配色的主要原则。

测试证明，较为鲜艳的颜色容易引起注意。例如红色、黄色、蓝色、绿色等。偏暗的颜色不容易引起注意，例如黑色、灰色、褐色等。所以可以看到，专业的互联网产品在大型营销事件活动中最经典的配色就是"番茄炒蛋"式的黄色配红色。

在选择颜色时，切忌选择饱和度过高的颜色，尤其是带有荧光色，谨慎选择使用，比如，荧光绿、荧光黄色。

另外，为了提升产品辨识度，通常要将主产品放到一个色彩差别比较大的背景上，实际设计中产品颜色与背景混在一起很常见，这种情况要尽力避免。

视觉三要素之文案

优质的文案可以极大提升点击率与转化率。在面积有限的入口图片中做文案设计，可以利用如下四个技巧：

A. 主标题简单直接

主标题的好，不在于多么有文艺气息，更不在于能表达隐含的意思，而在于能快速引起用户点击的欲望。简单直接的文案，往往比文艺感十足的文案有效得多。文案设计首先考虑有效，其次才是优美。一个优质的入口图，最终是引发用户点击欲望的，而不是让用户思考图片中文案的"意境"，减少用户思考的时间很重要。

B. 所有文案字数少于13个字

在移动互联网时代，用户的手持设备屏幕展示区域极其有限，所以入口图的尺寸也小了很多。在PC时代文案字数小于17个字就不会影响点击率，但是现在最好能控制在13个字以内，把活动主题、利益点高度浓缩，只讲一两个关键点即可。过多的文字会导致用户理解成本上升，而且对于排版来说，整个图片大部分面积被文字所占据，视觉上会非常乱。

C. 唯一指向性

衡量文案好坏的唯一标准就是唯一指向性。所谓唯一指向性，首先，把主要产品挡住，用户读到这句文案就可以马上知道描述的是什么品牌、产品或营销卖点，比如，"汽车发明者再次发明汽车"，出自奔驰的广告文案；其次结合产品主图，通过文案马上烘托出最核心的特点，如"唯一的不同，是处处不同"，来自某年苹果发布新品手机的文案；反之，无唯一指向性的文案则是把产品挡住后放到任何场景皆可的，如："×品牌，创造美好生活"。

D. 最好有阿拉伯数字

数字的识别成本低，而且很容易引起用户的视觉敏感。广告图片上带有数字可以提升点击率。注意，这个数字一定是阿拉伯数字，不是中文的数字，比如一、二、三；更不建议用中文大写数字，如壹、贰、叁。经过测试，中文数字的点击率比阿拉伯数字的点击率低30%左右。五折和5折，大有不同。

E. 巧妙使用背景衬托

背景衬托是将一个陌生的商品/产品放到一个用户熟悉的场景中，这个熟悉的场景元素可以是环境、地标或知名品牌。目的是通过熟悉的元素做背景衬托，快速抓住用户的注意力，从而产生点击行为。最终目的是使用户更长时间地停留在当前的浏览页面上。理论上，只要能更多地看几眼，就会更有效地传递产品的核心价值点，就能增加转化用户的机会。

最后补充一个，如果是虚拟类/服务类产品的入口图，则加入人物形象更好，可以有效提升点击率。如果这个人物形象是一个知名度较高的明星、行业专家等，点击率还会更高。

以上就是入口图点击提升法的所有细节，可以帮助大家提升流量利用效率。制作一张好的入口图，不仅仅是设计师的工作，更是一个优秀的运营人员所必备的技能。

2.2.18 关系链挖掘法

序号	方法名称	方法分类	针对问题	影响指标	应用场景	方法图标
18	关系链挖掘法	获取/留存用户	用户增长遇到瓶颈、多消费场景和营销节点转化提升难、冷启动内容推荐效率低	新用户数、连带转化率、内容消费量	产品用户拓展、新用户增长规划、冷启动个性化推荐算法优化	

关系链挖掘法指的是对用户与用户之间的"关系链路"进行挖掘和分析，从而在特定营销场景进行精准的触达并促进转化。此方法适用于具备千人千面流量分发能力的产品或品牌。对于那些靠口碑传播形成大规模用户的产品效果尤其显著。

每个人都不是一个单独的个体，也都会不断地与身边的人产生联系和互动，最终形成一些稳定的"关系"，这些关系可以形成一个"链路"，称为"关系链"。一旦掌握了用户与用户间的"关系链"，就可以做很多精准营销的运营策略。

比如，淘宝App，会以"亲情家园"的形式，挖掘用户与用户之间的"关系链"，每逢春节等传统民俗节日，就会以"家庭组队"抢红包的形式，引导用户关联自己与家人的账户，并标记出具体关系称谓，如图2-28所示。

图 2-28　淘宝 App 亲情家园专区

这样不仅可以增加用户的消费概率，同时能在特定节日中推送精准的活动与商品。比如，情人节即将到来时，我的淘宝App就会被推送我太太加入购物车的商品；母亲节即将到来时，我的淘宝 App 也会推送母亲购物车/浏览过的商品。这是非常高效的流量分发手段，在用户有明确消费动机的情况下匹配精准的商品，不仅能提升转化率，而且会使多个用户一起满意，进而给用户的感觉是"淘宝有我想要买的一切"。

关系链挖掘法是有效的定向营销手段，前提是能准确地挖掘出用户之间的关系。通常使用三种方式进行关系链的挖掘：

A. 活动利益引导用户主动标记

活动引导的用户主动标记是相对最准确的，但是付出的成本也较高。通常需要赠送每个用户现金红包，才能有效地刺激分享。父母关系的标记往往由子女帮助操作，所以在活动推送的时候，最好是在诸如春节、中秋节等家人团圆的节日进行，以保障活动效果和关系标记的及时有效。

B. 商品砍价/拼团购买推算

商品砍价/拼团购买方式是较为准确的方式，优点是不用付出高昂的成本，可以使用本身就要售卖的商品进行低价刺激分享，还能增加销量。但是，用户通常的行为是分享商品到各种社群里，所以，引导来的用户关系更为复杂，需要花时间去识别和判断。准确性上不及用户主动标记的方式。

C. 收货地址分析

收货地址分析是在不打扰用户也不付出直接成本的情况下，直接推断关系的方式。理论上来说，精确到门牌号的详细收货地址相同的若干用户，大概率是一家人，然后根据他们的购物记录和收货姓名能再次推断进一步的关系。比如，从姓氏来判断是否为直系亲属，还可以从购买记录上判断家中的成员构成，频繁购买母婴用品的家庭大概率有孩子，频繁购买营养保健品的家庭大概率有老人等。如果收货地址是相同的学校、医院或商场的若干人，大概率可判断其为同事关系，这些用户都可以批量地做好标记，以备在特殊节点使用。

除收货地址信息挖掘以外，还可以通过同网判断若干用户的关系链。就目前的互联网服务来看，产品运营方是可以读取到用户使用的设备品牌型号、网络 IP 等基本信息的。因此，就可以结合 IP 地址、WIFI 地址等特征，判断是否同网用户。在持续同网的情况下，结合每个用户的年龄、性别和购物记录，大概率能判断出用户之间的关系。

基于此，又可以进行基于关系链的精准推送。比如，下面是 A 用户用一个全新的手机打开某购物类 App（没有购物记录、没有兴趣行为产生），而此 App 则会通过处在同网的其他用户所浏览过的商品进行相关推送。他的母亲经常浏览中老年服饰，他的妻子购买过厨房小家电，都会被推送到这个之前毫无购买行为、浏览行为的账号上。这样做比随机投放商品的浏览概率和成交概率都要高。所以，当你和亲戚朋友在讨论某个商品后，此后在购物类 App 的个性化推荐中看到了此类商品，并不是 App 平台在偷听你们的聊天，而是你们之间有人浏览过、购买过相关商品，同网场景下，会被推荐相关类似的商品。

以下是使用一个新的手机设备、新的电话号码新注册某购物 App，在完全没有购物行为、兴趣等基础数据的情况下，App 给推送的商品内容，如图 2-29 所示。

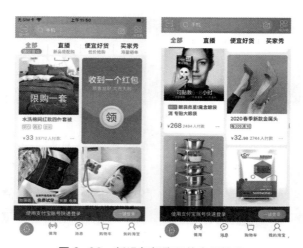

图 2-29　新设备新账号的商品推送

从图 2-29 中可以看出，先推荐一个"红包"，给用户一个首次购买的动机，然后商品内容推荐偏向性价比高、新奇有趣、销量高、多种品类，并没有特别的规律。

接着,更换地点,跟家人在一个无线网络下,再次打开该 App,系统推送的商品内容,如图 2-30 所示。

明显可以看出,被推送的商品有小孩的理发器,有面膜,还有中老年服饰。经过与家人的沟通确认,这些都是妻子和母亲浏览过的品类,而且还有一个是已加入购物车的商品。相比于毫无数据参考的推送,通过关系链、相同地址或同一个无线网络的分析,再进行针对性的关联推送,成功率就会高很多。

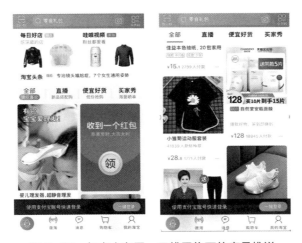

图 2-30　与家人在同一无线网络下的商品推送

以上就是关系链挖掘法,帮助平台级互联网产品进行精准的定向营销,增加用户的转化购买和口碑传播。

2.2.19　营销活动游戏化

序号	方法名称	方法分类	针对问题	影响指标	应用场景	方法图标
19	营销活动游戏化	获取/留存用户	用户停留时长短、访问频次低、大型活动效果不佳、新增用户少	转化率、停留时长、新用户增长数	大型营销事件运营、用户激活/召回、产品提升用户活跃度策略	

营销活动游戏化,是指运营一场线上活动需要通过游戏化的设计来提高用户的参与度,有效增长停留时长,最好还能使用户产生愉悦的情绪。

任何活动除了要考虑核心利益点让用户感觉“占便宜”以外，还必须要考虑如何能让用户更多地来访问活动页，把更多时间消耗在活动当中。这样做的好处有两个，一个是停留的时间越长，转化的概率就越高，就像日常生活中我们反复看到一个广告，当有消费需求时自然会考虑这个最常见到的广告中的品牌；另一个好处是，用户在你的活动中充分消耗了时间，自然就没有时间看竞争对手的活动。

活动的游戏化运营需要具备六个要素，分别是 ：明确的规则、统一的目标、极简的操作、即时奖励、组队竞争和适当失落。

A. 明确的规则

明确的规则是游戏化营销活动的基础。只有让用户明确地知道自己付出的时间能换取具体的“利益”，才能有参与的可能性。规则越清晰明确，用户的参与体验越好。

规则宣导最好不要像说明书一样写成大段的文字（见图 2–31），因为绝大部分用户是不会仔细阅读的，建议模仿游戏在教新手玩家的导览式，如图 2–32 所示。

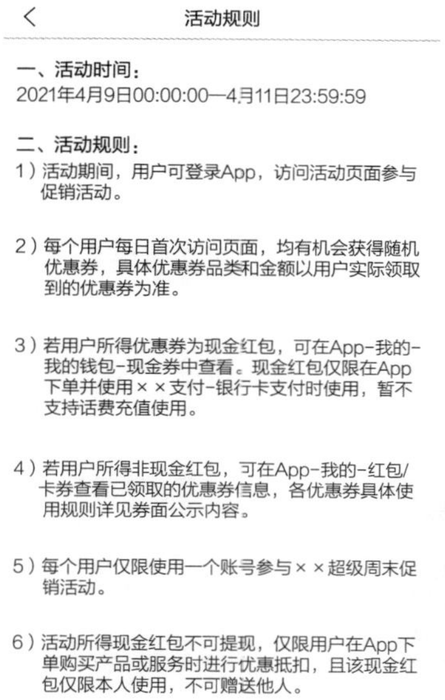
活动规则

一、活动时间：
2021年4月9日00:00:00—4月11日23:59:59

二、活动规则：
1）活动期间，用户可登录App，访问活动页面参与促销活动。

2）每个用户每日首次访问页面，均有机会获得随机优惠券，具体优惠券品类和金额以用户实际领取到的优惠券为准。

3）若用户所得优惠券为现金红包，可在App-我的-我的钱包-现金券中查看。现金红包仅限在App下单并使用××支付-银行卡支付时使用，暂不支持话费充值使用。

4）若用户所得非现金红包，可在App-我的-红包/卡券查看已领取的优惠券信息，各优惠券具体使用规则详见券面公示内容。

5）每个用户仅限使用一个账号参与××超级周末促销活动。

6）活动所得现金红包不可提现，仅限用户在App下单购买产品或服务时进行优惠抵扣，且该现金红包仅限本人使用，不可赠送他人。

图 2–31　说明书式的活动规则

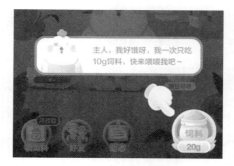

图 2–32　游戏引导式

B. 统一的目标

所有参与者的目标是统一的，不能像传统游戏那样有过多的"故事线"，统一的目标更易传播。营销活动中的目标往往是获得××元的红包，也可以是获得某种购物特权，如优先发货、保证库存之类的。在《幸福多了40%》(*The How of Happiness*)一书中，索尼娅·柳博米尔斯基提到，提高人们日常生活质量最快的方法，就是"赋予人们具体的目标，一件可以去做又能有期待的事"。

C. 极简的操作

营销活动的操作，力求简单。只需要用户单手操作，上下或左右滑动即可完全控制的游戏就是好游戏。少于3个控制按钮就可以极大地降低各类用户的参与门槛，使尽可能多的人参与进来。

D. 即时奖励

游戏好玩的重要原因之一就是"即时奖励"，与之相对应的是现实世界中普遍存在的"延迟满足"。工作1个月后才能拿到薪水，相比于游戏中达成一个小目标就能得到"红包""经验值"等，体验感差别非常大。即时的积极反馈让用户更加努力。把用户本来就喜欢的事（例如获取红包）变得像游戏一样值得一试，它能让用户更加积极地参与。

E. 组队竞争

游戏化的设计可以产生社交裂变，从而使活动获得更高效的增长。吸引、刺激用户组队一起来玩，是好的营销游戏设计。组队竞争更能激发出每个用户参与的热情和增加时间投入，有时候利用集体荣誉感是非常高明的运营手段。

单从游戏的角度来看，组队的本质就是从无到有创建社群。与游戏相比，现实世界中的人孤独而隔离，以至于熟人聚餐时人人都专注于自己的手机世界。游戏能帮助用户团结起来，一起组队完成一个个小小的目标。更进一步，引入组队竞争机制，就更能激发用户的热情去完成统一的目标，如图2-33所示。

图 2-33 组队竞争赢取"红包"

F. 适当失落

用户在玩第二回合、第三回合时,适当提升难度,使用户没能拿到奖励,给予适当的挫败感。因为过于快速的胜利往往会终结乐趣,而适当的失败会维持乐趣。用户会继续尝试,并一直保持最后成功的希望。胜利的希望比胜利本身更有吸引力。

营销类游戏玩到最后,几乎都是为了调动用户情绪,一方面使用户愉悦,产生自发性的传播,并且提升消费的概率;另一方面可以刻意让用户在游戏当中失败,产生适当的失落情绪,从而激发用户多次挑战的意愿。

营销活动游戏化,经典同时效果也很好的案例,非天猫的"双11"莫属。从最早的"互动城"设计,再到后来的盖楼、养猫游戏,不断进化互动的玩法,不断为用户带来全新的感受。玩游戏、领红包已经成为几乎所有大型营销活动的标准配置。

需要特别注意的是,营销活动的游戏化设计仅仅适用于活动的预热期,正式开始时务必使用户以最短链路到达关键成交页,也就是说,要在首页直接展示商品,便于用户直接购买。

以上是营销活动游戏化设计的方法,在各大交易类平台举办大型活动时是较为常见的,随着硬件设备的升级和网络速度的提高,相信以后还会有更新奇的互动，给予用户更好的体验。

2.2.20 大型营销事件组织实践法

序号	方法名称	方法分类	针对问题	影响指标	应用场景	方法图标
20	大型营销事件组织实践法	获取/留存用户	大型营销事件组织流程混乱、难以达到大活动效果、大活动筹备事项漏洞百出	活动参与用户数、成交金额、活动传播影响力	大型营销事件组织、战略目标完成计划制定、产品单点爆发活动策划	★

当你兢兢业业地做运营，但用户量、销售业绩依然没有显著的提升，此时，你需要考虑一场集中资源打造的大型营销事件做突破，这也许是一个产品从默默无闻到一战成名的机会。最为成功的典型要数天猫"双11"购物节的举办。自2009年首届"双11"购物节活动（以下简称"双11"）上线以来，发展到现在已经成为具有世界影响力的购物节日。也正是"双11"，促使天猫平台急速扩张，无论从成交额、用户数还是品牌入驻数量，都远远超过其他互联网平台。

营销事件与普通运营活动不同。营销事件更注重传播、注重突破纪录和注重"完成战略"。从传播的角度来看，营销事件需要平台本身的全网传播，空前力度的投入，造就空前的影响力，除了平台本身的传播，还要投入巨量的资源引导用户本身的传播，使用现金发红包是最为有效的方式；从突破纪录的角度看，每一次的营销事件都是平台和供给侧在内容数量、商家商品数量、成交额等方面的新高，每一次纪录的打破都需要更多资源的投入；从"完成战略"的角度来看，一次营销事件就能完成某一新增业务的关联提升，能够完美地完成使命。

图2-34是我经过多年"双11"的组织策划、参与跟进和活动管理的经验，特别将其总结成一个大型营销事件全图。跟着图中的流程一步一步落地，无论是交易变现、用户增长还是平台突破，相信会有所帮助。

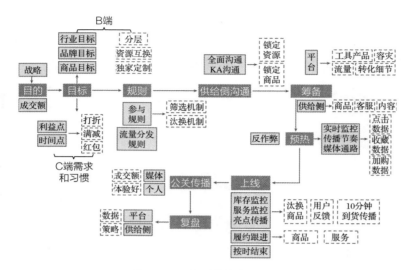

图 2-34　大型营销事件全图

整个大型营销事件流程图中有 9 个核心节点（黑底方框）：目的、目标、规则、供给侧（商家、创作者）沟通、筹备、预热、上线、公关传播和复盘。

每个核心节点分解为若干具体维度（实线方框里的点），如"目的"节点分解为"成交额"维度和"战略"维度，意思是在明确目的的时候，要考虑这次营销事件达成的战略目的和成交额（产生多少营收）。

每个具体维度后面（虚线方框中的点）是该维度下的重要运营策略方向。如，"规则"节点分解为"参与规则"和"流量分发规则"两个维度，这两个维度的重要运营策略方向是"筛选机制"和"汰换机制"的制定。

A. 目的

大型营销事件的第一个核心节点，是明确主要"目的"。目的分为"战略"和"成交额"两个维度。

战略目的是指达成一个"事实"或者抢占目标用户的"心智"。比如，达成品牌商对平台的认知，从而有利于在下一年招募各行业顶尖品牌；比如，实现 45 岁以上用户的指数级增长并培养其使用习惯。

成交额的目的就是达到一种"难以想象"的交易量，从而形成对全网用户的认知影响，进而辅助各种战略目的的完成。为什么成交额可以单独成为一个"目的"。因为，凡是涉及"钱"的事，通常最容易引起用户的兴趣，更可以给用户直接的感受。假如把成交额换成用户数的增长，或者是内容阅读数量的增加，大部分人的第一反应将会是"跟我有什么关系"。

因此，考虑清楚目的是大型营销事件组织的最高优先级事项。

以天猫"双11"为例，当时的目的除了创造成交额以外，还有另一个战略目的。比如，2012年天猫"双11"，除了达到160亿元以上的成交额外，还鼓励用户手机下单、手机付款，为的就是培养用户用手机购物的习惯。

B. 目标

目标是目的的数据衡量，即目的明确后就要确定完成标准，这个标准最好是可以量化的。比如，战略目的是在下一年招募各行业的顶尖品牌入驻平台，目标就是在下一年招募服饰行业TOP30品牌中的20个，TOP30的品牌名单也需要明确。

成交额目标就是直接确定一个成交额数字，明确计算口径即可。比如，提交订单金额、实际支付金额或退款后实际成交额。

整体目标确定后，就开始向下分解。在电商运营中，成交额目标的进一步分解就是分解到各个行业的成交额、行业继续分解到各个品牌、品牌再分解到各个商铺、店铺再分解到具体的商品成交额。在营销事件执行的过程中，不断监控各目标达成的进度，随时调整流量分发。在其他形态的互联网运营中，新用户数的增长可能是最大的目标，也需要继续分解至每个来源新增多少新用户，产品中吸引新用户的"内容"也对应分解为由多少创作者生产多少等。

大型营销事件的目标往往不止一个，比如成交额、新增用户数、老用户的平均购买金额等。当有多个目标时，可以给予每个目标不同的权重，最终计算综合达成分。诸如，综合达成分 = 成交额 × 30% + 新增用户数 × 50% + 客单价提升 × 20%，这样可以把子目标分配给不同的运营团队执行。明确本次营销事件的主要目标和次级目标。注意分权重计算时的数据量级问题，成交额是百亿级，新增用户数可能是千万级，客单价是百元左右，加权计算时注意先做数据归一。

目标不仅要制定，还要选出两三个完成关键点。比如，完成成交额的目标，运营策略中的利益点和执行时间点是最关键的。"全场5折，全国包邮"，对早期"双11"的成功起到了决定性的作用；执行时间点是第二个关键因素，选定11月11日执行成交类营销事件，会比6月18日做营销事件的成交额更高，因为年底是消费旺季，并且主要的服饰品类以秋冬款（单价高）为主力。

C. 规则

完成营销事件的目标，需要供给侧的高度参与，不仅要提供丰富的商品/内容，在消费竞争力（价格、内容质量）上也要更强。海量的供给侧（商品数量千万级、内容数量过亿级）又无法通过人工运营的方式逐个推荐给用户，所以，在营销事件正式开始前，需定义两方面的规则，一方面是参与规则，另一方面是流量分发规则。

参与规则是一种筛选机制，分为客观条件和数据标准两种。客观条件是需要明确的要素，具备某些要素才能参加，比如，入驻平台超过90天，商品进入官方平台的仓库，已有100条以上内容等。数据标准是指运营核心指标达到一定的要求才能参加，交易类运营里的近180天成交额、近90天的平均转化率等都是常用的数据标准，"双11"等大型营销事件均以此类指标作为参与门槛；内容类的产品运营指标往往是平均观看时长、作品播放量、点赞量等关键数据。从中可以看出，参与大型营销事件的重要前提是日常运营的核心关键指标是优质的。

流量分发规则是一种汰换机制。在预热期和活动爆发期，不断地分析出供给侧（商家/创作者）的关键运营指标，实时计算用户的喜好程度（点击率、转化率、停留时长指标），及时淘汰替换数据表现不佳的商品或内容，不断加强营销事件的整体效果。因此，从本质上来说，营销事件更多的是给日常运营情况良好的供给侧"锦上添花"，而不是给运营情况不佳的供给侧"雪中送炭"。

如果你是供给侧的运营人员，在规则这部分需要做的就是熟读平台方的参与规则和流量分发规则，尤其是流量分发规则，要做到烂熟于心的程度，并且不断地调整自身的运营策略，去适应平台的流量分发侧重，这样才能拿到更多的流量，产生更大的效果。

D. 供给侧沟通

规则确定，只发布一篇详细的规则文字说明是远远不够的。绝大部分运营人员对于同一条规则的理解千差万别，配合的运营动作就更是五花八门。所以，营销事件的规则确定后，务必与供给侧的运营方进行面对面的沟通。

第一步是全面沟通。尽可能地将所有供给侧运营方都邀请至线下会场，进行统一的宣讲和规则解读，把关键的参与时间、参与要求和执行关键方法做现场演示。

第二步是重点客户沟通，最好是一对一地与行业竞争力极强且用户基数大的商家、品牌、创作者单独预约沟通，甚至可以签订供给侧协议，约定部分商品/内容只在本平台发布。这些资源都是行业稀缺资源，并且自带流量，锁定优势资源才能使营销事件的基础用户数达到理想的量级。这些都是必须在线下沟通完成的。

供给侧沟通的重点是"好一点"策略。绝大部分供给侧的商家、品牌或创作者，都是多渠道经营的。在大型营销事件前的沟通，一定要能确认两三个核心引流商品/内容，是比其他平台有更"好一点"的利益点。比如，价格更低一点、赠品多一些，或者热门内容提前发 2～3 小时。

E. 筹备

大型营销事件的目的能否达成，决定性的环节在筹备期。在正式上线后发现效果不如预期，几乎没有临时挽救的方式。大型营销事件的流量采购、异业合作、核心资源基本都是提前若干周即确定完成，很少能临时调整。

筹备期分平台筹备和供给侧筹备两大方面。

平台筹备大型营销事件的关键在于"打造舞台和集中造势"，以工具产品升级、全网流量获取和转化体验的细节优化为最主要筹备的事项。

工具产品升级是指在平台中运营的供给方，可以使用更高效、更简洁的工具提升自己的经营效率，从而在大型营销事件中有更丰富的产品和内容来满足不同用户的需求。比如，在电商运营场景中，每逢大型营销事件都会给平台上的商家带来大量的客服咨询，活动期往往 2～3 天，结束后客服咨询量即快速回落，商家不适合提前多招聘正式客服人员，在此情况下不得不招募临时客服，而临时客服的专业性不够，容易丢失客户。因此，借着大型营销事件咨询量暴增的契机，平台及各第三方软件服务商开发了智能客服，这极大地降低了人工客服的咨询量，提升了流量承接转化的效率，虽然不及真实人工客服的体验，但相比招聘临时客服等手段，投入产出比相对更高。

全网获取流量是指平台不遗余力地找到线上和线下全部的目标用户来源。不仅要通过大量资源的投入覆盖线上所有目标人群所在的网络社区、媒体和社交平台，还要在线下目标人群集中的地方投放广告，形成线上、线下的合力传播，才有将营销事件打爆的可能。注意，一定要在"目标人群"聚集的地方做投放，营销事件可以高投入，但不是乱投入。比如，在做一个英语教育类产品（App）的运营时，线下引流的广告投放，主要集中在学校周边的公交站、地铁站，以及大型培训机构附近的楼宇、墙体广告。

转化的细节是指提升转化率的体验的细节完善，包括一句引导文案、购买按钮的颜色、把参加活动的商品打一个"活动款"标签等。每个细节都要面面俱到，不停地测试高点击率、高转化率的体验。除了线上的体验细节，如需要物流环节的运营活动，还得提前筹备物流快速发货、快速到达的相关项目，包括提前打包、发货时效规则等。

供给侧的筹备关键在于"零误差满足和高效执行"。以商品/内容的保障、客服承接转化和流量加投为主要筹备事项。

零误差满足和高效执行是指对于平台制定的活动规则，要做到零误差地满足，并且高效反馈。大型营销事件的工作量极大，且线上活动页面展现位置稀缺，平台的规则又以"赛马"为主（点击率高、转化好的商品/内容活动有更多展现机会），所以，往往 100 个展现机会，会给到 120 个左右的商品/内容。此时，供给侧的运营负责人，一定要按照平台的要求，做到几乎零误差地配合，并且快速反馈，否则，平台运营人员就会把更好的展现机会给到其他供给侧商家/创作者。比如，平台会做一个入口图的模板，让商家/创作者按照模板做出风格一致的图，那就一定要完全按照此模板来交图。实际运营中，经常会遇到供给侧商家/创作者根据自己的理解随意改图，这样很容易使平台运营人员将其替换为其他商家/创作者的图。同理，内容型平台的大型营销事件也应该如此，平台往往会给予核心创作者标准脚本，拍摄的内容一定按照脚本来完成，尤其是必须包含的台词，切勿随意自我发挥，否则很可能在时间紧、工作量大的情况下对不合格内容降权限制流量。

供给侧对商品/内容的保障，按运营的标准用两个字概括：充足。供给侧需要充足的商品库存、充足的内容素材，才能持续地在大型营销事件中获取更多的流量资源。在交易变现的运营场景里，一旦商品库存低于总库存的 10%～20%，平台方就会逐步限制其曝光，直至完全停止主活动页的流量给予；内容运营场景里更需要充足的内容素材，用户对内容的偏好和系统对内容优质程度的判断，不确定性更加强烈，因此，在筹备期，要尽可能多地制作不同类型的内容，以备随时调整。

客服承接转化是最耗时、也最为耗费人力的。大型营销事件均会设计多种玩法和多种优惠方式，只要涉及商品交易、活动抽奖或红包发放，就会产生很多咨询量。即使是活动页面清清楚楚地给出获奖条件、参与规则，用户也偏好第一时间找人工客服解决。所以，客服的筹备要提前 1 个多月就开始，不断训练智能客服（客服机器人），招募临时客服并且提前培训等，都是常规的有效方法，唯一要注意的就是留有足够的筹备时间。

流量加投是获取更多平台流量的必要条件。很多大型营销事件的组织平台，都会要求参与活动的供给侧商家们进行流量加投，甚至是等比例加投。比如，平台要求参与活动的供给侧商家在站外投放 100 万元广告引流，则会在活动页内匹配同等价值的额外流量奖励。因此，供给侧的筹备需尽可能锁定一些优质的站外流量，以备正式活动时获得更多站内（较为精准用户）的流量。

筹备期的工作会非常繁杂，在运营管理中，一定要明确一位"总负责人"，并且列出时间进度计划表，每日检查筹备进度，在每个子项上也要明确唯一的责任人。

表 2-7 是大型营销事件时间进度表模板，根据业务实际情况稍作修改即可使用。

表 2-7 大型营销事件时间进度表

阶段	序号	大型营销事件项目跟进表					周						
		任务名称	责任人	开始日期	结束日期	完成情况	1 一	2 二	3 三	4 四	5 五	6 六	7 日
准备阶段	1	商家大会沟通	张三	3月2日	3月3日	已完成							
	2	重点客户、重点商品确定	张三	3月2日	3月3日	已完成							
执行阶段	3	预热选品	张三	3月2日	3月3日	已完成							
	4	预热页面	李四	3月2日	3月3日	已完成							
	5	互动城上线	袁六	3月2日	3月3日	已完成							
	6	资源点击监测	袁六	3月2日	3月3日	已完成							
	7	品牌 PR 传播	李四	3月2日	3月3日	未完成							
	8	实时数据监控	张三	3月2日	3月3日	未完成							

F. 预热

预热即蓄客，预热的效果基本决定了活动的效果，是"双 11"这样的大型营销事件将"预热"的玩法打造成了几乎所有互联网活动的标准配置。现在的每一场线上营销活动正式开始前，都会有一个预热期。

预热期有两大目标，一个是尽可能引导用户做传播，另一个是增加用户停留时长。电商运营场景再加一个目标，就是预转化。

引导用户传播和增加用户时长的运营策略，在"营销活动游戏化"中有详细的策略和执行细节。

预转化是指锁定用户购买需求。运营策略包括刺激用户加入购物车，引导用户下定金等。

预热期注意要实时监控预热效果。在预热页面（也是流量资源位）上面展示的商品/内容都需要重点监控点击、转化和互动数据。每一个位置都是珍贵的曝光资源，也是用户对活动认知的第一触点。务必要最大化地利用预热页面。同时，也要加强预热期的反作弊，不仅要剔除虚假点击、虚假转化、虚假加购、虚假互动数据，还要避免出现批量刷走优惠券，用多个子账号领取红包等情况。

最后，预热时长需要特别注意。大部分互联网产品的大型营销事件预热期2～3天即可，5天基本是上限。预热时间过长容易使用户跳失，尤其是用户耐心越来越缺乏的现在。只有少数的顶级互联网平台，由于总用户数量大、业务线复杂，可以把预热期拉长到10～11天。

G. 正式上线

营销事件正式上线后的大部分工作就是监控活动进行情况。尤其是对平台中主要交易商品的库存、服务情况进行监控，并且实时将"创纪录"的数据对外传播。比如，用户下单10分钟后即收到商品、1分钟创造了100亿元成交额等。

做大型营销事件最终是要培养用户认知，给用户一个固定的预期。因此，在活动时间上要注意"按时结束"。过了公布的活动时间即马上恢复日常的价格、日常的服务。最好不要把一次营销事件做成1个月甚至更长的时间，用户的认知一旦认为任何时候都是活动价，那后续的营销事件就无效了。

H. 公关传播

公关传播是大型营销事件在影响用户端运营工作的最后一步。在活动中产生的新纪录、新亮点和用户口碑评价等内容，都需要传播出去，以求活动效果最大化。

公关传播分为两大方式，一种是写专门的公关稿件分发到各个合作媒体，另外一种是引导用户自传播。

公关稿件由专业的公司或同事撰写并发出，主要关注发布的渠道数量、转载数量和阅读数量。

引导用户传播可以以"区域榜单"的形式，借助大部分用户的"虚荣心"来传播。比如，为用户生成一个"消费报告"，并且为其进行排名，这样的定制类的图能引起较为强烈的传播欲望，如图 2-35 所示。

I. 复盘

复盘就是总结整个营销事件达成的结果，并回看各类过程数据，对应找到活动期内每一个运营策略、运营动作的合理性，以期在以后的组织策划中有更好的提升。

图 2-35 "双 11"个人消费排行

以上是大型营销事件的组织与策划，帮助默默无闻的产品一战成名。如果顺利，将会迎来一次用户数量的大爆发。

2.3 获取 / 留存用户的实战心得

获取 / 留存用户在实战中是运营最重要的工作之一。评判互联网产品的价值，很大一部分就是总用户数。在此之上，每日的活跃用户数、每月的活跃用户数和每年的活跃用户数，都是衡量一个互联网产品是否有巨大潜力的重要指标。

因此，在获取 / 留存用户方面，总结了如下三个心得：

A. 获取用户都是有"成本"的，做平台不能两头耗

获取用户都是有成本的，要么是耗费时间，要么是直接花钱。产品获取用户前的"打磨"时间，可以用人力成本来折算，产品发布后的推广费用和红包获客手段是直接可统计的现金成本。所有的运营最后都要重点关注"单用户成本"，无论是直接成本还是间接成本。在做活动补贴时，如果是平台型产品，一定不要既做补贴供给侧，又补贴消费侧，这样平台很容易被拖垮。

B. 口碑裂变是水到渠成的，无法用钱买来

用户短时间大规模的增长，是要靠产品长期的打磨或一个核心利益点超预期的满足。互联网是可以造就短时爆红的产品的，但大部分都是随机的、不可预知的。不要以一夜爆红（或一夜暴富）为主要目标，更不要想通过一笔巨大的投入而"买"来用户，真正做好产品的体验才能形成口碑，最后的爆红都是水到渠成的。

C. 用户留存具有时代特征，多产品运营是好策略

绝大部分的用户留存问题，是成本问题。用户在产品中的成本增高（决策成本、时间成本），产品的留存就会逐步下降，通过运营手段可能无法挽回。比如，现在是短视频产品的时代，那么强行做一些图文社群类的产品想实现用户留存，即使把图文优化得再好，可能留存效果也不会特别理想，用户的习惯随着技术的发展而改变，具备时代的特征。所以，多产品运营是好的策略。

获取/留存用户，在互联网产品运营中是第一步，第二步就是流量变现。在稳定了一定的用户数量以后，如果没有明确的变现路径，没有可盈利的预期，那么整个产品想完美变现就毫无可能。

流量变现，从转化用户开始。

学会运营
高效增长的52种方法

第3章
转化用户

3.1　转化用户的典型困境与原因

转化用户在不同产品阶段中有不同的目标，通常为转化为注册用户、购买用户和付费会员用户。但是终极目标，都是转化为消费用户。能让用户心甘情愿付费的产品，才是真正有价值的产品。如果只获取用户，而无法从用户处获得收益，此互联网产品几乎是不可持续的。

转化用户的典型困境是产品整体转化率低、转化成本高和二次转化难。

整体转化率低大部分原因是变现标的（商品、会员特权或广告）没有竞争力，没有提前增加用户转化动机，或者是花大力气做的内容不符合用户消费决策因素；转化成本越来越高是趋势，比如，在电商运营场景，现在几乎到了平台不做补贴类活动就很难销售的程度；二次转化难主要是产品核心体验没有超出预期，甚至没能达到预期，这与产品的用户路径设计有问题，用户整体运营不到位有很大关系。

转化用户完成流量变现，一般有三种方式：卖东西（电子商务），做广告（线上广告）和加特权（付费用户的特权，如迅雷的付费成为会员可以增加下载速度）。其中，卖东西最容易开始。无论产品的用户数达到多少，找个批发市场进货，就都可以卖东西，缺点是成本较高，利润非常低而且短时间内不容易产生很高的成交额；做广告进行流量变现，需要有一个前提，就是要有足够的用户数。一个产品如果没有百万级以上的用户，广告很难卖出去，而且，卖广告很快会达到瓶颈，因为广告展示位数量一般是固定的，如果广告太多会造成用户流失。做广告的优点也明显，就是利润特别高，可以做更多的创新和服务。加特权的本质是购买虚拟商品，好处是没有库存等成本，利润会随着竞争的加剧逐步降低，缺点是达到一定付费用户数以后就很难增长，因为虚拟产品的可替代性特别强，同样是付费会员享有的特权，其他产品也很容易拿到。

归根结底，三种流量变现方式，最终会回归到"交易"，回归到用户对变现"商品"的价值评判，所以，营造用户对"商品"的价值感是十分重要的运营手段。

另外，用户转化还可以转化"信任"。比如，在做内容电商的时候，用户对一个主播产出的内容感兴趣，并且"信任"主播，就很容易被转化。营造信任感，是转化用户的另外一类运营手段。

再者，从用户转化的动机来看，一般分为两种——寻找动机和发现动机。寻找动机更为容易转化，因为需求是用户主动发起的，常见于标准产品和刚需产品，比如电冰箱、电视机等品类；发现动机转化较难，因为用户是被动引起购买欲望的，所以用户转化必须符合用户的审美、价值评判和决策习惯，常用于非标准类产品，如服饰、玩具、美妆等品类。

最后，转化用户所有涉及的运营方法，都是围绕用户的价值感打造和信任感建立，以及发现动机与寻找动机互补的角度进行阐述的。

3.2 转化用户的 14 种方法

3.2.1 分层竞争力分析

序号	方法名称	方法分类	针对问题	影响指标	应用场景	方法图标
21	分层竞争力分析	转化用户	流量变现困难、找不到变现与用户体验的平衡、转化率与传播率过低	成交额、转化率、分享数	流量变现时的竞争力提升、用户长线运营规划、用户自传播方案制定	

分层竞争力分析是流量变现最基础的分析方法。把用户消费决策从前往后（体验顺序角度），从上至下（用户路径角度）分解为四个层次，每个层

次给用户一个核心的"利益点",就是分层竞争力分析的主要思想。

分层竞争力分析可以用于商品运营(销售),可以用于内容运营(传播),还可以用于产品运营(App 运营)。

针对商品运营,可以分为如下四个层次:为什么买这个商品→为什么在你这里买这个商品→为什么以后还在你这里买这个商品→为什么推荐别人也来你这里买这个商品。

为什么买这个商品:

这是有关商品变现最底层、最基本的思考,也是较为宏观的思考。它着重衡量的是商品本身的价值。它到底解决了用户的什么问题,是满足了用户什么样的需求,还是给用户带来了愉悦的感受。这些思考有助于项目找到明确的方向,这是一个生意开始的基础。出发点是"用户感受",而不是"这个商品赚钱"这样的商业视角。而且,越是新奇的品类,越要深入地思考。如果是比较成熟的品类,有时候可以马上进入下一层的思考。比如,计划开发销售一个新的品类——早餐机,功能是可以一次烤 2 片面包,同时煎一个鸡蛋,设定好时间,即可自动完成一次简易早餐的制作。商品形态计划如图 3-1 所示。

图 3-1　早餐机产品

如果是一个新兴的品类,就需要更深入地思考为什么用户需要买这个商品。首先,明确这个商品能带来的价值,可能是能满足用户的一个具体的需求——快速制作早餐。那这个"快速制作早餐"的需求是否是用户真正在乎的,是否是值得为此埋单的。具体评估方法是做一个假设和做一次对比。假设如果没有此商品现在的结果是什么样子;如果有了此商品,与之前满足同样需求所耗费时间成本与金钱成本的对比。如果得出的结论是,没有此产品用户花费的成本更高,而且与传统方式相比,有了此商品用户花费的成本更低且结果更好。那么,这就是一个有价值的商品。具体来说,这个早餐机可以在更短的时间里做出一顿可口的早餐,它确实能降低用户的时间与金钱成本，将烤面包和煎鸡蛋同时进行，设置好程序自动完成。相比于传统（点火做饭）烹饪方式，不需要站在灶台前，再去考虑倒多少油合适，也不需要时刻关注煎蛋的火候，更不需要盯着面包看是否会烤糊，所以，早餐机的确可以以更低的成本获得与之前一致的体验，甚至是超过之前的体验。

当为什么买这个商品得到大多数潜在目标用户认可或需要时，即可进入下一层的思考和评估。

为什么在你这里买这个商品：

这一层的思考和评估有两方面的角度。一方面是针对整体竞争激烈且较为成熟的品类做评估，侧重点是"这个商品的差异点"与"满足同样需求的体验质量"。比如，评估服饰中的内衣这一较为成熟的品类时，大部分的内衣都会有"纯棉面料，穿着舒适"的基础卖点，那"为什么在你这里买内衣"，除了基本的穿着舒适以外，还有哪些更吸引用户的独特卖点构成在你这里买内衣的决策因素？可以是更加透气排汗，可以是对健康无害的更天然的染料，还可以是具有杀菌功能等。如果没有更多独特卖点，跟其他内衣都一样，那么，最后大概率只能靠低价取胜了。当然，对这一层评估的前提是同样价位的情况下，99元的内衣只能和99元上下的商品做横向比较，而不能和299元的商品做比较。

另一方面是基于销售同样一个品牌的同一个商品时，评估"为什么在你这里买这个商品"。这个就需要从价格、赠品、快递和服务四个用户最关注的方面进行挖掘。比如，同样是销售A品牌的M型号产品，在线上有多家网店在销售，去思考用户为什么来你这里买这个商品。可以是价格更低一些，可以是有独家的赠品，可以是发货比其他店铺快，还可以是整体服务体验比较好（退换货速度，应答速度等）。这一方面的评估相对简单，只要横向对比其他店铺的每一处运营细节即可，因为商品都一样，只要保持价格一致，附加的服务或给用户带来的感受，是比较容易模仿并超越的。在实际的运营中，通常会真实购买竞争店铺的商品，然后把每一屏商品的描述页截图，横向对比自己店铺商品的描述页，不断优化；接着以真实用户的角度去问对方客服关于产品和服务的实际问题，收集整理对方客服的销售话术，不断改进自身的产品；最后，在收到商品后，申请售后，甚至会故意为难一下客服，看看竞争店铺的处理时效、处理态度和处理方式。知己知彼，才能百战不殆。有时候要想在绝对竞争环境中突围，就需要不断摸索竞争对手的基础体验，然后改进优化自身的运营细节。

为什么以后还在你这里买这个商品：

这一层的思考侧重点在用户为什么要来"复购"。在互联网流量变现的运营当中，使用户交易一次商品（服务）是较为容易的，补贴红包、免费试用、下载有礼等"烧钱"方式都能较为快速地带来首次交易，但是，"烧钱"往往是不可持续的。所以，流量变现的重点和难点，是让用户"复购"，让用户持续产生交易行为。

"以后还在你这里买这个商品"的前提是首次交易的体验比较好，或者是首次交易虽然产生了售后问题，但售后处理的方式让用户非常满意。从用户的角度来讲，就是"满足期望"。

为了更好地给予用户复购的理由，这一层策略思考的指导原则有三个：一个是尽可能地弥补"体验的断层"；另一个是降低用户的"试错成本"；最后一个原则则是尽可能地形成"体验的闭环"。

"体验的断层"是指用户付出成本后无法立即得到满足的情况，即付出与获得体验被割断。比如，在电商运营场景里，用户付出了金钱成本，却无法马上得到所购买的商品，需要等待快递送达，这就产生了"体验的断层"。如果可以最大限度地弥补断层带来的体验损耗，就能不断获取用户"以后还在你这里买这个商品"。所以，我们也看到，各大电商平台不断地推出速度更快的快递服务，尽可能地缩短用户等待体验商品的时间，弥补"体验的断层"，从而获取更多用户的良好体验。而在产品运营场景里，"体验的断层"往往来自用户付出时间后没有得到立即反馈。比如，在内容型产品运营中，用户发表一条内容（短视频或文章），但无法立即在前台展示给其他人，需要相关内容运营人员的审核才能展示,这个审核时间也是用户等待的时间,时间越长,"体验的断层"越大,用户最后的感受就越不好。从而后续会影响用户更多的回流,也影响用户在产品中的转化变现。

降低用户的试错成本是指在线上的交易行为都会存在相对线下交易较高的"试错成本"。由于用户只能通过屏幕展示的图片来做购买决定,而图片的展示会存在色差和刻意美化图片的情况,所以,往往会出现实际拿到手的商品与线上展示的出现较大差异。这时,无论是用户等待的时间成本还是付出的金钱成本,都成为"试错成本"。如果能降低这个"试错成本",也会形成一个很好的"用户为什么还在你这里买商品"的运营策略。所以,我们看到各大电商平台相继推出了退货运费保险,降低用户退换货时产生的运费成本。还有电商平台可以30天无理由退换货,降低用户对于商品期望和实际体验存在差异后想退换货的时间成本。

形成体验的闭环是指某些产品功能或商品送达用户手中后,无法直接使用或需要"搭配更多零件"才能正常使用。通常可以通过快速服务或赠品,让用户在最短的时间内形成"体验的闭环"。比如,在电商运营中销售烤箱,用户收到货后是很难马上使用的,因为烘烤的食物温度会特别高,不容易取出,需要隔热手套这个"配件",所以,销售烤箱就加赠一个隔热手套,让用户形成"体验的闭环"。这样可以促进用户加深印象,以后有需求时还会在你这里买。

为什么推荐别人在你这里买这个商品:

这一层的思考才是运营真正的终点,即形成"传播裂变"。大部分运营人员会误以为"用户付费转化"就是终点,其实真正的终点是"推荐别人"来买、来用。

这一层的分析重点在于极大地超出用户预期和适当的利益刺激两个方向。其中,极大地超出用户预期是将产品和服务做到远超行业一流水平,只有超一流才能带动用户自发的传播,这样的传播带动更多新用户的效果也是最好的,甚至还能带动特有的粉丝群。个人认为最经典的案例非"三只松鼠"莫属，一个体验极佳的互联网零食消费品牌，如今已是上市公司的它，被人们称作"国民零食第一股"。几乎每个第一次购买"三只松鼠"的用户，最大的感觉就是"惊喜"，真正能体会到"极大地超出用户预期"。

下单前，线上的服务人员态度特别热情，下单后，有短信通知包裹状态（发货、到达和签收），收到快递后会发现纸箱上有一个开箱器，打开包装后会发现除了购买的零食以外，还有非常多的小赠品，包括湿纸巾、分享袋、果壳袋、新品试吃装、钥匙扣、卡套和封口夹。这些小东西，不是为了赠送而赠送的，而是为了形成"用户体验的闭环"，即收到包裹后用户即可"双脚离地"地坐下来体验美食，不需要找剪刀开箱；不需要去卫生间洗手；不需要找垃圾桶扔果皮；给别人分享时不需要倒在别人的手里或桌子上；吃完了也不需要再找夹子封口。所有对零食的细节动作，在用户收到包裹后坐下来就能全部完成。甚至，还有进一步的"产品实物化"。当用户使用赠送的钥匙扣和卡套后，随即品牌就融入了用户日常的生活，每当看到上面印制的松鼠形象时，脑海中仿佛听到了提醒："嗨，吃完了吗？快来买呀"。

适当的利益刺激也是可以促使用户向其他人推荐的，但是，这个方式会有比较明显的缺点，一个是成本较高，付出去的都是真金白银，所以是不可持续的。另外一个缺点是，当利益刺激到达一定程度，用户的要求会越来越高，利益刺激一旦停止，分享率马上就会降低。比如，常见的确认收货后分享给其他人即可获得红包（现金或优惠券），还有知识付费类产品经常使用的方法，"3 人组团报名更优惠"等。

综上，这四个层次的思考可以帮我们形成一个用户消费体验"漏斗"，漏斗的每一层都有提升转化率的方法和策略，可以根据不同商品所在的不同渠道，制定差异化的运营方案。

分层竞争力分析需要群体智慧和群体决策才能发挥最大的作用。在使用时具体的建议是，邀请公司（项目组）经验丰富的不同岗位的领导者进行专项会议讨论，注意，一定是要"不同岗位"的多个同事来参加。电商公司中通常会邀请运营人员、客服人员、仓储人员、设计人员和市场人员等同事，以便保证有更多、更丰富的讨论视角。切忌认为这是销售人员或运营人员的事，只让销售人员来做分层竞争力分析，是不合理的。

会议前准备好具体某个商品和竞争对手的资料，每人发放10～15张的便利贴，然后进行逐层讨论，针对每一层竞争力要求每个人写两三个结论。然后汇总，去除重复的，讨论每一层竞争力与竞品的差距、机会点和策略。接着，投票选出自身商品每一层最具有竞争力的那一两个营销点，在所有推广渠道和销售渠道，都要围绕这些营销点进行放大、包装、推广，最后运营策略自然而然就出来了。这四个层次在流量变现中也是用户路径的一个完整的闭环，从产生兴趣、进行购买、不断复购到最后的分享和推荐。再次强调，大部分运营人员只想着如何让用户购买商品，认为购买后运营即结束。其实"分享和推荐"才应该是运营的最后一步，没有做出促使用户"分享和推荐"的策略，这样的运营策略是不够完整的。

同理，针对内容运营，也可以分为如下四个层次：为什么读这篇文章→为什么在你这里读这篇文章→为什么以后还在你这里读类似的文章→为什么推荐别人也来你这里读类似的文章。使用方法与商品售卖类似，区别在于上述商品评估的是一个单独的商品，而内容运营考虑的是整个自媒体的方向。

继续拓展到互联网产品运营，也可以分为如下四个层次：为什么用这类产品（App）→为什么用你的这个产品→为什么以后总要用你这个产品→为什么推荐别人也来用你的这个产品。

无论哪种运营形态，分层竞争力分析使用方法和思考逻辑是一致的，这是一个通用性的"运营工具"，多种运营场景均可以灵活使用。只要你的产品（商品、内容）在每一层竞争力上都超过竞争对手，相信不久就会成为热门产品。

无论产品类型如何，所有的分层竞争力提升，都可以从用户消费需求清单中获取方向，见表3-1。

表 3-1 用户消费需求清单

为了省时间	为了省钱	为了健康	为了升职
为了有乐趣	为了工作轻松	为了被感谢	为了与众不同
为了活着	为了知识	为了被喜欢	为了合群
为了好奇心	为了人脉	为了挣钱	为了舒适

以上就是分层竞争力分析，通过每一层级的运营策略思考，就能做出符合用户每一类需求的产品及运营方式。不断地提升每一层的竞争力，就能不断地获取更多的用户。

3.2.2 用户决策因素分析法

序号	方法名称	方法分类	针对问题	影响指标	应用场景	方法图标
22	用户决策因素分析法	转化用户	产品迭代优化侧重点不清晰、变现商品营销点包装不够、内容/描述页/询单话术转化率不高	转化率、回购率、传播数	衡量运营人员/产品经理对核心业务的理解深度、产品升级、变现效率改进	10

无论线上还是线下，对于任何涉及交易的行为，用户都会有一个"决策"的过程。要想提升流量变现的效率，转化用户，要明确运营优化的重点方向，需要清楚地掌握用户在购买时，到底着重考虑的是哪些因素，这些因素是否在我们自身的产品体验或商品中有较强的竞争力，或者就这些关键的决策因素，我们是否有相关的价值点传递给用户。所以，在制定流量变现的运营策略之前，一定要做好用户决策因素的调查，才能制定有效的运营计划。每一个决策因素按照先后顺序连起来，就能形成决策路径，找到每一个关键的决策点，就能更高效地转化用户。基于实战，接下来就讲讲如何挖掘/调研用户的决策因素。

首先，用户决策因素分为两大类型，一个叫作通用型的决策因素，另外一个称为品类型的决策因素。通用型的决策因素是指在某个行业，用户做交易前思考的几乎相同的那些决策因素，比如，在电子商务的实物商品交易中，绝大部分用户的通用型决策因素都是价格、赠品、快递和评价；品类型的决策因素则是指用户在购买某个具体品类时，深入这个品类各项商品属性所考虑的因素，比如，在购买羽绒服这一品类时，除了通用型的价格、赠品、快递和评价以外，还需要考虑羽绒服本身的商品属性，包括厚度、材质、填充物、颜色、款式等。

每个决策因素对于不同用户的影响程度是不同的，也就是说，不同用户在购买相同品类时，有着不同的决策因素优先级。所以，需要根据自身商品的特性或品牌本身的定位，调查出目标用户的决策因素优先级，最后连起来，就能形成决策路径。比如，在电视机品类的销售中，绝大部分用户的第一个决策因素是电视机的尺寸，明确尺寸后，再依次考虑清晰度、售后服务、功能、品牌、价格等。在整个决策路径中，区分出"关键因素"和"普通因素"。关键因素指的是这个决策点，如果不是用户期望的，就马上中断购买过程，不再考虑目标商品；普通因素是指，即使这个因素没有达到用户期望，但可能依旧会继续考虑，成为用户的"备选"商品。通常，在决策路径中用实线表示关键因素，用虚线表示普通因素，如图 3-2 所示。

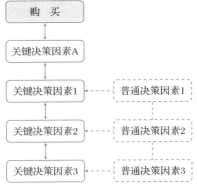

图 3-2　决策路径图

从决策路径图中可以看到，关键决策因素相互之间是互相决定关系，如果有一个不成立，就很难流转到最后的"购买"，而普通决策因素是单向的弱影响关系，无论是否成立，都不会影响最后的购买。

注意，每个用户由于经济条件、教育经历和人生阅历不同，关键因素和普通因素也会存在差异，我们需要完成的是自己品牌绝大多数目标人群的决策路径。比如，有的用户经济条件好，那么价格可能就不是他的决策路径的关键因素，或者有的用户对颜色有强烈的偏好，那么对于他而言，颜色就是他的关键决策因素。

最后，将上述用户决策因素映射到自己的商品中，看看用户购买前思考的那些点，是否具有足够的吸引力，相比于竞争对手，在同样价格的情况下，是否具有可比较的明显优势。如果具备一定的优势，就是一个具有竞争力的商品，就可以在种子用户获取后，大力推广该商品。

那么，用户决策因素如此重要，该如何获取/评估真实的目标用户决策因素，进而再形成决策路径？推荐一种调研方法：10分制评分法。

第一步，决策因素分类设置调研题目。明确自身核心商品，围绕商品来区分通用型决策因素和品类型决策因素，调研时将问题分为两大类。比如，通过互联网销售羽绒服时，通用型决策因素的问题是围绕"在线上购买羽绒服考虑哪些因素"，通常会有以下几个选项：品牌、价格、赠品、快递、评论数（好评率）、评论内容、是否支持7天无理由退换货、能否分期付款、能否货到付款等；而在品类型决策因素的问题设计中，需要围绕"购买羽绒服需要考虑哪些因素"设置问题，通常会有以下一些选项：材质、领型、风格、款式（长款、中款、短款）、填充物和厚度。注意，在问卷的设置当中，还有一个部分必不可少，就是用户个人基础信息的收集，包括：性别、年龄、职业、所在地、收入范围（可选）等。在后续的数据分析中，一定是根据人群特征得出各种结论。

第二步，决策因素评分机制制定。为每个决策因素赋予满分为10分的重要级评估，1分是最不重要（最不关心）的因素，10分是最重要（最关心）的因素，中间的2~9分随着分数的增加，代表重要级逐渐递增。然后，把决策因素和评分形成问卷，准备下一步。依然以羽绒服品类举例，决策因素调研问卷简单模板如表3-2所示。

表 3-2 决策因素调研问卷表

因素分值为单选	1分	2分	3分	4分	5分	6分	7分	8分	9分	10分
材质	○	○	○	○	○	○	○	○	○	○
领型	○	○	○	○	○	○	○	○	○	○
风格	○	○	○	○	○	○	○	○	○	○
款式（短/中/长）	○	○	○	○	○	○	○	○	○	○
填充物	○	○	○	○	○	○	○	○	○	○
厚度	○	○	○	○	○	○	○	○	○	○

注：在网上购买羽绒服，您考虑的以上因素的重要性（1分为最不重要，10分为最重要）。

第三步，有效地发放调研问卷。将调研问卷发放给合适的用户填写，这一步是对最终结果影响最大的，一定力求用户精准，结果可靠。通常的做法是先小范围填写，再大范围传播，如有必要也要有预算，有偿填写。另外，还有一个技巧是可以让已购买此类商品的用户填写，最好还可以找到有潜在需求但还未真正购买的人。潜在用户的触达往往没有大规模且快速的方法，经常是直接到用户有需求的场景中面对面交流。比如，计划对母婴类产品进行调研时，潜在用户通常在商场的母婴商品店、妇幼保健医院等线下场所。

针对目标用户的调研完成后，再让负责此品类的行业运营人员或采购人员（自营模式电商）也填写一次问卷，比对真实用户的调研结果。往往会发现行业运营人员填写的决策与用户填写的会存在差异。这就是各类运营人员经常会犯的错误——以个人的立场（眼光）去判断大部分目标人群的偏好。所以，需要让行业运营人员和采购人员更加深刻地理解用户决策因素，才能制定出有效的运营策略。

最后，需要提醒的是，为具有区域适用特点的商品做用户决策因素调研时，一定不要超区发放问卷。否则得出的结论会存在较大偏差。比如，在做羽绒服品类调研的时候，将大部分问卷发放给海南省的用户。

第四步，有效性筛查和数据分析。将收集上来的问卷进行有效性判断，把那些数据极端异常的问卷做无效处理，比如，所有选项都填 10 分或全部填 1 分的问卷通常即为无效问卷。然后，重点看每个决策因素的评分集中度情况，如果某项决策因素的评分都集中在 8～10 分，说明此项因素为大众考虑的关键决策因素，如果某项决策因素的评分都集中在 1～3 分，说明此项因素为大众不怎么考虑的普通决策因素，而被大多数人评为 4～7 分的决策因素，可以根据具体总分（或平均分）再进行归类与判断。例如，表 3-4 是对"羽绒服"商品做的决策因素调研，分为通用型决策因素与品类型决策因素，每个因素的分数如表 3-3、表 3-4 所示。

表 3-3　通用型决策因素调研评分表

选项	平均分	1分（次）	2分（次）	3分（次）	4分（次）	5分（次）	6分（次）	7分（次）	8分（次）	9分（次）	10分（次）
品牌	7.2	4	2	3	9	31	35	20	55	15	44
价格	7.3	3	-	2	7	25	41	29	52	21	38
赠品	3.0	90	24	33	14	28	11	7	1	-	10
快递	4.8	49	17	15	18	39	19	12	19	9	21
好评率	8.6	2	-	1	3	10	10	14	48	42	88
货到付款	5.1	36	10	15	13	54	32	19	16	3	20
自营	6.4	27	6	7	12	34	20	18	30	13	51
分期付款	3.2	108	12	20	10	28	12	9	4	2	13
退换政策	7.0	21	6	8	7	17	23	22	32	16	66

表 3-4　品类型决策因素调研评分表

选项	平均分	1分（次）	2分（次）	3分（次）	4分（次）	5分（次）	6分（次）	7分（次）	8分（次）	9分（次）	10分（次）
材质	8.4	2	-	-	1	13	16	18	50	35	83
领型	7.4	5	2	4	6	28	29	28	45	51	51
风格	8.5	3	-	1	-	10	13	14	56	82	82
款式（如：衣长）	8.4	1	1	-	1	14	19	17	53	83	83
填充物（如：含绒量）	8.5	2	1	-	1	14	12	18	52	89	89
厚度	7.8	4	-	2	2	19	25	32	50	55	55

第五步，得出结论、再多几轮调研。从以上调研的数据结果可以初步看到，用户在购买羽绒服时大部分的通用型决策因素在好评率和价格，品类型决策因素主要为填充物、风格、材质和款式。不太关心的几个因素为赠品、分期付款、领型和厚度。于是，可以形成如下决策路径，如图3-3所示。

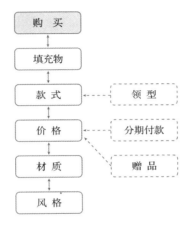

图3-3 羽绒服品类用户决策路径图

根据决策路径图，就可以重点评估自己的羽绒服产品运营策略。要在用户决策的几个关键因素中与竞品对比，找到自身的优势、劣势，针对性地补足竞争力。在第一轮调研分析后，还可以进行多轮的调研，以减少误差。

从决策因素的调研到形成决策路径图，是一套完整且关键的运营分析，这会极大地帮助在流量变现方面的运营策略。决策路径与用户路径相匹配，则会极大地提高流量变现的效率，建议综合在一起使用。

另外，建立在关键决策因素之上，可以围绕"一个核心利益点"进行深度打穿式的运营。针对产品的目标人群诉求，将最核心的利益点（满足关键决策因素的那个点）做深做透，在所有传播、活动、渠道中只围绕这一个利益点打穿。

此方法很多人认为比较常规，也比较简单，理解为找到一个核心利益点反复传播，跟想一个品牌口号没有太大区别。这样的理解是错误的。此方法看起来很简单，表面上是找一个核心利益点，但是，如何找到正确的利益点，才是最重要的。也就是说，找到核心利益点的"过程"比"结果"更重要。

通常来说，面对个人用户（TO C）的产品，核心利益点比较容易找到，要么给用户省成本（时间或金钱），要么使用户具有获得感（获得愉悦或知识），要么解决用户的实际问题（找地点等）。比如，淘宝 App，可以买到或便宜或多样的商品；比如快手 App，可以通过短视频的形式让用户愉悦或增长见识；比如高德地图，可以解决用户找目的地并快速到达的问题。

然而，面对企业用户（TO B）的产品，利益点可以有很多，所以不那么容易找到最核心、最关键的。比如，在大型电商平台几乎都有一个可以"帮助商家成长"的产品，在天猫平台这个产品叫作商家成长中心。做这类面向企业用户（这里的"用户"特指在天猫平台开店的"商家"）的产品运营，通常宣传的利益点为："使用商家成长中心，可以快速熟悉天猫的运营"、"可以让你的店铺符合天猫运营规范"或"可以让你店铺获得更多消费者"等。但是，在实际落地运营的时候效果并不理想，依然没有在"核心利益点"上打穿渗透进所有用户中。

最后，提炼出了一个核心利益点——使用此产品，完成里面 80% 的任务，就可以给搜索加权。接着，在所有面向商家的触达渠道，所有的商家线下交流会上，反复提及此产品能带来的这个核心利益点。带来的效果是 1 年内该产品覆盖率（使用人数/目标人数）翻了 7 倍。而此产品在运营之前的 1 年中，覆盖率非常低（仅有个位数）。通过核心利益点的深度打穿，造就该产品运营效果的突飞猛进（"天猫商家成长中心"仅为举例，并非真正运营该产品）。

注意，正如上文所提到的，重要的不是想到了"使用此产品，完成里面 80% 的任务，就可以给搜索加权"这个利益点，而是获取它的推理过程。这个过程的价值比找到核心利益点更高。

当时的推理过程是回答几个关键问题：

一个商家来电商平台开店，到底是为了什么？答案是，为了赚钱。

如何让商家赚钱？提高商家收入，降低商家成本。

商家最大的成本是供应链成本（进货成本、销货成本和存货成本），这些成本平台是无法直接帮助降低的。所以，聚焦后的核心是提高商家的收入。

那么，如何提高商家收入？电商的收入（成交额）= 流量 × 转化率 × 客单价。所以，要提升商家的流量、转化率或客单价。转化率和客单价的相关因素大多在商品本身的优化（性价比、功能、美观程度），平台能直接干预的很少。所以，平台能做的在于集中力量提升商家的流量，一旦可以直接提升流量，自然会有很多用户（商家）。

那最大的流量来源于哪里？从数据分析可知，来自于搜索。所以，是否可以将使用过商家成长中心的商家给予搜索加权，成为"核心利益点"呢？答案是，可以。最后经过了平台 CEO 的审批，最终得以实现深度打穿"使用商家成长中心即可给搜索加权"的利益点，最后取得了非常好的效果。

除了互联网产品，实物商品的运营（电商运营场景）中，此方法也非常有效。比如，在空调产品的销售中，用户最关心的利益点大概有几个：制冷效果、噪声大小、绿色环保（无氟利昂）。但是，同样价位段的不同品牌空调，基本都会讲制冷效果、噪声或是绿色环保。

而当年美的空调挖掘了一个核心利益点，更关注用户的"使用成本"，在各个渠道深度打穿"一晚一度电"，最后取得了惊人的效果。

以上就是用户决策因素的运营方法，每个商品（产品）的交易使用，都是有一个决策过程的，务必深入一线用户获取这些因素的决策优先级，这样才能做出更有效的运营策略或营销策略。

3.2.3 锚点定价法

序号	方法名称	方法分类	针对问题	影响指标	应用场景	方法图标
23	锚点定价法	转化用户	用户决策较慢、转化周期长、性价比评估没有参照	转化率、客单价、购买频次	周期性复购品类定价规划、不同渠道差异化主推产品策略、内容传播引流爆款产品选择	

锚点定价法是指利用用户评估商品价值的特点，提前设置一个价格锚点，给用户"相对便宜"的选择，促进用户消费决策，提升转化率。

大部分用户对商品价值评估的特点都是着重考虑"相对价值"，评估后的购买行动，也是建立在"相对购买力"之上的。比如，小明准备买一双皮鞋，他之前从未买过皮鞋，那么当他看到 A 品牌的 1 号款式定价 500 元时，他根本无法快速地决定是否购买，更不会马上有所行动，于是他继续寻找同类商品。在陆续看过了 A 品牌 2 号款式 300 元、3 号款式 580 元，B 品牌 4 号款式 1000 元、5 号款式 1700 元后，小明就会对皮鞋商品有一个基本认知了——最便宜的 300 元左右，好一些的 1000 多元。这个时候，再结合他自身的"购买力"（收入水平），小明就会选择自己喜欢、穿着合适且买得起的款式。如果只看到一个商品和一个价格，大部分人是没法快速做评估的，一定会再去多看看其他商品，这个时候的"多看看"，就成为用户潜在跳失的可能。因此，需要提前设计好一些"锚点"，让用户快速地在目前看到的品牌 / 平台内形成转化。

设计锚点定价策略有三个维度：横向——同商品不同渠道的锚点、纵向——不同商品间的锚点、通用——时间维度的锚点。

横向——同商品不同渠道的锚点设计，站在销售方的角度来看，是给予不同渠道主推商品的"特定"价格，为了使用户在不同渠道对比时，快速做出购买决策。比如，同样一款自行车商品，白色给天猫渠道做主推，其他渠道的定价就上浮 5%；蓝色给京东渠道做主推，那其他渠道同样蓝色的商品上浮 5%。另外，还可以设计为线上和线下渠道的配合锚点。比如吸尘器，某品牌 A 型号主要在线上销售，价格为 199 元，而在线下展示的价格为 299 元；同样品牌的 B 型号，功能材质等属性都相差无几，只有一些微小的外观设计区别，线上展示售价 299 元，而在线下标价为 199 元。此时，无论是线上还是线下的销售员，都可以拿着主推的 199 元的商品与用户沟通"此商品比线下 / 线上要更便宜"。

站在用户的角度，在购买决策进行到最后一步，往往就是从同品牌同商品的不同渠道去选择，去线上的淘宝、天猫、京东购买，还是去线下的门店购买。当有了一个足够有效的价格锚点后，这个决策速度就会加快。

特别注意，横向的锚点设计在不同渠道最好只有两个价格，一个是锚点价格，另一个是销售价格。千万不要出现多种价格，同样的商品，在不同渠道有各种各样的价格，这个时候就是严重的"乱价"行为，用户的决策会更困难。试想一下，一个用户准备买一个商品，在五个平台对比发现有五种价格，他的第一反应不是买最便宜的，而是哪个都不敢买——价格最低的那家可能是假货/山寨货，价格最高的觉得一定是虚高，中间的几种价格无法判断哪个买了不会亏。所以，价格锚点的设计，是在保证价格体系完整的情况下，针对不同渠道的主推商品来制定的。

纵向——不同商品间的锚点设计，为的是给用户一个强有力的品牌预期。可以在设计商品线时，将形象款商品规划得非常高端，集所有顶级材质和属性于一身，价格自然也是非常昂贵。这时会给用户两种预期：其一，"这个品牌的定位很高端，居然能有这么贵的商品"；其二，"顶级品牌居然要这么贵，那同品牌其他的那些相对便宜的商品，品质应该也不会差，应该性价比很高"。

比较有效的不同商品间的锚点设计，是确定这款商品的价格既让用户"意想不到"又"在情理之中"。意想不到不是指无限度的虚高，而是给用户一个惊叹——"这类商品还能这么贵"，愿意再进一步地了解，随后通过更多的了解，自然而然让用户觉得"原来这么贵是有道理的"。比如，一个定位于大众消费品牌的服装公司，计划做一款高价格锚点的羽绒服商品，决不能直接定一个10000元/件的"锚点价格"，然后销售800元左右的主力商品。所以，"意想不到的"价格，首先可以来自其他顶级品牌的参考，先制定一个区间价，比如5000～8000元；然后，给予商品足够的"故事"，比如，"此款羽绒服的填充羽绒来自某些高级稀有的鹅，一年一只鹅的绒产量非常稀有"等；最后，结合同类商品（相同材质、相同定位的品牌）的定价，给予30%～50%的溢价，就是最后的价格。这样定出的锚点价格，不仅能实现锚的作用，更能直接产生销售。

从整个品牌/平台的商品结构上来看，高价格锚点的设计，也可以使跨品类的商品更容易销售。比如，某品牌一个背包要10000元，那当用户看到同品牌的一个钱包定价为3000元时，钱包的"高价"就显得没有那么昂贵了，就更容易让用户相对快速地选择。

通用型的锚点设计维度是时间维度，在一个时间点设置好价格锚点，之后所有的价格调整围绕锚点来做，可以产生较好的短期销售效果。尤其是过去和现在的价格对比，让用户能更快决策。这就是为什么"双11"大品牌（高端品牌）的爆发力非常好，活动期间的销售额会远高于日常销售比它好的中低品牌，就是在价格锚点的作用下，用户决策更快，效率更高，更愿意现在花更少的钱，享受大品牌的品质。

锚点定价法的使用范围也非常广。除了实物商品的销售以外，还可以用于虚拟商品以及"服务"产品的定价。比较常见的是视频类平台的付费会员定价策略，如表3-5所示。

表3-5 付费会员定价策略

购买形式	1个月月费	3个月月费	12个月月费	连续包月	连续包季	连续包年
价格	19.8元	58元	198元	8元（首月）	45元	178元
折算单月价格	19.8元/月	19.3元/月	16.5元/月	8元（首月）	15元/月	14.8元/月

在上述价格设计中，1个月月费19.8元和3个月月费58元的定价，就可以看成是"锚点"，是用来给其他付费方式做对比的。不难发现，1个月月费和3个月月费折合单月费用后来比，只相差0.5元/月，因此绝大部分用户都会直接跳过3个月月费的方式往下再看，到了12个月月费发现折合单月费用是16.5元/月，优惠力度有所增加，但是往后再看，连续包年还能更便宜，所以开始重点考虑"连续付费"的方式（连续付费是到期后系统自动扣除费用）。再进一步研究，会发现除了"连续包月"以外，其他的付费方式均可以看成"锚点"，因为平台最希望以此方式出售，所以在连续包月的付费形式中单独加入了"首月8元"的极低价格吸引用户"重点考虑"。

这样一来，用户大概率会选择连续包月，"先把第一个月用了再说"是普遍的心理。然而，第一个月8元以后，不少人不会记得及时取消或者更换付费方式，到期后系统自动扣费，最后造成首月之后每个月按照19.8元的价格连续自动续费，此时用户对价格的感知已经比较"弱"，没有其他付费方式的明显对比，只会看到一个付费提醒——本月会员费已扣19.8元，此时大概率不会再取消付费会员服务。这样一来，销售额（利润）和用户使用时长都能有一个提升。

以上，就是锚点定价法，注意锚点的设计需要进行多次的测试，并且与商品分类法共同使用，才能达到更好的效果。

3.2.4 商品属性竞争力分析法

序号	方法名称	方法分类	针对问题	影响指标	应用场景	方法图标
24	商品属性竞争力分析法	转化用户	用户整体转化率低、产品没有竞争力、市场被动、竞品深度分析不够	转化率、每日活跃用户数、投入产出比	改进产品/服务竞争力、给用户充分的购买动机、选品与转化策略制定	

商品属性竞争力分析法是指在某个确定的价位段，所研究的商品到底具备哪些属性（包括功能、材质、颜色等）。此分析方法的出发点是绝大部分用户决策因素当中最重要的维度——价格，并且更适合功能多样、属性丰富的产品，比如电器类、数码类、汽车类产品。在使用此分析方法前，一定确保两个前提条件同时成立：其一，选取正确的竞争对手，一定要与相似目标人群、相似品牌定位的竞争对手做对比；其二，客观的功能属性对比，不对比主观判断较强的"审美"因素。

商品属性竞争力分析法的出发点是价格，所以最先做的是对商品价格进行科学的分层。不同品类的商品、不同品牌定位的商品的分层阶梯会有较大差异。而每一层最理想的情况是，差价足够可以影响用户决策。比如，在做母婴类目下的儿童推车商品分析时，大都是以100元为一个阶梯，在定位为高端品牌的儿童推车商品时，可能是以500～1000元为一个阶梯。而在手机配件品类中的手机贴膜产品,价差分层可能是 3～5 元一个阶梯。

要想快速科学地找到价位段分层,可以直接把目标竞争品牌的所有产品线拉出,每个型号(货号)再加上不同配件组合的价格作为价格段,逐个列出所有可销售商品的价格,并详细列出该价格下所能获得的主商品、赠品以及附加服务。

价位段和商品属性列出并清晰地对比后,还要再加入一个被传统竞品对比法忽略的维度——用户的负面评价。任何商品都不是完美的,任何商品几乎不可能满足所有用户的预期,所以,不可避免地都会获得部分用户的负面评价。此时,收集用户对竞争商品的负面评价,成为自己商品在同等价位段需要重点改进的方向。一个完整的、全面的商品属性竞争力分析模板表如 3-6 所示。

表 3-6 商品属性竞争力分析模板

价位段(元)	品牌/型号	到手价	基础属性	易用性	安全性	多功能	赠品情况	用户评论问题
600~699	A-101	688 元	长宽高:XYZ 重量:kg	五个角度座椅调节/座椅双向调节/座椅高度调节/握把角度调节/推杆高度调节/脚踏长短调节	宽大睡篮/高景观/内置避震/爱心天窗/五点式安全带/反光条	雨篷/蚊帐/购物包/玩具盘/置物篮	遮阳伞/针织毛毯/磨甲器	睡篮小
600~699	B-201	679 元	长宽高:XYZ 重量:kg	五个角度座椅调节/座椅双向调节/座椅高度调节/握把角度调节/推杆高度调节/脚踏长短调节/靠背调节	宽大睡篮/高景观/内置气动避震/爱心天窗/五点式安全带/紧急刹车	雨篷/蚊帐/购物包/玩具盘/置物篮	保暖棉垫/凉席/杯架	睡篮小/后轮转动不灵活
500~599	A-102	579 元	长宽高:XYZ 重量:kg	一拎即合设计/三档调节靠背/可调车篷/双向推杆/可调节脚踏板/轻松前推	宽大睡篮/内置避震/爱心天窗/五点式安全带/反光条	雨篷/玩具盘/置物篮	棉垫/凉席	重量大/安全扣不好用
500~599	B-202	568 元	长宽高:XYZ 重量:kg	一拎即合设计/三档调节靠背/可调车篷/双向推杆/可调节脚踏板	宽大睡篮/高景观/内置避震/爱心天窗/五点式安全带	雨篷/蚊帐/购物包/玩具盘	棉垫/凉席	避震效果不好

（续）

价位段（元）	品牌/型号	到手价	基础属性	易用性	安全性	多功能	赠品情况	用户评论问题
400~499	A-103	439元	长宽高：XYZ 重量：kg	双向推把/靠背三档调节/脚踏板两档调节	爱心天窗/五点式安全带	雨篷	无	空间小/后轮不可转向/重量过大/安全带扣不牢固
	B-203	469元	长宽高：XYZ 重量：kg	双向推把/靠背三档调节/脚踏板两档调节/握把角度调节	五点式安全带/内置防撞条	雨篷/蚊帐	保暖垫	重量大/价格浮动大/避震效果不佳/座椅浅/味道重

商品属性竞争力分析列出表格只是第一步，同样重要的是第二步——在目标价位段提出具有"绝对"竞争力商品改进/制造的需求。这是一位优秀流量变现运营人员的核心技能。就是对所变现商品的用户需求、价格、属性的三维度保持敏感，并且能准确地提出超过竞争对手的同价位的商品的改进之处。至于工厂是否能100%地按照需求生产，那是再进一步的考虑。在实际运营中，几乎很少有工厂可以100%地按照运营人员的需求把产品制作出来，因为这会涉及很多工程、设计、模具等的问题。故而，如果一个工厂能做出满足80%以上需求的商品，就可以认为此商品大概率具有比较强的"竞争力"，是值得花时间、人力、金钱成本去推广运营的。还以儿童推车产品举例，根据上述属性竞争力分析，可以在500～599元的价位段，提出具备如下属性的产品需求，见表3-7。

表3-7 具备竞争力的产品属性的提出

产品属性需求：500~599元价位段 定价589元						
多档可调节座椅	双向推杆	可调节把手	可调节脚踏板	前后轮避震	可拆卸餐盘	夜间反光条
摇椅功能	手动刹车	五点安全带	全封闭车篷	购物篮	可视天窗	收车方便、易搬运

（续）

赠品需求						
凉席	棉垫	蚊帐	雨篷	奶瓶架	保暖脚套	安全腕带
售后需求						
三年质保						

以上就是商品属性竞争力分析法，用于在商品层面找到与竞争对手的差距，并且弥补差距，只有核心变现的主体商品有了较强的竞争力，后续的推广效率才能提升，也才能更好地使用户转化。

3.2.5 五感满足法

序号	方法名称	方法分类	针对问题	影响指标	应用场景	方法图标
25	五感满足法	转化用户	线上线下打通型产品体验评估困难、用户认知培养缓慢、口碑传播少	新用户数、转化率、传播数	线上线下融合型产品或线上产品地推方案制定、多种感官体验产品策略制定、用户体验升级	

五感满足法是指，优化产品对用户所有触感的满足，从而带来真正良好的用户体验。

互联网从业者最关心的当属用户体验，这四个字应该是日常工作中经常被提到的词。那么，如何定义用户体验？什么才是真正好的用户体验？

传统意义上的用户体验为用户使用产品、系统或服务的过程中的主观感受。而在互联网时代，尤其是在移动互联网时代，其被定义为：五种感觉的总和加上反馈效率和反馈质量带来的第六感愉悦程度。体验越好，愉悦程度越高。

五种感觉包括视觉、听觉、触觉、嗅觉和味觉。每一种感觉给用户带来的信息量不一样，每个用户最在乎的感觉也是不一样的。

反馈效率，指的是用户给予一个动作/信息，是否能快速地给用户一个合理的反馈，体现在互联网产品当中，就是用户简单的点击，产品能否给出足够快的反应；体现在商品流量变现当中，就是物流速度能否最快地到达用户的手中。

反馈质量,指的是产品、服务、商品能否达到用户的"预期"。越符合预期,则反馈质量越高;如果极大地超出用户的预期,则为高反馈质量。往大了说,这个预期可以是产品、服务为用户创造价值感受的整体结果;往小了说,这个预期可以是用户打开 App 品牌点击一个页面,产品跳到下一个页面的内容是否是他想要的。

五感满足法,就是从"用户体验"出发,逐个分析我们的产品给用户每一个感官的感受,再到整体的预期满足情况。五感满足法在互联网产品运营中侧重视觉和听觉的"体验",在流量变现尤其是通过电商变现的运营中,侧重五种感觉的综合预期满足。所以,下面着重围绕流量变现(电商变现)为案例讲解五感满足法的使用。

既然是五感的体验,那么通过互联网的方式,只能满足用户视觉和听觉的体验,其他的诸如触觉、味觉和嗅觉是无法快速满足的,所以,运营策略方面首先要有线下对客户的触点,可以是快闪店、可以是场景化的地推,还可以是有固定店面的营业地点。

注意,由于产品/商品/服务特性不同,五个感官的调动顺序和优先级就不同,而且不一定是所有产品都能同时调动五种感觉,所以,只需要将产品给用户带来最大影响的感官满足到极致,产生超出期望的体验,就能给用户心中种下一颗"种子",等有需求的时候,用户能第一时间想到你的产品就算是成功了。没有一种运营方式是给用户一个良好的体验,就能马上形成购买转化的。越是高单价、重决策的商品,越是如此。

A. 视觉满足

要想通过互联网设备获取用户并实现转化,第一感官满足必然是视觉满足。用户通过一块屏幕来获取几乎所有的决策信息,所以,视觉体验的满足是最重要的,甚至很多时候"好看"可以是第一竞争力。要做到视觉体验出众,就要遵循一个原则:视觉传达的每一"屏"都超过竞争对手。这里面的"屏"为一个计量单位,指的是手机满屏时的图片长度,按照目前主流手机的配置来计算（屏幕大小一般为 4.7～6.5 英寸）。接着，将每一屏展示的信息都截图，仔细分析每一屏的特点，那些做得好的亮点、做得不好的缺点，都逐个详细标注在一侧。通常用表格工具较为高效，如表 3-8 所示。

表 3-8　详情页描述对比

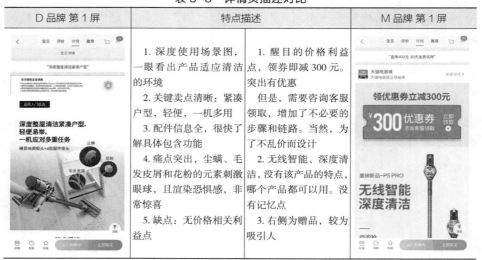

D 品牌 第 1 屏	特点描述	M 品牌 第 1 屏
	1. 深度使用场景图，一眼看出产品适应清洁的环境 2. 关键卖点清晰：紧凑户型、轻便、一机多用 3. 配件信息全，很快了解具体包含功能 4. 痛点突出，尘螨、毛发皮屑和花粉的元素刺激眼球，且渲染恐惧感，非常惊喜 5. 缺点：无价格相关利益点	1. 醒目的价格利益点，领券即减 300 元。突出有优惠 但是，需要咨询客服领取，增加了不必要的步骤和链路。当然，为了不乱价而设计 2. 无线智能、深度清洁，没有该产品的特点，哪个产品都可以用。没有记忆点 3. 右侧为赠品，较为吸引人	

然后，对比竞争对手每一屏的信息传递，来完成自己的商品信息传递页。将竞争对手做得好的部分，进行升级，加强图片美观度和信息有效性，增加更多细节；将竞争对手做得不好的部分，进行整体替换，突出自己商品的优势。

最后，详细做出视觉传达信息框架图，包含产品主图、文案、细节元素，然后加一张参考图片，交由设计师来实现。

为了提升运营效率，在完成商品信息传递页后，建议加入两条规则——最多修改次数和明确责任人。因为，在日常运营中经常会出现一个图片或一套完整的商品页面，会经历"无数次"修改，每一级运营人员几乎都有自己的建议，而且每一次建议都不一样，从运营专员发起需求开始，后续还会经历运营主管、运营经理最后到运营总监，甚至有的团队核心的商品还会再需要营销总监、首席执行官的审批建议。然后所有人的建议不断推给设计师修改，而且不是一次性推给设计师，而是每一级审核后修改若干次，到下一级再修改若干次。更加影响效率的是，还经常会遇到几个上级领导建议不一样，或者修改建议非常模糊（比如，要再有品质感一些）的情况。这些非数字量化的"感觉"型主观建议，其实很难衡量这个商品信息页是否足够好。还有很多情况是"好看"不一定"有效"，绝大部分修改建议都是"不好看""不耐看"，但是没考虑是否"有效"。

这样无形之中，极大地影响了商品的上线时间和优化效率。所以，要首先明确一个规则——"最多修改次数"，达到以后，对最近两个方案进行上线测试，哪个方案点击率、转化率较高，就上线哪一个。完全"以数据说话"。然后，要明确一个"责任人"，如果点击率、单个访客成本不合格，由哪位同事来负责，通常是运营经理级的人负责。所以，尽可能快地让运营经理做最后的审核确认即可，其他参与者不能过度干预。切忌不能让设计师做最后的责任人，他们是实现运营想法的人，不是策略输出者。

除此之外，还有两个重要技巧：一个是"线下的体验线上最大化，并超越线下体验"，另一个是商品/服务信息的传递要有有效结构。

技巧一："线下的体验线上最大化，并超越线下体验"，指的是商品在制作图片描述时，尽可能地"还原"在线下购物场景中用户如何"看"一个商品，把用户关注的视觉要点都表现出来，接着不断持续深入地通过图片文字把在线下看不到的内容也展示出来，做到"超越线下体验"。比如，在线下商场购买运动鞋，用户"看"的过程（视觉体验）通常为：先看到鞋的侧面，然后拿起来看正面，接着是看看鞋底，再看看鞋子里面及尺码标，最后看看吊牌上的价格。在"看"鞋的过程中，如果说还能额外再获得一些信息，无非是店铺内的广告板，或者导购员的一句耳熟能详的接待语："喜欢就试一下"。

那么，在线上最大化地"还原"线下"看"的体验并且超过线下，就要在线上展示运动鞋的每一个角度图，顺序最好也是侧面图、鞋面图、鞋底图、鞋内图和标签图。所有角度的图片展示完毕后，即完成了"最大化"还原的第一步，后面几步诸如"试穿""购买"等步骤，就需要依靠服务运营来满足用户，在线上通常会用7天无理由退换货等服务来降低用户的试错成本和选择成本。从视觉上，全面地还原线下体验，再进一步超越线下体验。要超越线下体验就需要再加入线下看不到的多维度的场景图，比如，一双鞋的45°俯拍图、穿着此鞋的实际应用场景图、与不同衣服搭配后的效果图等。

而更深度地超越线下体验，还可以依靠解构和溯源的商品展示方法。相关数据证明，这两种方式是提升转化率的有效手段。

解构，即是把商品"拆开"，或者从正面"切开"，让用户看到"商品里面的用料和结构"，毕竟，买任何商品，能看到内部构造的人很少。这样的解构，不仅可以获取用户更多的信任感，还能使自身商品的技术特点最大化地表现出来。

围绕内部构造或用料的展示，还可以做更有画面感的场景化解读，加深用户印象，促进用户快速理解，最终促进用户转化，甚至还能将其"风格化"，将产品细节的解构，增加"手绘风格""设计原稿风格"等。

溯源，即是将商品的重要材料，进行源头的追溯，让用户看到这个商品最初的原材料来自哪里，有哪些特性，怎么生产的，给予用户更多的商品源头信息，获取用户的信任。溯源的展示方式非常适合在线上表达，成本会低很多。非常适合构造复杂、零件较多的产品，也适合食品行业。比如，网易味央黑猪肉在线上的溯源图3-4所示。

图3-4　溯源示例图

来源：网易味央官网。

技巧二:"商品/服务信息的传递要有有效结构",要有一套经过测试并经数据验证的商品描述页逻辑。具体是这样的:优惠信息—关联推荐—商品概览—细节图信息—使用场景图—服务与快递信息。

商品描述最前端的应该是一组优惠信息,绝大部分用户购买商品,第一决策因素就是价格。而且行业内普遍认为"用户不是要便宜,而是来占便宜",在描述的最前端加入优惠券、红包、返现或更多赠品,就是给用户一些"便宜"可以占。

优惠信息的设置常见三种形式:有条件的优惠券、满减优惠券和超值赠品。

其中需要特别说明的是有条件的优惠券,它指用户想要获得优惠券,就需要先做出"收藏""加购物车""分享""邀请其他用户"等动作。这类优惠券的特点是有一定的门槛,可以筛选真正有意愿购买的用户,还可以增加搜索相关权重。如收藏的数据。这类优惠方式的设置,不要将条件定得太高,不能增加过多用户的时间成本,能让用户在30秒左右即可完成动作最好,而且要做到路径顺畅,做完指定动作即可继续跳转到直接购买页或付款页。

关联推荐,是围绕当前商品的功能特性、使用场景,加入更多相关商品的展示,达到让用户更多购买的目的。比如,在服饰行业,关联推荐更多的是互补商品的介绍,上装的商品页搭配下装;数码、电器行业,手机商品推荐保护壳、屏幕贴膜等,都是比较常见的关联推荐形式。关联推荐有两种选择商品的方法,一个是从商品出发,看两个商品的关联度,所推荐的商品可以是为主商品提供增值(手机壳、膜),或是主商品的易耗零件;另一个是以用户出发,根据后台数据来做分析,看看大部分用户买了某商品的同时,又买了哪些其他商品。零售业最经典的案例莫过于美国沃尔玛超市,将啤酒和纸尿裤的货架放在一起做互相推荐,因为他们从数据发现在某一时段买纸尿裤的大部分是爸爸,所以他们将两个看似完全不相关的品类放在一起,最后的结果是这两类商品的销量都得到了增长。必须要注意的是,不要为了增加更多商品的展示,一味地堆放关联推荐商品从而占据屏幕位置,使得主要商品的描述排序非常靠后,这样会使用户受到较大干扰,更容易引起用户跳失。通常关联推荐商品放两排即可,每排 3～4 个商品为宜,占据屏幕的总长度在 0.5～1 屏为佳。

商品概览,是商品的第一视觉图,力求全景展示,贴合线下用户视觉体验的第一印象,底色简单干净,旁边最好加入一些数据化的围绕功能属性的说明,让用户在极短的时间获得该商品的所有主要信息。

商品细节信息是全面描述商品的开始。从外观细节开始,一直展示到内部细节,并且按照上述的"线下的体验线上最大化,并超越线下体验"的原则,提供更多用户"看不到的"细节图。更进一步,提供动态图来展示商品使用中的场景。好的细节描述,可以使整个商品的真正价值点得到完美体现。另外,较为明确、清楚的细节图描述还需要一个"放大点"的技巧,即把表现的细节来源于整个商品的具体位置标注出来,使用户更明确知道这个细节到底是描述哪里的,如图 3-5 所示。

图 3-5 细节图样板

来源:Merrell 旗舰店。

使用场景信息,是对商品实际使用方式方法的展示。把商品从单纯的"物品"介绍,落地到一个使用场景中,让它融入日常生活中,才能让用户产生直观的视觉满足,才能完全体会出"这个物品到底对我有什么好处"。除了固有的使用场景展示,还有很多"创新"的玩法可以拓展更多的场景。

比如智能手表，普通的描述是手表功能多样，可以监测身体健康状况，满足日常各种需求，进一步增加使用场景，就能把智能手表描述为"孝心"的表达，逢年过节送给父母或长辈的礼品，并且强调可以远程查看长辈的身体状态（在被授权的情况下），以便增加用户的转化动机。

服务与快递信息，是围绕此商品衍生出来的更多价值体现。用户买商品，也是在买"服务"，无论是售前、售中还是售后，都成为用户购买商品时决策的重要参考。在商品的描述页中，服务信息围绕商品从快递发出开始到售后政策来展示。可以详细地介绍商品如何包装、加入了多少保护措施、如果运输中损坏如何赔付等，这些服务措施都是获取用户信任的加分手段。至于到货时间，不建议明确地写到服务信息这里，由于快递公司大部分时效不可控，会造成较大概率的投诉。

以上就是一套转化率较高的页面描述信息结构，可以充分地满足用户视觉的感受和获取信息的需求，最终促进转化。

B. 听觉满足

听觉满足在线上是仅次于视觉满足的。通过互联网设备，用户只能通过视觉和听觉来做信息收集和购买决策。所以，给用户怎样的听觉感受，是购买决策的加分项。但是，听觉满足这块要严格区分所运营产品的使用场景，运用不当，反而会引起用户的不适感。

首先，衡量声音的属性有多个维度，诸如音色、音调、音质、音量等。听觉满足类产品第一要考虑的要素其实是"音量"和"心理预期"。不要用户一进入 App 或某个网络店铺，就自动播放出音量非常大的音频，无论是音乐还是语音讲解。我们是要给用户舒适的略带惊喜的感受，而不是惊吓感。

其次，在某些工具类的产品运营中，加入音频可以极大提升用户的整体体验。比如，地图类产品，加入音频的配合，用户在行车中可以将注意力集中在路况上，不用频繁地看屏幕，即能提升安全性和用户体验；再比如一些旅行类产品，加入景区的即时讲解功能，使用户边看景色边听景点的讲解，也会增强用户的整体体验。

最后，以声音为主要功能的产品，比如音乐类产品、电台听书类产品，这类产品运营中除了注重音质、音色以外，更重要的是可听的内容，又以丰富度和多样性为重点。

C. 触觉满足 / 味觉满足 / 嗅觉满足

除了视觉和听觉，五感中剩下的三个感官都需要用户拿到商品后才能体验。互联网设备的屏幕无法带来这三种感官的体验。所以，这三种感官的满足综合在一起讲解。

这三类感官的调动在不同类型的商品上侧重点有很大的不同，甚至有些品类只会调动某些感官，除了食品以外，几乎没有商品还再能调动味觉。

触觉满足的重点在物品"表面"。通常是以商品的材质、加工工艺和外形设计让用户产生不同的体验。侧重触觉优化的品类大部分是直接接触用户皮肤的品类，比如内衣、配饰、手机数码等产品。这些品类在做触觉优化的时候，可以使用之前提到的盲测法。让用户在不使用视觉的情况下，用身体合适的部位去感受商品，再感受竞争产品，给出哪个商品的触感较好的判断。

味觉的满足主要是针对食品类商品，其次是厨房电器 / 厨具类商品。毋庸置疑，食品就是靠味觉取胜，好吃是主要的体验判断标准，即使有些食品卖相不好看、气味也不好闻，但只要好吃，相信很多用户还是可以接受的。

嗅觉的满足有两方面。一方面是本身商品的气味控制。有的商品气味要正向提升，比如洗护用品、食品，有的商品气味要反向降低，比如装修建材、家具类商品。获取气味的成本相对味觉要低。另一方面是"环境"气味的营造，尤其在线下的运营场景需特别注意，怡人的气味可以迅速获得用户好的第一印象，可以参考高级商场、高级酒店等场所刚进入时的味道。

五感满足法的综合运用

五感是用户体验的总和，可以互为补充，从而提升用户整体的体验。曾经为一个家电品牌做新零售诊断时，我们根据用户五感体验完成了一次非常成功的优化，从而显著提升了销售额。

此家电品牌品类较为齐全，主推洗衣机、咖啡机、烤箱等品类。

首先是视觉优化，我们给用户展示在其他品牌展厅内看不到的内部结构。通过在每个商品旁边放一个平板电脑，循环播放商品内部结构的拆解，每个功能可以达到什么样的效果，使用了和其他品牌不同的技术手段等信息。同时，洗衣机不断地在真实地运转，烤箱不停地烘烤曲奇饼干，让用户看到这些家电真实的工作状态以及能带给他们的"结果"。

然后是听觉优化，用户进入展厅就能听到优雅的钢琴音乐，不仅可以使人放松，其实还能掩盖正在运转的机器噪声。每当用户走到一个家电前驻足5秒以上时，导购员才过去与用户沟通，因为越是高端的用户，越有自己的主见和想法，不能轻易用"推销声音"打扰他。

接着是嗅觉和味觉优化，涉及厨房电器，尤其是咖啡机，我们不停地制作咖啡，让咖啡的香气不断传播到展厅的四周。实践表明，这一举措确实可以带来更多用户的参观，相当一部分人都是通过咖啡的香气引起的好奇感而来。这就提供了潜在的销售机会。当用户进入展厅后，迎宾的导购员马上盛上现磨咖啡和现烤的曲奇饼干，并且询问用户是否加糖等细节，而不能马上询问用户需要买什么等问题。用户吃一会儿饼干、喝一会儿咖啡，自然驻足的时间也会加长（因为咖啡通常比较热，需要时间凉下来再喝）。只要增加了用户的"访问时长"，就能展示更多的商品特性，销售的机会也就会更大。

最后是触觉优化，商品本身就是较为高端的品牌，用料和工艺都属行业前列，所以这一点没有做太多刻意的提升，保持高品质商品的本来面貌。

以上就是运用五感满足法做运营，每一个感觉，都是用户体验；每一个细节，都值得被认真对待。

3.2.6 消费决策全链路干预法

序号	方法名称	方法分类	针对问题	影响指标	应用场景	方法图标
26	消费决策全链路干预法	转化用户	产品运营节奏混乱、推广/促销/转化节点配合糟糕导致投入产出极低、整个产品运营侧重阶段不清晰	转化率、流量来源、投入产出比	用户运营规划、流量变现全链路运营、全网舆论优化与用户决策深耕	

消费决策全链路干预法是指从用户产生转化动机到最后主动传播的决策过程链路里,将每一个链路节点拆分后制定专项运营策略并进行干预,从而使所有潜在用户都有机会被转化。

消费决策全链路中包含五个节点,分别是注意、兴趣、了解、消费和分享。以分享为起点,又可以让更多的人回到注意、兴趣、了解和消费的转化链路中。如果运营策略得当,产品会不断进入这样的良性闭环,自然而然获得增长,如图3-6所示。

图3-6　消费决策全链路各节点

值得特别说明的是,用户行为的"终点"不再是"消费",而是通过互联网或线下进行分享传播。分享的内容也是多维度的,可以是围绕购买商品本身做分享,可以分享购买过程的良好服务,可以是收到商品后惊喜的体验,还可以是使用商品时的场景与良好的体验等。只要是有助于品牌、商品信息的传播,就是一次完整的用户转化路径的闭环。绝大多数运营人员在流量变现环节,只追求把用户转化做到"消费",这是不完整的,一定要把运营策略做到"消费"后的"分享"节点为止。

虽然消费决策全链路中有五个节点,但在注意、兴趣和了解节点上,并没有很明显的时间边界,可以是同时发生的,也可以是延迟一步发生的。个人认为,越是需要重大决策的产品品类(决策因素多样且复杂),延迟发生的概率就越大。比如,一位用户在网上浏览新闻时,看到一则袜子的广告,广告里男主角7天不洗袜子依旧神采奕奕,瞬间引起了用户的"注意"。广告中介绍这款袜子采用新型抗菌材料,可以保证连续7天不洗而无异味。这马上又引起了他的"兴趣"。在短短几十秒内,用户的消费决策节点马上从注意转到了兴趣行为。然后，一个理性的用户会通过搜索引擎查询相关材料的介绍，确定广告没有夸大宣传后，大概率就会到主流的电商网站（淘宝/天猫）等寻找、购买。一双袜子是用户能快速决策的品类，所以整个用户行为路径相对较短、较快，甚至在某些线上直播卖货的场景中，主播推荐的商品，粉丝马上就会购买，只要引起注意并发生兴趣就可以了，很少用户会再去通过搜索引擎进一步了解。

再举个用户需慎重决策、路径较长品类的例子——汽车。在购买汽车的用户转化路径中，各节点的流转需要的时间会更长。一位用户在看短视频内容的时候，看到一款车的广告，引起了"注意"，但是，大概率不会马上发生"兴趣"。因为汽车的决策因素又多又复杂：首先是汽车级别，从小型车、紧凑型车、中型车、中大型车和豪华车；然后是品牌产地，有日系、法系、德系、美系、国产等；再然后要考虑车的空间、油耗、操控、后期保养、性价比等。同时，汽车产品单价较高，所以，从"注意"到"兴趣"及后续各节点上，需要较长一段时间才能继续触发。这类产品的线上运营策略，就需要把每个节点都精耕细作，深度优化。

另外，不是所有用户都会走完这些路径才形成消费（转化），部分用户会跳过某些节点而"消费"。比如，在当下比较热门的"直播"电商中，主播推荐一款商品，粉丝们无条件地信任即可直接到达"消费"（转化）节点，这样的转化路径非常短也非常快速。这是因为粉丝对主播已经产生了好感或信任，主播一推荐马上就能转化，转化的是对主播的"信任感"；而普通用户购买商品时，通过比价和各种决策过程而形成的转化，转化的是对商品的"价值感"。价值感的建立，是需要"注意""兴趣"和"了解"等完整的路径的。

信任感的建立比较难，但转化率普遍较高；价值感的建立比较快，引起注意和兴趣，用户自然会去"了解"，但是真正转化有难度，每个细节都可能引起用户去购买竞争对手的商品。

根据消费决策全链路干预法，用户的路径是从前到后的，而我们的运营工作则恰好相反。应该先从"分享"节点开始入手,将那些分享的平台搭建完毕,引导用户分享的动机并完善分享的手段;然后是建立"消费"转化的渠道,不同用户有不同的购买习惯、支付习惯和传播习惯,最好铺设全销售渠道;接着才是对用户了解端的信息源做大力维护,使品牌词、商品词、独有技术词在各舆论平台的整体评价是正面的;最后才是花费金钱、时间做市场活动,广泛地投放广告,引起用户的注意和兴趣。这样才能保证"转化率"足够好,花费金钱和时间做的"市场推广"活动,才能更好地承接起来,不至于浪费。

在实际运营工作中,根据不同业务类型,对消费者的每个决策链路节点做具体的运营策略落地。以下是使用消费决策全链路干预方的案例,将每个节点具体的运营渠道、内容、策略逐个列出,就能形成有效的决策干预方案。图3-7是消费决策全链路干预分节点的运营方向。

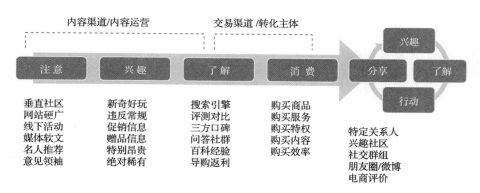

图3-7 消费决策全链路干预分节点的运营方向

A. 注意

在注意这个节点,主要是"渠道"层面的运营。罗列各类推广渠道触达用户。做这一步运营策略的前提是明确目标用户的需求,明确目标用户的画像基础参数(年龄、性别、地区、偏好、消费能力等)。然后,在渠道中找到相对应的用户人群,进行精准触达。

引起用户初步注意比较有效的方式,有如下渠道:

a. 垂直社区

垂直社区是指在产品目标用户聚集的线上社群做内容或推广，典型的社区有户外行业的 8264.com，还有旅游行业的知名社区马蜂窝等。

b. 网站硬广

网站硬广就是通投各类网站广告，比较适合生活基础设施类的产品，比如电信、石油甚至是公益类的产品。

c. 线下活动

线下活动即是线下场景，往往线下大会可以聚拢更精准且垂直的用户。比如教育类产品，就可以在学校、少年宫等附近做线下活动，以引起用户注意。

d. 媒体软文

新闻中植入软文是较为传统的方式，在线上分发的时候注意内容质量，适当做付费推广效果更好。

e. 名人推荐

名人推荐具有较大吸引力，用户往往看到"熟悉"的面孔就会多停留一会儿，从而更容易注意到对方推荐的产品。网红推荐的吸引力较明星小，适合区域化的产品。

f. 意见领袖

意见领袖区别于名人推荐，意见领袖指在某个专业领域有专业造诣，从而能在某垂直领域引导用户消费。比如，天天鉴宝品牌，在珠宝玉石领域具有专业的鉴定能力，就可以干预用户消费决策。

B. 兴趣

兴趣这个节点，主要是"内容层面"的运营。如本节开头所述，注意和兴趣这两个节点在很多情况下没有特别明显的界限，所以，在一个运营策略落地的时候，就要同时想到既能引起用户的注意还能让其感兴趣。所以，在引起用户兴趣这个节点中，总结了如下几种内容类型，同时这些类型也能更好地在各渠道中引起用户注意。

a. 新奇好玩

所推荐产品具备新奇好玩的特性，日常生活中不常见，但又非常有趣，可以引得用户"试一试"的冲动。

b. 违反常规

违反常规是指制作违反用户常规认知的内容。

c. 促销信息

促销文案是通过强利益点的方式引起用户兴趣，比如，全场5折、全国包邮等。

d. 赠品信息

特别好的赠品信息也是引起用户兴趣的方式之一，尤其是比较畅销的大品牌赠品，比如苹果无线耳机、戴森吹风机等。

e. 特别昂贵

找到一个核心独特的卖点，将形象款产品定一个特别昂贵的价格。比如，999元的食用菌（松茸）。

f. 绝对稀有

绝对稀有也是吸引用户的内容点之一，将产品的稀缺性打造出来是一种好的方法。比如，一年只有10斤，过季不候。

C. 了解

了解这个节点，是整个用户转化路径当中最重要的一个环节。前面两个节点耗费的成本能否产生最大化的收益，几乎都依赖于了解这个节点用户获取到的信息质量。

当一个用户看到了产品推广信息，也符合其兴趣点，大部分人下一步都可能会是"去网上搜索相关信息"来更进一步了解。当遇到陌生的领域或陌生的产品，尤其是需要付费的产品，用户就越发谨慎，就越多地去搜索信息。所以，在几个较大的舆论引导平台，一定要做相关信息质量的优化动作。试想一个用户搜索你的产品词、品牌词时，看到的都是负面评价，这样会极大地降低后续的转化。

所以，在了解这个节点，要认真完成每一项运营工作。

a. 搜索引擎

搜索引擎优化，做到百度搜索和 360 搜索的内容优质即可。这两大平台几乎占据了国内搜索引擎市场 90% 以上的份额。其中又以百度最大，所以，可以适当将预算倾斜百度搜索。

搜索引擎优化，目标是用户搜索相关的产品词、品牌词和技术词时，出现的搜索结果是 PC 端前 3 页或移动端（通常是手机 App）前 16 屏，没有任何负面评价。在投放百度搜索或 360 搜索的时候，尽量找专业的代理商来服务，不仅专业度较高，而且不需要组建专门的搜索引擎优化团队，降低成本。一般代理商的收费都是投放金额的 10% 左右。

b. 评测对比

评测对比类的内容平台要做深耕。最好每个季度的新品都能给到这类平台的内容创作者做"评测"。越高单价的产品（如手机、数码产品或旅游产品）越需要花费更多预算在这类平台。用户搜索后都会到达各类内容平台，评测对比类的内容更有深度、更详细，因此更有影响力。

c. 三方口碑 / 问答社群 / 百科经验

三方口碑、问答社群和百科经验，这类都是 UGC（用户创造内容）平台，可以归为一类。需要定期找知名 UGC 在该类平台发送口碑评价、问答互动和百科经验介绍。在每一个用户决策能看到的点，做全面的优化。比较典型的平台有大众点评、知乎、豆瓣、百度百科、百度经验等。

d. 导购返利

导购返利是指购物返佣金的平台。比如，什么值得买等。这类平台既有产品内容，又有直接的利益引导，可以倾斜投放资源在这个节点。

总的来说，在了解这个节点，需要做到全网舆论优化，这对用户消费决策的影响至关重要。

任何互联网产品，要想短期内获得大量用户，都得做一两次达到"刷屏"效果的推广行为，这样才能以更低成本做出更好效果的推广。做到几乎所有用户都去"刷屏分享"非常不容易,但做到目标用户的"刷屏",相对简单些。

首先,建立舆论跟踪机制。梳理出行业相关的专业媒体机构、咨询机构或数据机构。例如,图书行业有开卷网,家电行业有中怡康等。安排专人每日中午12点前后整理关键信息,随后统一发给运营部门、市场部门和公关部门。并且,梳理出整个产品在品牌、用户体验和服务这三个维度的"舆论跟踪"关键词。比如,品牌维度,可以梳理出品牌名、品牌昵称和品牌英文名等,每日都在全网主要内容平台做检索,不断跟踪品牌相关新闻、口碑评价和热点话题。

然后,培养舆论热点的敏感性,并且快速反应。在收到相关的热点资讯后,挖掘与品牌、商品或独有技术的相关性,随后快速形成一篇可传播、有话题感的内容,进行全渠道传播。

接着,要有"可为"和"不为"的价值衡量标准。热点信息几乎天天都会有,包括正面的、负面的和较为中性的。但是,需要有一定的标准去评判,哪些是可以结合做内容的,哪些是不能结合的。

再次,推广资源的综合利用,根据话题潜在热度配合不同推广资源。将热点内容进行分级分层,特别热点的内容给予高级别的推广资源,普通的热点内容给予一般的推广资源,不是所有热点都要耗费过多的核心推广资源。

最后,及时与用户互动,给予更高裂变传播的可能性。互动是拉近与用户距离的直接方式。无论在哪个渠道传播出去的内容,只要有用户"评论"或者在后台提问,条件允许的情况下都要及时地回复。特别是如果对内容有误解的评论,一定要及时解释。

综上所述,舆论跟踪与优化需要在两个方面加强应用,一方面是跟踪品牌相关的全网舆论,出现任何负面评价及时处理;另一方面是正向口碑,在权威媒体产生曝光后,可以借势加大传播力度。

D. 消费

消费节点是用户转化路径的核心节点,但不是最终节点,前面3个节点的运营工作,都是为了让用户做出消费行为,包括购买商品、购买服务、购买特权、购买内容和购买效率（比如，够买推广服务使内容阅读量更大，可提升传播效率）。

直接的消费就是购买，完成交易，让用户转化为付费客户。但是，也可以不局限于"直接消费"，可以是收藏、加入购物车、关注微信公众号、线下体验（汽车等大件商品）等"间接消费"行为。如果是运营纯内容的互联网产品，消费也可以是引导用户"互动"（包括评论、点赞等），这时可以称为"内容消费"。

要想让用户产生消费行为，首先要先搭建可完成交易的"渠道"，随着互联网的飞速发展，用户的购买习惯也发生了很大的变化，所以，渠道上最好做到全渠道覆盖。一般零售商品的购买渠道，要搭建好淘宝、天猫、京东、拼多多等主流电商平台，其他的渠道有微信的微商城、唯品会（服饰类）等，让不同购买习惯的用户到他们偏好的平台去购买，从而产生转化。

如果是内容类的产品运营，则需要铺设线上六大自媒体平台，由于内容运营没有商品的库存、价格等因素，相对成本更低，所以全渠道的铺设成本也会较低。可以大力、全面地进行渠道铺设。

渠道铺设完成后，商品竞争力就提升了。当用户走完前3个节点后，大部分会在他偏好的平台上与其他同类产品进行对比。这个时候就需要使用前文所述的"竞争力分析"工具，将商品在平台的竞争力提升到一定程度，才能让用户顺利地完成购买。

E. 分享

分享节点是用户转化路径的最后节点。所有的运营策略，终点都是给用户极大超出预期的体验，从而主动地去分享商品或服务。

在分享节点下的运营策略，也是先明确用户都能在哪些渠道做分享，然后引导平台上用户的舆论。分享的渠道梳理如下：

a. 特定关系人

特定关系人是指精准的、线下的目标受众。大部分产品被用户消费后，只要体验足够好，都会给其身边特定关系的人做分享，这类分享一定要做到极大地超出用户的体验预期。比如，教育课程类产品，如果确实有效果，同学之间会分享，但不会分享给长辈。所以，要想好下一步触达的客户类型，并且怎样让已消费的用户传播过去。

b. 兴趣社区

兴趣社区与引起注意的垂直社群类似。这类渠道都聚集着大部分同类爱好的用户。分享前要做好引导，比如发布相关产品话题，发布抽奖等活动。

c. 社交群组 / 朋友圈 / 微博

这三大渠道是用户自己的社会化媒体账号，需要通过一定的礼仪引导方式去促进用户分享。

d. 电商评价

电商评价是电商交易后用户在平台上发布的评论，这类评论没有固定的传播人，为其他用户分享使用心得体会，从而影响其他人的消费决策。

以上就是所有用户转化路径方法的使用方式，用于做整体运营计划时，围绕不同节点给出不同策略，让你的用户转化更高效、新用户增长更有运营逻辑。

3.2.7 三级渠道法

序号	方法名称	方法分类	针对问题	影响指标	应用场景	方法图标
27	三级渠道法	获取/留存用户	获取用户的基础渠道搭建不科学、用户来源渠道成本高、用户触达手段少	用户数量、内容传播度、销售额	流量变现整体规划、内容类产品分发渠道铺设、渠道策略与渠道管理	

三级渠道法是指将整个线上获取用户的渠道分级布局，第一级是自组团队运营；第二级是发展经销商，完善经销网络和扩大用户覆盖面；第三级是广告渠道/内容传播渠道，以内容分发为主，代销为辅。

在电商发展的初期，大型零售品牌的渠道分级会有很多层，比如，以华北大区作为一级，然后是省级经销商，再下面是市级经销商，接着是区级/

乡镇级经销商，最后可能才会到一个门店或者一个销售网点这样的终端。通常会有 5～8 级的经销关系。每一级都需要一部分利润才能正常运营，所以，商品从工厂生产到最后的消费者手中，经过了层层加价。电子商务发展至今，极大地突破了地理的界限，极大地提升了零售的效率，从品牌工厂可以直接到达用户手中。所以，在线上，一个大型的零售品牌，通常把渠道设计为二级模式，一级是做自营，另一级是发展经销网络。但是，随着移动互联网的发展，用户使用互联网的习惯发生了变化，决策和场景更加碎片化，所以，更为有效的渠道布局又多了一个层级——代销。前两个层级的渠道均考核成交金额，每月制定目标；在第二级渠道经销商管理当中，还会引入销售额达标后的激励（一般是返点）；而第三级渠道，考核的不是成交额，而是发送内容的次数，如果产生订单，由自营/经销商代为发货。

每一级渠道的目的和策略不同，最终达到的效果是全渠道的品牌利益最大化。分级别来看，通常的运营策略如下：

第一级渠道——自营

自营的目的是打造自己可控的线上主力销售渠道，包括淘宝、天猫、京东等主流电商平台的自营店铺，还包括自营的微信商城，快手、抖音等社交平台、内容平台的可交易渠道。这样做除了能最大化地争取到平台流量资源、促进销售以外，更重要的是用户数据的沉淀。实现第一次销售往往比较容易，各种打折促销、发红包等手段都可以短期内获取一批用户，但持续的销售才意味着真正被用户认可，真正地做出品牌的溢价。所以，电商最重要的资产——用户数据，一定要掌握在自己的手里，主流大渠道就必须由自己组建团队运营。

从策略上来看，自营的主流渠道要提前规划好热销款、活动款，日常的价格需要保持在品牌应有的定位上，不能过于频繁地做打折促销活动。新品发布都必须在自营的渠道当中，给用户的感受就是旗舰店商品最全，价格有一些比较贵，有的爆款其实价格也很亲民。旗舰店真正要起到"标杆"的作用，是一个品牌的品牌力体现。

第二级渠道——经销

发展经销商的目的就是增加销售额。注意，一定要是经销，就是把商品批量卖给他，他把钱给你。这样做的好处有三点：其一是帮助品牌方增加用户触点，增加销售机会，而且，一些渠道品牌或者有特色的店铺，会有已经沉淀下来的购买用户，利用他们自身的客户资源去增加销售机会，是非常直接有效的；其二是可以快速批量出货，提升自己的周转率和现金流量；其三是尽可能地占据平台搜索/推荐的流量入口，每个经销商都有各自的运营方式、推广方法和平台给的特征标签，这样可以增大推荐出去的概率。

从策略上来讲，经销商管理和招募有两个关键问题，一个是各家经销商的控价问题，另一个是竞争机制的问题。

控价问题由来已久，一旦经销商数量较多，就会不可避免地出现"恶性竞争"，有的经销商为了快速出货或者为了完成任务，往往会恶意降价，导致整个品牌的价格体系被打乱。这样会造成用户不敢买，因为很多人发现同一品牌的同一个商品价格不一样，担心买亏了；另外会让其他经销商跟着降价，导致所有人都没有利润空间，最终受害的还是品牌自己，既丢了用户信任，还丢了经销商。所以，在实际渠道运营中，会安排专人每天进行巡查价格，并且每一批经销商的货都有单独的跟踪码，只要发现市场上有低于价格指导的情况，会买回来查询出自哪个经销商，然后进行处罚。

竞争机制的设计，是挖掘经销商资源，引导经销商之间合理竞争的最好手段。如果有 20 家经销商，那就设计一个轮换机制，每个月制定任务，大家公平竞争。如果任务完成率排在前面，会有推广费用、返点、账期等政策进行鼓励，如果任务完成率排在后面，会有减少推广费用等负激励。这样做的好处在于让经销商成为强有力的作战单位，共同为商品的销售努力。需要特别注意的是，当一家经销商做得特别好，成为绝对的第一时，就需要有更多的政策或资源给到其他经销商，再次形成竞争环境。如果一家经销商特别庞大，对品牌方的政策影响、溢价能力会形成极大的干扰。

第三级渠道——代销

第三级渠道被称为代销，主要作用是进行品牌内容传播，顺便进行销售。这一级渠道的出现是一个创新点。传统品牌做线上渠道最多到第二级渠道，第三级渠道的出现，让销售和传播得以兼顾。

既然是为了做品牌传播，那么这一级渠道的主要参与者，就是自媒体、KOL或者是拥有固定人群影响力的机构。我们不再考核这一级渠道的销售额，而是考核发送内容的次数。内容来自品牌方的公共平台，就是品牌自身的运营/市场部门。我们生成基础的内容素材，由上述内容制造者进行个性化加工并发出。如果他们的目标用户看到内容并产生了成交，则由旗舰店或者经销商代为发货，每月结算一次货款，然后给这些内容渠道一个扣点，一般在10%～15%。

整个三级渠道的布局，是为了合力抢市场。所以，第一级渠道要有足够的耐心，不能为了冲击销售额而过于频繁地调整商品价格；第二级渠道是经销，要给每一位经销商规划一个主推款商品，并引入合理的竞争机制，要特别注意的是，自营的一级渠道一定不能和二级的经销商"抢生意"；第三级渠道是"推广"渠道，保证代销后给内容渠道的结算佣金时效，对账清晰即可。

最后，从全渠道的角度考量，还要加上"线下"和"海外"渠道的布局。

用一张图总结，三级渠道可以参考图3-8。

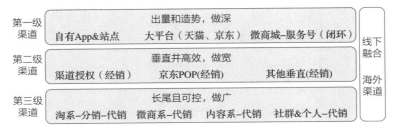

图3-8 三级渠道

每一级渠道都有一个总的策略原则，建议为：

第一级渠道做深，主要目的是出量和造势；

第二级渠道做宽，各潜在人群所在的平台均要布局，提升转化广度；

第三级渠道做广，代销商越多越好，长尾的中小创作者都可以合作，但要做到价格可控，行为可控。

以上就是三级渠道法，是流量变现中重要的运营战略布局，所有的变现价值点都离不开渠道的传播，因此，很多情况下是渠道对泛内容（产品、服务和图文、视频等）提供者的要求较多，可以根据不同渠道的特点做针对性的策略优化。

3.2.8 相关因素法

序号	方法名称	方法分类	针对问题	影响指标	应用场景	方法图标
28	相关因素法	转化用户	缺乏数据化运营、有效运营手段少、沉迷于传统运营、手段没有更新	所有指标	数据化运营加强、重点数据与运营动作的匹配、围绕数据目标的策略制定	

相关因素法是帮助我们做运营规划时的一种思维方法。它是以数据化运营为底层思想，明确若干数字指标，围绕指标提升的一系列运营策略进行输出。此方法使用的过程也是"先做多，后做少"，即明确一个不能再向下细分的数字指标，然后不断找出可以影响指标的相关因素（尽可能地多找），再把各相关因素与竞争对手进行横向比较，将最关键的几个因素做透并超过竞争对手（精选关键因素"做少"），就能大概率地使指标获得提升。

比如，在流量变现中最关键的一个指标是转化率，计算公式为：

转化率＝购买用户数/访问用户数

现在要做一个运营规划，目标是有效提升"转化率"指标。按照相关因素法的思路，可以分为以下三个步骤进行运营落地。

第一步：指标拆解

首先，将转化率指标进行向下分解。该指标可被分解为静默转化率和询单转化率。静默转化率是指用户没有和在线客服进行任何商品相关的交流即成功下单所转化用户的比例；询单转化率是指用户跟客服咨询了商品相关的问题才下单成功的用户转化的比例，如图3-9所示。

图3-9 指标初步拆解

其次，将静默转化率和询单转化率再次分解。再次分解时需要结合用户路径把过程指标拆解出来。所以，静默转化率可以再一次被拆解为：浏览转化率（曝光→浏览），下单转化率（浏览→下单），付款转化率（下单→付款）；询单转化率可以再次被分解为：浏览转化率（曝光→咨询）、下单转化率（咨询→下单）、连带转化率（下单→推荐关联下单）和付款转化率（所有下单→付款）。分解后的指标如图3-10所示。

以静默转化率为例，分解为浏览转化率、下单转化率和付款转化率后，无法再次向下分解。这时，可以称上述三项指标为叶子指标。

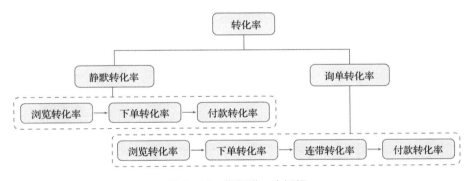

图3-10 指标进一步拆解

* 连带转化率，是指用户对A产品进行询单，即将付款时客服又推荐了B产品，最后连B产品一起购买的用户转化比例。若无连带策略的产品，则没有此项指标。

第二步：针对细分指标找相关因素

指标分解得足够细化后，就要围绕指标尽可能地多找（多猜测再验证）可提升指标的相关因素。以上文分解出来的下单转化率这一细分指标为例，这一步围绕该指标进行相关因素的探寻。

在通过商品做流量变现的运营场景中，经过多年的研究与数据分析，最终得出影响下单转化率的相关因素有：价格、赠品、好评率（评价）、快递、已销售数量、商品详情页和收货体验（影响第二次转化），如图3-11所示。

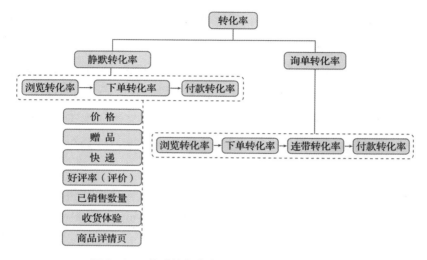

图 3-11 静默转化率中的下单转化率相关因素

在探寻一个指标的相关因素的方法上面，我总结了三种较为实用的方法。一种是通过目标用户的访谈调研，倾听用户真实的反馈；一种是通过数据分析客服与用户之间的聊天内容，重点找高频且反复被咨询的问题；最后一种是找到经验丰富的运营人员带领各部门同事进行头脑风暴。

第三步：相关因素逐个对比竞争对手并优化运营策略

在每个关乎转化率的相关因素中，对比行业排名前列的品牌和主要竞争对手的运营策略，从而了解自己在这个因素上的策略是否具有竞争力。

比如，在"下单转化率"涉及的若干个相关因素中，可以从价格因素开始对比，找出与竞争对手类似功能、材质和属性的商品，看看价格分布是怎么样的，自己的产品是否可以更具优势，抑或是同样价格的情况下利润空间是否更高。然后逐个对比赠品、快递、评价维护等因素。最终，将每个关乎转化率因素的运营策略，与竞争对手做对比，找出需要重点优化的因素，不断改进商品和服务体验，就能显著提升相对应的指标。

举例，M 品牌是一个新兴的互联网原创品牌，以吸尘器品类为核心品类，未来逐步围绕家庭品质生活相关电器做品类拓展，主要竞争对手为吸尘器行业内领头品牌 DY。

M 品牌的第一批 5 款吸尘器已上线，但下单转化率一直在低位徘徊，引入的流量无法高效转化，致使成本走高，收入增长慢。

使用相关因素法，针对下单转化率做每个因素的竞争对手对比，然后做运营策略优化，核算成本与收益后执行（限于篇幅，只列举影响较大的三个因素——价格、赠品和快递）。

A. 价格因素优化

价格因素是第一优先级，它是下单转化率的第一影响因素。价格因素优化的依据有两种方式，一种方式是根据产品本身的各项成本总和再加上合理的利润；另一种方式是极度竞争的定价，即根据主要竞争对手的产品各价位段销售情况做定价，可以直接调整已有产品的价格，也可以调整产品结构。对新兴品牌来说，最好使用第二种方式做定价，先抢市场，再赚利润。即使有时候在某些单品上会有亏损，但只要可控，依然是可行的。

梳理 M 品牌目前的产品和价格，首批 5 款产品定价分别为 2099 元、3099 元、3699 元、4299 元和 4899 元。

入门款的产品为 2099 元，第二档的产品定价为 3099 元，足足相差了 1000 元，再往上第三档、第四档和第五档，都相差 600 元。这样的价格分布有比较大的问题。其一，入门款价格低，但性能与竞争对手的产品相比差距较大；其二，大部分品类第二档价位的产品才是真正的主推款，要做到较高的性价比，用户往往会以入门款为价格参考，然后购买较高一级的型号（款式）；其三，再往上的产品价格差过大，600 元的差价对于吸尘器品类来说，可以高 2～3 个级别，给用户的感受就是越往上的产品性价比越低。

现在梳理 M 的主要竞争对手品牌 DY 的产品平均成交单价。通过数据整理，可以得到如下的产品价格分布，如表 3-9 所示。

表 3-9　DY 产品平均成交单价与销售额　　　　　　　　　　单位：元

型号	平均成交单价	销售金额	型号	平均成交单价	销售金额
V6-E	2560	32007000	V8-A	4143	141445000
V7-E	2627	85667000	V10-F	4430	87964000
V7-F	2839	291084000	MW-K	4998	7632000
V8-F	3280	252752000	V10-F	5041	4529000
V6-A	3317	31477000	V10-T	5078	53174000
V10-M	3604	10398000	V10-A	5263	104925000
V7-A	3974	5323000	V11-A	5603	13895000

从表中可以得知，DY 产品的价格从 2560 ～ 5603 元均有布局，每档价格基本相差 100 ～ 300 元（个别情况除外），不同需求的用户都能找到自己可承受价位段内多款产品。更有竞争力的是，在 2500 ～ 2999 元、3000 ～ 3999 元、4000 ～ 4999 元和 5000 ～ 5999 元这 4 个价位段中，均有"跨代"产品可供选择，比如，在 3000 ～ 3999 元的价位段里，就有 V6、V7、V8 和 V10 四代产品可以选择，相同代际之间只是配件不同（除了一款其他类型的产品，型号为 MW-K）。DY 通过配件极大地丰富了价格段。实际产品线也是只有 5 款（V6/V7/V8/V10/V11）。再根据每一个型号产品的近 6 个月的销售额，生成一张平均成交单价与销售额关系图，如图 3-12 所示。

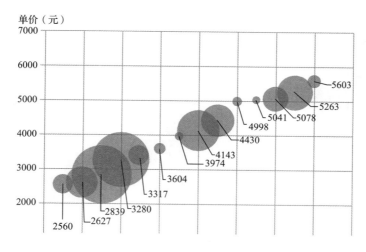

图 3-12　DY 品牌产品平均成交单价与销售额关系图

图 3-12 中圆形的面积代表销售额，面积越大销售额越高，面积越小则销售额越低。从图中可以看到，DY 品牌最热销的产品并不是 2560 元的最低价款，而是平均成交单价在第三档的 2839 元和 3280 元的产品。而 2560 元、3604 元、3970 元、4998 元、5041 元，销售额都相对较低，可能是用户认为这些价位段买该品牌的产品不如更高或更低价位的，所以，对其他品牌来说，应该是比较好的市场价位点。可以做出性能比 DY 的 4143 元产品更强，但销售价格在 3600～3900 元之间的产品，专门卡位机会市场。

据此思路，M 产品通过"配件"（不同种类的吸尘器接头），将价位段极大地丰富，在 2099～4999 元的价位段布局了 16 款产品，价格差在 100～350 元，并且主推 2499 元、2699 元、3199 元和 3399 元这 4 款产品。这些价位段产品的设计原则是，性能比 DY 产品高 1～2 级，价格是对方留出的好的市场价位点。

B. 赠品因素优化

赠品因素是第二优先级，赠品给用户的价值感约等于价格对用户决策的影响。赠品优化有五个原则：

原则一，与主产品有关联，最好可以形成体验的闭环，即通过赠品可以更省时、省力、省钱地使用主产品，产品耗材是比较好的选择之一；

原则二，可融入用户生活，在不使用主产品的情况下还能让用户关注到；

原则三，不易破损，破损的赠品会让用户感到失望，不如不送；

原则四，成本可控且价值感较高；

原则五，无差异化和有差异化，竞争对手送的必须送，竞争对手不送的也要尝试送。

对 M 品牌的赠品策略进行梳理，结果是买不同价位的吸尘器，分别送便携式果汁杯、按摩颈枕或电子体重秤。这些赠品成本并不低，但是没一个符合赠品优化的原则，既无法促进用户消费决策，又对用户传播没有刺激作用。

反观 DY 的赠品策略，买不同价位的吸尘器，分别送吸尘器收纳袋、过滤网、模型钥匙扣、壁挂式充电坞等。体验的闭环、融入生活、不易破损、成本可控等原则基本都符合。

因此，针对各价位段产品，M 品牌调整赠品策略，买吸尘器分别送收纳袋、过滤网、带品牌元素的 U 盘、充电宝或神秘小礼包等，再加上每个月 100 个免单的机会（直接赠送产品）。

C. 快递因素优化

快递因素的优化，本质是发货、到货时效的优化。这个因素的优化分为两个方面，一方面是时效，另一方面是多种选择。不同地区的用户，对不同快递品牌的认知不同，有部分用户会对某几个快递品牌有特别偏好，也会对另外几个品牌特别厌恶。因此，增加快递供应商让用户可以选择，如果使用顺丰快递，还会进一步提升转化率。

梳理 M 品牌的快递，发现只发 X 和 Y 快递，对偏远地区还得用发邮政快递。发货频次为每日下午 4 点，所以发货时长平均在 15 小时左右。

DY 品牌可以发多种快递，且默认发顺丰快递。发货时长为下单后的 3～5 小时（除当日 23:00～次日 8:00 的订单）。

对此，M 品牌进行快递优化，增加多种快递供用户选择，对价格超过 3000 元的机型默认发顺丰快递。发货频次增加，平均 5～8 小时可以在系统中点击发货。

其他更多相关因素优化方法不再赘述，总的思路就是，指标分解后找影响指标的相关因素，然后对比竞争对手的策略，逐个优化。

以上就是相关因素法，用于提升核心指标，也用于更清晰地找到有效的运营方式，最终给实际业务带来质的提升。

从相关因素法中可以得出一个重要的运营观——没有一夜暴富的绝招，只有根据数据指标，枚举出所有能提升指标的因素，深度做透。越是高效的运营方法，有时候越"普通"。

3.2.9 结果导向法

序号	方法名称	方法分类	针对问题	影响指标	应用场景	方法图标
29	结果导向法	转化用户	表面的价值点包装与传递低效、用户无法快速形成认知、对利益点没有具象的概念	停留时长、转化率、好评率	内容页与商品页策划、设计迭代与描述升级、营销全案制定	

结果导向法是指在产品的营销点包装推广中，着重体现给用户带来的"结果"。此方法几乎是任何流量变现产品必须使用的方法，可惜，大多数运营人员并没有对此重点关注。

结果导向法的底层逻辑在于，用户肯为一个产品付出金钱，是因为这个产品能带给他所需要的"结果"，而买产品本身很多时候并没有太大意义。举一个经典的例子，用户买一个电钻，他不是为了买这个电钻，而是为了买电钻打出的那一个孔，如果用其他方式可以获得一个同样的孔，用户未必会买电钻。放到互联网运营场景中也一样，用户打开一个短视频类 App，本质并不是为了看短视频而打开，而是想通过短视频得到几类结果，要么是消磨空闲时间，要么是想学习一些知识，要么是想得到愉悦感（看有趣搞笑的内容），要么是想认识更多朋友等，如果其他形态的产品能更高效地满足用户对于空闲时间、求知或愉悦感的需求，就会把短视频类产品替代掉。所以，在产品运营时，一定要根据业务特点分析出用户最终想要的"结果"，在每一个路径节点或产品内容中，着重突出能给用户带来的"结果"。

尤其在电商运营中，结果导向法要贯穿到每一个用户路径中。从一张商品的主图（或推广入口图），再到详情页的描述，最后到前端客服给用户的销售话术上，都要全链路地贯彻。以烤箱商品品类运营为例，一张主图是单纯的商品展示，另外一张是带有"结果"的展示，给人带来的点击欲望是完全不同的，如图 3-13 所示。

同时，要把专业的技术描述、技术参数以及产品特性，转化为"结果"，这样才能让用户更快速地理解。比如，某数码类商品的一个专业技术类描述是"充电器使用了 15W 快充技术",这样的描述如果以结果为导向就可以转化为"5 分钟充电 70%,持续使用 12 小时"。只有充分转化成能给用户实际使用带来的结果,才更能吸引用户。

图 3-13　商品展示和结果导向的商品图对比

结果导向法还可以帮助更多的产品类型提升运营转化效率。比如,某些"产品"的特性决定了其带给用户的"结果"都比较趋同。就投资理财类产品来说,会把较高的收益率作为最核心的营销利益点,所以,市场上大部分投资理财类 App 都会在运营时着重强调自己的投资项目收益率有多高。对用户来说,投资哪个项目并没有明显的区别,只是收益率不一样而已。到了最后,投资理财类 App 只能去拼渠道,谁先触达更多用户,谁就可能获得更多客户。

互联网教育类产品(App),也可以通过"结果导向"深度做用户获取和转化的内容运营。普通的教育类产品在各渠道做推广时往往会以名师、名校或名人代言的"利益点"来做核心内容运营。但是,以结果导向法来深度思考,购买/学习这个课程的"结果"是什么?绝大部分用户都想获取的表面结果是"获取知识",获取知识的"质量"可以靠名师、名校或名人代言来做信任背书。但是,再向下思考"结果的结果",用户获取知识后,还有一个更明确的需求,即是通过某项考试、升职加薪或者拓展人脉。因此,更高级的教育类产品会以通过考试、升职加薪和人脉的拓展为营销点做内容运营。

以上就是结果导向法,这个方法是一种运营理念,做每一个营销点包装时都要想一想,到底这个功能/卖点/属性/服务最后给用户带来的结果是什么,如果用户在其他平台或品牌上也能获得,我们的运营是否还能给用户带来进一步的"结果",即"结果的结果"可以是什么。这是一个非常重要的运营思考路径。

3.2.10 破零法

序号	方法名称	方法分类	针对问题	影响指标	应用场景	方法图标
30	破零法	转化用户	在大型平台流量获取难、转化率较低、无从众心理消费引导	转化率	用于大型平台运营、店铺运营/账号内容运营或内容频道、整体权重提升	1+

破零法用于新产品上线或新的网店开业、新的内容账号做冷启动,主要突破零销量和零评价数/点赞数/分享数。无论是在电商类的平台还是应用市场类的平台,都会有很多"口碑"数据给用户做参考。电商类平台常用的是销售量、评论数和好评率;应用市场常用的是评论数和下载量。数据表明,绝大部分用户都会依照这些基础的口碑数据做是否下单/是否下载应用的判断。如果一个商品累计销量是10000,同样一个商品累计销量是零,这两个商品的转化率也会相差近1倍。从消费心理的角度讲,消费者都是有从众心理的,看到大家买什么,自己跟着买应该也不会错,从而降低自己的机会成本。

所以,新的产品上线,做好破零评价或零销量尤为重要。破零是需要成本和资源的,尽可能提前设计好"惊喜体验",把破零的用户发展为忠实用户,为后续持续裂变传播做准备。

在实际运营中我总结了两种方法破零效果较好,一种是营销活动形式,另一种是利用身边的资源给予利益刺激。

营销活动形式:策划各种"免单"活动进行种子用户的积累,从而破除零销量,而且由于商品是免费的,用户也会乐于给予好评。例如,在做一个字帖项目的时候,我们的字帖在天猫平台新上线,没有任何销量积累和评价数据,导致推广引入的流量转化率异常低,大部分人都会谨慎选择零销量或低销量零评价的商品。所以,在上线的一周后,我们策划了一次"免单"

活动。活动很简单,就是对前50名购买产品并收货后给了好评的用户给予"免单"。具体参与流程是,制作免单活动页面,然后提前1天预热,在天猫网站内和网站外做一些推广,引导用户提前收藏。活动当天上午10点整准时开抢,对下单并付款的前50名用户给予免单资格,注意是先给一个"资格",然后让用户来"兑换"。这样才能增加和用户更多沟通的机会,才能完成最后的"好评"。所以,如要获得免单的退款,需要用户确认收货后并好评才能获得款项。

在电商平台做破零的活动,需要特别注意最重要的三个操作细节:其一,必须和客服沟通并且通过客服个人支付宝单独退款,不能走天猫平台的退款流程(会被算作不成功的交易,无法破零销量且无法再评价)。其二,在公开且可查的系统公布获取免单资格的50名用户。无论价值高低,只要涉及礼品,都会引来关于公正性的质疑。所以活动规则务必公布出来用户在哪个公正的系统中可以查看到免单名单和排名,当时我们使用的是天猫的购买记录,根据购买记录进行前50名的筛选。之前有的运营人员举办类似的前100名免单活动,排名规则居然是以自己的ERP(库存管理类软件)为准,这类外人不可查的系统,被非常多的用户质疑,甚至是有人投诉活动的不公平。其三,前50名免单,那后面没有抢到的用户怎么办?在一定时间期限内,给予后面的人特别的赠品或者优惠。比如,从第51名开始,商品本身给予5折优惠,或者等价优惠券,还可以增加更多小礼品等。如果没有这些措施,可能会造成第51名以后的用户大量退货、退款和取消订单的情况。

利用身边的资源:每个人身边都会有一些产品的目标人群,有的是亲戚朋友,有的是同事等,这些都能成为我们冷启动破零的目标人群。推销给亲戚朋友们本身不是一件多么难的事,前提是产品确实足够好,否则自己的信誉也会受到影响。在另外一个品牌新店铺的运营里,我们会给运营的同事派任务。根据我们的品牌和商品的特性,拉一个目标人群名单,这些人都是同事们关系较为亲密的亲戚朋友。然后要求每人带来10个人的转化,并给予好评。商品会以礼品的方式送给名单上的人。相当于给员工家人或朋友的一次福利派发。员工自己当然愿意这样做，甚至有人要求增加赠送的名额，家人或朋友收到后也很开心，毕竟是免费得到的"礼品"。

特别注意这样破零有两个操作细节，一个细节是员工带来的转化用户，必须是符合品牌目标人群特征的，比如，30～35岁，女性，经常购买××品类的人。因为很多大型的平台对商品的流量分发机制都是以兴趣点为导向，用户偏好的那些商品，会更多展示到目标人群那里。所以，让更精准的人形成转化，未来系统推荐到其他更多用户面前，也才能足够精准；另一个细节是尽可能发动员工在"外地"的亲戚朋友，不要让所有带来转化的用户集中在一个地区。尤其不能是店铺本身所在的地区。比如，你在浙江杭州开的网络店铺，然后发动身边的亲戚朋友来购买，容易造成短时间带来相对多的转化用户都是浙江杭州地区的，这样非常容易触发各平台的反作弊机制，被判定为无效订单甚至是作弊订单。只要有一单有这样的异常判定，前面所有积累的销量和好评都会归零，效果就会大打折扣。

产品运营也同理，上线各大应用市场后，也需要在应用市场里做破零下载量和零评价。除了无法购买后免单外，其他的活动策划、下载发红包等玩法，和电商运营如出一辙。

以上就是破零法，用于在各大平台做冷启动运营，让目标用户看到基础的"使用/销售数据"，本身就是对整个产品的"内容优化"，一定要特别重视。

3.2.11 价值转移法

序号	方法名称	方法分类	针对问题	影响指标	应用场景	方法图标
31	价值转移法	转化用户	用户对商品价值评估时间长、高单价产品难转化、转化场景匮乏	销售额、购买用户数、社群数	弱化价格敏感用户对价格的感知、提升客单价与贡献值、增加转化动机与转化场景	¥↑

价值转移法是指将主要销售的商品价值进行转移，以另外一种更吸引人的利益点转化用户，从而间接带动主商品的销售。此方法通常是将"实物"

商品的价值转移为付费的"虚拟特权",然后再将实物商品进行间接销售。

这次以案例出发,分享我参与过的两次较为成功的价值转移的运营实例,一次是销售烤箱,另一次是销售音乐唱片。

案例一　　将烤箱的价值转移为"烘焙体验课"

无论线上还是线下,通常销售烤箱的时候都是围绕商品本身做用户沟通,详细介绍烤箱的功能、特点等。销售情况也一般。

在一次针对社区业主的商品调研后,我们发现买烤箱的用户都喜欢交流经验,共同探讨烘焙食物的技巧,并且享受大家一起制作糕点、饼干的过程。所以,合理的推测是用户使用烤箱本身其实并不那么重要,而重要的是能和别人一起分享烘焙的过程带来的乐趣,最好还能获得食用者惊喜式的赞叹:"哇,你居然会做这个?太好吃了!"换句话说,使用哪个品牌、哪个型号的烤箱对购买的用户来说差别不会特别大,重要的是跟别人一起"玩"烘焙。

所以,我们决定将烤箱的"价值"从烘烤食物转变为"烘焙体验课"。于是,我们挑选了几个社区,这类社区的居民以年轻女性为主。在社区的周边和业主的社群里,我们推广一个活动,玩法是"299元可参加一次线下烘焙体验课程,并免费送一台家用烤箱"。这个玩法的设计有两个目的:一个是销售烤箱,另一个是为合作的烘焙培训机构引来新用户。作为免费赠品的烤箱,在线上的日常销售价就是299元,当用户看到活动信息后,大部分人会去网上搜索烤箱的价格,然后发现花299元去体验一次烘焙课,居然可以"免费"获得一个同等价值的烤箱,即使学完课程没有任何实际收获,"免费"领个烤箱也不错。然后,在积累了十几个用户的时候,我们就组建了一个烘焙交流社群,这样十几个用户又帮我们拉来周边很多感兴趣的用户。最后,为大家统一安排活动时间,一个月的四个周末几乎天天爆满,用户们一起来到烘焙体验店,不仅玩得开心、吃得开心、还能领回去一个烤箱。之后,持续地在群里交流和裂变,后续烘焙体验店的课程销售量也大大提升。

这次烤箱的活动玩法,就是把其烘烤食物的价值转移成了烘焙体验课,用户在做消费决策时，首先想到的是活动的趣味性，其次是还能"免费"领取一个烤箱，至于对烤箱本身的功能、特点和性能的价值评估，都降低了优先级。所以，自然而然地转化了用户。

把零售商品的价值，转移为"体验型"的价值，是价值转移法运营的一种有效的落地方式。

案例二　　将音乐唱片（CD）的价值转移为"粉丝社群的特权"

随着数字播放器的畅销（以 MP3、手机为代表），数字音乐逐渐取代了以唱片（CD）为载体的音乐发行形式。但是，作为一个平台的音像运营人员，依然要想办法将明星新发行的 CD 销售出去。我们使用了价值转移法。

运营策略的思考过程是这样的：

首先，对比实体唱片和数字音乐的优缺点，找到用户可能购买唱片的理由，并且想办法通过营销方式进行放大。数字音乐的优点很明显，更方便收听，价格相对更低，购买方式灵活，可以买一首歌也可以买整张专辑，也不需花费额外的时间等唱片邮寄到货，缺点是音质可能逊于实体唱片（有的音乐可以买无损格式）；实体唱片的优点是音质较好（越来越多的用户并不在意，不构成一个主要卖点），而且可以承载更多的内容，比如在上面签名，随唱片附赠有意义的海报等。所以，实体唱片的最大优势在于内容的延伸，这可以作为一个强有力的吸引点。

然后，跳出数字音乐还是实体唱片这种载体的差别，思考用户购买音乐的目的是什么。用户购买的是对这个明星的精神上的"喜欢"或"认可"。所以，实体唱片能否再升华一下对"明星"本身的关注点。所以，可以有 1~2 个利益点是可以让用户和明星产生互动。

接着，初步的价值转移方案出炉——组建该明星的粉丝社群，付费入群（99 元）。加入群后举办小型的粉丝交流会，每人送一个小礼包（包含一张明星的唱片，一张限量版海报），其中有 10 张唱片和 10 张海报是明星亲笔签名的（内容的延伸），并且，活动当天再抽取 3 张该明星的演唱会门票（产生互动的最佳利益点）。但是，这种抽取演唱会门票、送签名礼物等利益点粉丝们可能参加过很多类似的活动，那怎么才能更深度地激发粉丝们分享、传播的热情？受到颁奖典礼的启发，我们又推出了"竞争机制"，即将两位定位／风格／出道方式相似的明星放到一起做比拼，比销售量，比人气。

最后，我们推出了一个颇有人气的活动，A 明星与 B 明星同台竞争，由粉丝先投票点击"喜欢"，明星名字下面就会显示有 ×× 万人喜欢，然后引导用户付费加入粉丝后援会，加入后送礼包，抽取签名版的唱片或者海报。最终的效果比直接为一张唱片做销售型的活动要好得多，真正让每个用户有一种"参与明星后援会"的感觉，是精神上的满足。不单单的是拿了一个"礼包"（其实是买了一个礼包）。

把零售商品的价值，转移为"精神型"的价值，是价值转移法运营的另一种有效的落地方式。

从以上两个案例可以看出，价值转移法的优点是可以快速、短期地提升销量，并且能组建较为稳定的客户社群，缺点是后期的"运营维护"成本相对较高，需要不断地与用户进行互动，解答问题。

最后，价值转移法的核心技巧在于，将真正要销售的商品的价值弱化，甚至变为"免费的赠品"，转移后的商品或服务，通常是有溢价空间的、新颖的、具有特权性质的。这样的价值转移，往往效果比较好。

3.2.12　商品分类分层运营法

序号	方法名称	方法分类	针对问题	影响指标	应用场景	方法图标
32	商品分类分层运营法	转化用户	变现商品／服务主次不分、投放效率不高、陷入价格战、无法真正产生盈利	总销售额、流量数、利润率	规划商品结构／服务结构／内容结构、价格策略制定、平台流量获取策略	

商品分类运营法是把负责流量变现的商品或增值服务进行类别区分，然

后配给不同的推广资源、用户转化策略，从而完成品牌收益的最大化。

在电商的业务场景中，商品分类运营是一项核心的策略，不仅关系到整个品牌的销售额，更决定了品牌在线上渠道的长远发展和盈利水平。除此之外，在对商品分类后再加入一些品牌影响力、价位段等维度，就会形成商品结构，无论是平台、品牌还是运营商，只要是通过商品交易进行流量变现的互联网产品，最终的变现效率都取决于这样的商品结构。

通常来说，商品分为四个类别：引流款、利润款、形象款和活动款。它们各自的特点和框架性的运营策略各有不同。

引流款商品： 也称为爆款商品。作用是以极强的价格竞争力收获更多的成交量。一方面，如果是自营的品牌和线上渠道，一个爆款商品代表着用户对品牌的基础认知，同时也会带来更多的新用户，比如，小米品牌最初的爆款商品是手机，用户的大部分认知是小米的手机性价比非常高，所以，在后续小米拓展了更多品类后，大部分用户的认知依然是"小米就是高性价比"；另一方面，如果是入驻电商平台的模式，爆款商品的作用就是冲锋陷阵，占据平台搜索排序的最前端，搜索排序越靠前，意味着精准的搜索流量获取的越多，销售量也会越高。比如，在电器品类中，一个爆款商品往往可以带来70%以上的流量（访客数），成交额占比可以超过80%。所以，电器类及耐用消费品类商品更注重"单点打爆"的运营策略；而在大部分的快消品类当中，一个爆款商品带来的流量占比会在30%左右，虽然也是非常可观的引流数量，但由于品类的特性，运营策略偏重于"打造爆款群"。

引流款商品的选品技巧是先定方向，然后针对单个商品做深度分析。

选品方向，要朝着"为了销量可以不赚钱，甚至短期内可以亏钱"的思路来走。注意，这里不是要求在商品的销售价格上做到"无利润"或者"亏损"，而是要求价格要与品牌调性保持一致，在加上推广费用、赠品资源等成本后，这个引流款商品是"不赚钱"的。不能轻易地在销售价格上做太大的折让，因为日后想涨价是很难涨上去的。同时，引流款商品必须是受众面最广的那一类，商品的属性（功能、材质等）也是绝大部分用户可以接受的，千万不能是一个"小众的个性化的"款式。尽管热门属性的商品竞争会很激烈，但是，如果没有一个受众基础，引流款商品的基本前提就不会成立。

方向确定后，接下来就是针对单个商品做深度分析。价格是分析的第一维度。选定一个潜力爆款，最先选定的是一个价位段，这个价位段到底能否具有打爆的潜力，需要数据来参考。一个比较简单且客观的渠道就是淘宝网。打开淘宝，输入备选爆款商品的关键词，可以很方便地查询用户偏好的价位段区间，如图 3-14 所示。

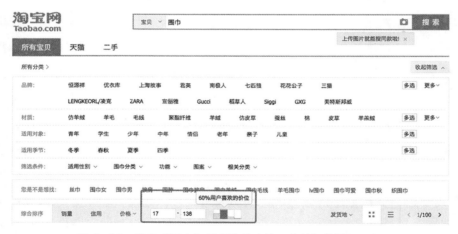

图 3-14　搜索"围巾"后系统给出的用户偏好价位段区间

由于淘宝是目前国内最大的商品交易平台之一，所以数据量很大，展现的结果更加客观、准确。

但是，只看用户偏好的价位段会存在两个问题：其一，系统将价位段偏好的人数展示了出来，但展示商品的时候，不是按照上述偏好的用户比例来展示对应价位段商品的，比如图 3-14 显示有 60% 的用户喜欢 17～138 元的围巾，可展示出来的商品不会有 60% 的商品价格就定在 17～138 元。搜索引擎为了"商品的丰富度"以及用户本身的"消费能力"，会将不同价位段的商品穿插展现，而且过度低价的商品不展现；其二，搜索展示的用户偏好的价位段只能分析一个大的品类，很多品类中的商品由于属性（比如材质）的不同，价格差会非常大，比如，上述的"围巾"品类，淘宝显示17～138元的围巾受到60%的用户喜欢，那如果材质是"羊毛"材质的围巾，价格大概率不可能如此低。所以，想打造"羊毛围巾"的爆款时，就无法准确地获知价位段的热销情况。

故而，在有大品类的价位段参考以后，还需要进行下一步的深度分析。以人工摘录搜索结果的方法，分析具体属性商品的价位段分布，并且由此判断系统的推荐偏好。统计分析如表3-10所示。

表3-10 引流款商品依搜索排名分析的模板

搜索时段	排名	搜索关键词	品牌	产品名	产品图片	规格	核心卖点	销售价格（元）	月销售量（件）
10:30	1	羊毛围巾	A	A品牌保暖柔软羊毛围巾		183cm×31cm	100%纯羊毛，男女同款，产地苏格兰，休闲款式，无弹力	1399	120
15:00	2	羊毛围巾	A	A品牌保暖柔软羊毛围巾		183cm×31cm	100%纯羊毛，男女同款，产地苏格兰，休闲款式，无弹力	1399	123
20:00	5	羊毛围巾	A	A品牌保暖柔软羊毛围巾		183cm×31cm	100%纯羊毛，男女同款，产地苏格兰，休闲款式，无弹力	1399	130

在收集搜索展示商品时需要注意三点：第一，使用不同账号登录后搜索同一个关键词，收集每个展示的商品；第二，在不同时间段（一般是早上、中午和晚上三个时间段）搜索同一个关键词，收集展示的商品；第三，在不同地区搜索同一个关键词，并且在一个地点要持续一周。以上三点是应对搜索的轮播机制和广告类商品的充分展示。可以更客观、准确地分析商品价位段的分布。尤其是那些在不同账号、不同时间段和不同地点搜索同样的关键词后，反复出现的商品，需要重点做研究。

引流款商品的运营方式比较简单直接，就是集中资源去推广，并且是边测边推，实时调整策略。要特别注意，推广的前提是基础运营完善，比如商品标题、卖点、利益点、商品描述，尤其是破零销量和零评价等工作已经完成。从数据来看就是在转化率方面已经有较好的表现。

集中资源推广，先梳理好两大类资源，一种是广告投放资源，一种是确定的销量资源。其中，广告投放资源分为成交付费广告（CPS）和展示类广告（CPM/CPC）。将预算制定完成后，结合推广费用、引流效果和转化率，即可计算出来这些广告费用能带来多少订单；另外梳理确定的销量资源，确定的销量资源用于广告推广的补充。这两类资源梳理完成后，就需要将其嵌入日常运营计划中来。对每日商品的销量做好预估和增长的规划，通过广告投放资源和确定的销量资源的补充，让该商品每日都有销量增长，这样会使电商平台的搜索引擎认为这是一款受欢迎的商品，从而较快地提升搜索排名。

值得一提的是，引流款商品也可以通过"短期内爆发"的方式打造。这就需要结合目前比较流行的直播带货等玩法。这类推广方式本质上也是引流推广，但可以做到短期内的单品爆发。从数据上来看，此类推广方式能做到快速地提升销量，但缺点是无法沉淀用户或者产生很好的商品回购。所以，比较合适的方式是通过直播卖货将用户引流到你自己的平台或者淘宝店铺进行成交，将真实的购买用户沉淀下来。

最后，边测边推比较好理解，就是不停地测试推广方法，测试商品表现状态，然后实时调整推广力度。这方面工作比较占用人力资源，需要有专人盯着商品的成长，会耗费推广预算，影响投入产出比。

利润款商品：毛利率较高的商品即为利润款商品。在商品规划的时候需要专门去寻找一批"高"毛利的商品，为销售做利润补充。上述引流款商品的作用是"吸引更多的用户来"，而利润款商品则应该是为整个品牌/店铺/平台赚取更多的利润，二者最佳的配合状态是引流款商品吸引大量的用户来，而其中有一半以上的人买了利润款商品（或者同时买了利润款商品）。

所以，利润款商品在选品的时候，需要有一个关键"特性"，这个特性是有足够的溢价能力，让用户宁可多花钱，也要购买这个商品。比如，手机类商品，有一个关键的属性是内存大小，这个"特性"就具有足够的溢价能力。某品牌之前的定价策略为，64G 内存 5499 元，128G 内存 5999 元，256G 内存 6799 元。很明显，对于这个品牌来说 64G 内存为引流款商品，价格门槛最低，128G 内存和 64G 内存相差 500 元，256G 内存与 128G 内存相差 800 元。内存的成本不会相差 300 元，而这样定价的真正目的是将 128G 内存的手机打造成一个很好的利润款商品，将 256G 内存的手机打造成一个"锚点"。所以，通过一个低价格门槛的 64G 内存的商品，可以更多地引入用户进来。随着用户不断地思考和决策，绝大部分人都会认为 64G 内存有些小，如果用得久一点，就买一个稍大一些的内存，所以逐渐考虑 128G 内存和 256G 内存。由于差价的设计，用户就面临是再加 500 元买 128G 内存还是在 128G 内存基础上再加 800 元买 256G 内存的问题。大部分用户认为 128G 内存就"足够"了，不愿意花更多的钱去买 256G 内存。所以，真正的利润款商品 128G 内存的手机，会被更多人"顺理成章"地消费。销售数据也客观地反映了这样定价的效果，128G 内存的手机会经常缺货，64G 内存和 256G 内存的手机常常货源充足。

换个角度讲，利润款商品不局限于主销的商品线，不局限于单纯地去提升主销商品线的销售价格，它从某种程度上可以看作是一个"辅助产品"。成熟的、规模大的店铺往往靠"辅助产品"赚钱，真正主营的产品只是用来吸引流量，找到目标人群。还以手机品类为例，大部分品牌和店铺的手机价格非常低，有的甚至是负毛利销售，而真正赚钱的商品，是给用户搭配销售的屏幕贴膜、手机壳，有的贴膜的利润率甚至高达 300%，和手机本身一起发货，连快递费用都节省了。所以，利润款商品的规划不能局限于主营的商品品类，还要从搭配角度选择毛利高的"小东西"。

形象款商品： 在当前商品线中价格最贵，各项属性达到顶级的商品，包括科技含量、商品功能、加工工艺、用料材质和增值服务等这些方面。

形象款商品的存在是要给用户一个印象——这个品牌最厉害的产品原来这么高端，有如此高的科技含量，相信这个品牌的技术实力没问题，这个品牌其他稍微便宜的产品应该也不会差。形象款商品的存在更多的是为了品牌宣传、技术实力的宣导。对用户来讲，这样一款产品的存在，是"全面"了解一个品牌产品很好的途径。同时形象款商品又承担着"制造话题"的任务，有利于品牌的传播。比如，国内某家电品牌，在微波炉这个品类里就在利用形象款商品做传播。当时国内普通微波炉价格都在 1000 元上下，网上热销的产品定价为 499 元。该品牌努力研发了一款 12999 元的微波炉，功能非常强大，不仅能微波加热，还可以烘烤，烹饪菜肴。一时间可谓风头无两，公司内外都有这样一个话题：你见过上万元的微波炉吗？然后大家开始讨论这个产品各种传奇的故事。所以，形象款商品在选品的时候，一定要把品牌的科技水平、技术能力都加进去，价格也可以"适当离奇"地高。不追求绝对的销量，能通过形象款商品讲故事即可。因此，形象款商品的规划通常只要有一两款即可。

形象款商品也可以作为价格"锚点"，通过形象款商品的建立，使利润款商品的价格在对比后"没有那么贵"，让用户觉得利润款商品的性价比更高，从而带动利润款商品的销售。

活动款商品： 为活动规划的商品，一般来说，具有利润率相对高、补货速度快、可以反复打折这三个特征。活动款商品必须是多个商品一起规划，形成活动款商品矩阵。所以，每个价位段最好都有一个活动款商品做筹备。活动款商品的销售如果顺利的话，将会成为下一个爆款，到了搜索排名稳定的时候，活动款商品即变为"爆款"。通过一次次活动，最终打造的是"爆款群"。爆款群形成了，这个品牌也基本做成了。活动款商品的操作会经常调价，所以，前期把价格定高是必要的，在后面也需要注意日常的销售，保持一定的日常销量。参加活动时要有一定的购买数量基数，这样可以引起用户的从众心理，进而提升转化率。

另外，在商品生命周期的末尾，可以把库存商品都定为"活动款"，以极低的价格快速清仓，保持现金流的稳定。

活动款商品的本质是所有商品在一个节点的集合促销，所以，不同分类的商品都可以成为活动款。专门规划的活动款商品，是在各大电商平台的不同营销活动入口做的"定制款"商品，是为了符合不同活动频道的要求而做出的一些改良。比如，需要参加某电商平台的聚划算活动，就需要商品具有一定的折扣力度，这时活动款商品要针对这类频道的规则来单独规划，从而来获取此频道的流量。

以上就是商品分类运营法，注意四类商品的分类都是相辅相成、互相关联的，引流款商品、利润款商品、形象款商品和活动款商品有各自规划的目的，而发挥作用的时候是合力完成的。并且，同一个商品在不同的生命周期阶段中，分类是可以变更的。除了通过商品的流量变现需要分层以外，服务类的变现也需要根据此原理做分层。

3.2.13 用户分类分层运营法

序号	方法名称	方法分类	针对问题	影响指标	应用场景	方法图标
33	用户分类分层运营法	转化用户	分层运营太过粗放、激励政策无效、马太效应越来越明显、产生反效果	平台健康度、供给方丰富度	流量分发、平台运营、供给方运营、品牌管理、健康度分析	

用户分类分层运营法是指先以目标用户群的特征进行分类，再进行分层运营。几乎每个互联网公司对用户都是做分层运营的，对不同层级的用户给予不同的流量支持、产品支持和服务支持。这里的"用户"通常指供给方。对于主流电商平台来说，供给方就是店铺，所以在淘宝的官方数据工具里，就会以成交金额为标准，对店铺进行层级的划分，然后执行不同的运营策略。

对于内容型平台来说，供给方的用户往往是创作者，通常按照账号粉丝数量进行层级划分，并匹配不同的运营策略。

但是，单纯地按照某一维度的分层运营，是不对的，或者说是无效的。不仅无法调整平台整体的生态健康，反而加剧了马太效应（强者越强、弱者越弱的现象）。大部分的分层运营策略，都是人为地加剧了流量分发的不平衡，使流量利用效率进一步降低。通常会出现中小供给用户的经营成本上升，而头部的供给用户却不断享受平台红利。所以，务必要先分类，再分层。

具体的运营思路就是，把供给用户提供的"商品类型"和"内容类型"根据其目标人群的本身规模进行细分，接着在足够细分的垂直品类中再分层，然后落地分层的运营策略，最后不断监控分层后的扶持资源所产生的效果，持续微调。

举个例子。在运营某主流电商平台时，有一个目标是平台店铺（供给用户）的数量增长，并且使每一个层级的店铺都能获得更高的收入，从而拉升平台整体的店铺成交能力。

运营策略为，将所有店铺按照成交额划分为5个层级，对不同层级的店铺给予不同的流量扶持。其中，将重点扶持店铺定为第3层级和第4层级的"腰部商家"，给予更多的流量倾斜。具体划分标准如表3-11所示。

表 3-11 成交额维度的店铺分级标准

层级	月成交额（元）	店铺数（家）	匹配资源比例
L1	1000万以上	370	5%
L2	500万~1000万	560	10%
L3	100万~500万	2300	40%
L4	30万~100万	4600	30%
L5	30万以下	13000	15%

从表面上看这种分级似乎很合理，把大部分资源给到L3和L4层级的商家，使他们快速成长，对L1和L2偏头部商家造成很大的竞争压力，迫使这两层收入较高的商家多投入广告费用到平台。这样的运营策略不仅能激活整个商家生态，还能提升平台整体营收。事实上大部分平台型产品对于供给用户的运营策略，基本都是如此。可是，这种只分层不分类的政策其实并不合理，也不高效，运营相当长一段时间后发现，大部分L3和L4商家不

仅没有被扶持起来，反而流入了 L5 层级，而大部分 L5 商家的店铺则在第二年停止了运营。

原因就是，没有做正确的店铺类型划分。面对不同目标人群的店铺本身的整体市场体量就不同，但它们接受的却是在同一个评判标准里被分层并且使用的是同一套扶持政策，最终反而导致竞争更加激烈，并且是恶性竞争为主。具体来看，服装类、家用电器类、手表类这些店铺类型本身的整体市场体量就不在一个数量级，服装类是万亿级的市场体量，家用电器类是千亿级的市场体量，手表类却是百亿级的市场体量，所以，即使一个手表店铺运营得特别好，月度成交额最多也就是在 100 万～500 万元，而一个服装类店铺只要是选款合适，基本月成交额也会在 100 万～500 万元。这就造成了服装类的中腰部店铺和手表类的头部店铺在同一个层级，而普通手表类店铺则会被大量分配到了 L4 和 L5 层级，此时就造成了手表类头部店铺反而获得了更多的流量支持，真正的手表类腰部店铺被其他类型店铺挤到了 L5 层级，致使流量分配更少。

因此，应该先分类，再分层。把各类型店铺先根据主营行业拆分，再在同行业内进行分层。其实还不够，还需要进一步细分一次，才能真正合理地分层运营。

还以手表类的店铺分层举例。运营手表类的店铺从家用电器类和服装类的店铺中单独拆分出来后，还需要进一步根据目标人群的市场总体量向下细分一次。手表根据不同的类型，还可以细分为国产表、欧美表和日韩表。这三类表的消费用户总体量和平均客单价是完全不一样的。主要销售欧美表的店铺的成交额，大部分都高于主营日韩表的店铺。如果把手表类的所有店铺都放在一起做分层，就会出现上面类似的情况——运营得最好的日韩表店铺，可能所分的层级与主营欧美表的店铺一样。这样的分层和分层扶持，就会减少日韩表的流量奖励，最终使平台上经营日韩表的店铺减少，使商品的丰富度下降，影响平台的运营生态。

以上就是用户分类分层运营法，着重强调先分类，不能简单地只用一个维度去对平台供给用户划分层级,而是要考虑不同类型、不同目标人群的市场整体规模。充分地分类,才有正确的分层,最终才能有效地进行分层运营计划。

3.2.14 终点推荐法

序号	方法名称	方法分类	针对问题	影响指标	应用场景	方法图标
34	终点推荐法	转化用户	无法提升客单价和关联购买件数、主营产品盈利极低、变现效率较低	连带转化率、客单价、销售额	客服询单转化提升策略、关联购买提升计划、用户连带转化率方案	A~B

终点推荐法是指在用户即将下单付款时,再推荐相关联商品的方法。此方法可以有效地提升连带转化率和客单价,推动综合销售额增长以及利润的增长,甚至能帮助企业扭亏为盈。有一家电商公司,经营微波炉品类,扣除各项成本后毛利率只有 3% 左右,只要遇到一些打折促销或者成本变动的项目(如快递涨价)就会亏损。后来使用了终点推荐法,在用户与客服咨询沟通到最后即将下单付款时,要求客服给用户推荐一个关联商品,例如:"您好,原价 199 元的微波炉专用蒸宝(见图 3-15),购买现在这款微波炉再加 99 元即可送您一个,您看看是否有需要?蒸宝链接:×××"(注意,一定要加入一个可以快速跳转查看关联商品的链接)。

图 3-15 微波炉专用蒸宝标价 199 元

就是这样一句简单的推荐语,有将近一半的用户会加 99 元购买。这个蒸宝的采购价格不到 30 元，即使以 99 元卖出，利润也非常丰厚。而且能将整体客单价提升 20%（以最热销的微波炉价位 499 元计算）。当年，运用这个终点推荐法的公司扭亏为盈。

要使终点推荐法发挥最大的效果，需要注意做到四个关键点：

A. 推荐商品与主商品的关联性

被推荐商品可以与主商品相互配合使用，也可以是主商品的"耗材"。这样才会有更多的用户关联购买。比如，空气净化器产品我们会推荐用户购买滤芯，服饰类产品我们会推荐用户购买配饰等。所以，被推荐商品需要提前选出 3～5 个，不能所有情况都推荐同一个商品。比如在上述微波炉销售的案例中，用户购买微波炉时客服会推荐蒸宝，但如果购买烤箱的话，就不能再推荐蒸宝，可以调整为推荐专用烘焙预拌粉（一种提前调制可直接制作饼干的面粉）。

B. 被推荐商品是低价格的

低价格可以是绝对低的价格，可以减少用户的思考时间和机会成本，更容易让用户做决策；也可以是相对低的价格，比如原价 199 元，现在加 99 元即可购买。最少要有 5 折的折扣，才能让用户感觉到"占便宜"，引发那一瞬间购买的冲动。切忌关联推荐的商品价格比主商品还高，那样几乎不会被转化。所以，被推荐商品本身的成本较低，有一定的利润空间。被推荐商品最好是体积较小并且重量较轻，不容易破损的商品。可以随着主商品一起发快递给用户，且不会超重，节省成本。一旦连带转化率不好，可快速低成本地清仓，不会占用更多的仓储成本。

C. 推荐商品的时机把握

推荐商品的时机极大地影响了用户购买被推荐商品的概率。一般来说在用户咨询问题后，表示出明确意向要下单时，发出推荐购买链接效果最好。而且，越是咨询时间长的用户，最后购买推荐商品的概率也越高。一定不要在用户没有任何意向时，就强行推荐商品，或者只是来咨询物流或服务相关问题时推荐商品。这样除了转化率非常低以外，还可能会引起用户的反感，甚至连主要咨询的商品都不会再购买，更不能反复、多次地推荐商品。

D. 拒绝要"可爱"

为了维持到可以推荐产品的阶段，除了愉悦地和用户交流外，在其提出不合理要求的情况下，也能在不触发用户负面情绪的情况下表示出委婉的"拒绝"。因此，使用尽量"可爱"的话术和态度拒绝用户是比较有效的。

在日常询单运营中，用户经常会提出诸如"是否可以再便宜一点""还有没有其他的赠品""能否提前发货"等问题。理论上来说，为了促进成交，在合理的范围内，应该尽量满足用户的要求。但是，有相当一部分用户的诉求本身就不太合理，比如，"是否可以再便宜100元，我还会再来买的""能否把你们店里的××当作赠品送给我，送我就马上下单""今天能否提前帮我发货，我明天一定要收到"。提出这类要求时，绝大部分用户也是抱着试试看的心态的，如果成功了更好，如果没有成功，其实也不会强求。可如果处理不好，不仅会引起用户极强的负面情绪，还可能招来严重的投诉。

在回答这类要求的时候，有些客服往往是"生硬地拒绝"，直接回复"不行""没办法便宜"；而一些客服还算有一些礼貌地回复，"抱歉，真的不能再便宜了"；还有一些客服被用户反复提出类似的要求，就会带有情绪地回复，"买不起就不要买"。遇到这三种回复，用户的情绪多是尴尬、失落和生气。再加上线上交流往往不同于面对面，单看文字的话有时候很容易引起用户的误解，同样的一句话由于用户自身的理解偏差，也非常容易造成负面情绪，觉得客服在粗鲁地对待自己。

客服在回复用户的要求时，须注意以下几个方面：

首先，使用的字体、字号和字体颜色要"可爱"，有测试数据表明，字体为微软雅黑，字号为16号字，颜色是深粉色，对用户的询单问答比和转化率，都有比较好的作用。因为看起来就非常"可爱"。

其次，使用的语言风格要"可爱"。每一句话都加入对方的"称呼"，多使用一些语气词，多同意对方的观点，不直接发送"不行""不可以"等生硬的词。比如，"您好，实在抱歉，这个真的做不到了，求您理解"。

然后，在拒绝用户的时候，当发完文字回复，要配合一个可爱有趣的表情。有时候一个表情比说五句话都管用。类似的表情日常收集好后，可以打包直接发送给每位上岗的客服统一使用。

最后，最好提前准备一些"解决方案"。一般用户第一次请求"再便宜一些"等需求时，往往不要马上拒绝他，而是给他一个间接的"解决方案"。比如，可以先回复用户"您好，您可以注册为咱们品牌的会员，收货、评论后会有10元红包"。如果用户还继续提出不合理的要求，那么就持续保持"可爱"的回复和态度，相信大多数用户是可以理解和接受的。

以上，就是终点推荐法的使用细则，针对不同商品可以灵活制定运营策略。

获取/留存用户和转化用户的方法已全部讲解完成，再进一步，就是个人综合运营能力的强化与管理能力的提升。个人能力与带人成长是两件事情，只有具备超强综合能力和管理能力的运营人员，才是真正高水平的运营人员。

第4章
运营综合能力与管理能力

互联网运营作为一个新兴岗位，所有的能力项都与传统行业的要求有所差异，因此，每个运营人员都是从零成长起来的。那么，有必要总结出一个成长路径，以便使运营人员找到自身的短板，明确自己接下来的重点发展方向，从而成为综合能力极强、能带领团队一起取胜的资深运营人员！

4.1 运营综合能力的六阶成长

运营综合能力是一个非标准化的描述，没有数据可以统一衡量。但是可以从一个运营人员的工作年限、项目经历、过往成绩和最高职位来初步判断。由此，我描绘了一幅运营人员成长路径的阶梯图，共有六阶，分别是：完善的知识结构、充分的实操实践、多种维度链路、深度的总结原创、产品化运营策略和领导带队争胜，如图4-1所示。

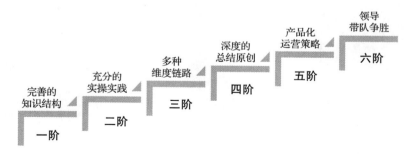

图4-1 运营综合能力的六阶

运营成长的第一阶，是知识结构的完善。通常是运营常识、专业术语的学习和了解，另外就是多看案例，以借鉴跟自己业务类似的产品的直接体验。

然后总结出体验良好的部分和体验待改进的部分，并以目前掌握的知识，设身处地地想，如果自己做这个产品的运营，会如何做策略。

运营成长的第二阶，是实操实践运营项目，不能只停留在听课程、书面学习上，必须真正地深入一线落地运营项目，所有学过的内容，都必须充分地"本地化"，根据自己的业务做适配。

运营成长的第三阶，是多种维度链路。多种维度的运营岗位经历，是运营人员一种核心竞争力。每个运营项目都有"上下游"，比如，在电商产业链中，上游是品牌方的运营，中游是电商平台的运营，下游是平台中店铺的运营。如果运营人员能同时经历电商平台的运营、品牌方的运营和店铺的运营，就具备了多种运营维度和岗位的经验，这就是一种核心竞争力。同样是电商运营，不同产业链上的角色所关注的核心需求是完全不一样的，而如果能在某一个运营维度同时思考另外两个维度的核心需求，就能做出更加有效的运营策略。

运营成长的第四阶，是能在多个运营维度中实操运营项目，解决产品问题并且获得优质结果。从纷繁复杂的项目运营中剥丝抽茧提炼出不同维度不同项目的共性方法论，同时通过一套方法论在不同产品的运营中进行适配，还能获得良好的结果。此时就要求运营人员具备透过现象看本质的能力。

运营成长的第五阶，是能把通用型的深度原创的方法论，做成运营工具（运营产品），可以自动化批量帮助使用者。比如，一些平台的商家成长工具、账号诊断产品等，能从实际业务出发，批量化地帮助他人提升运营效率。

运营成长的第六阶，就是强调运营人员自身的综合运营能力要极强，并且可以用原创的方法论、原创的运营工具，带领团队一起成长，能打胜仗。

4.2 提高运营综合能力与管理能力的 16 种方法

当运营经验积累到一定阶段，运营人员必然需要学会带着团队一起成长，自己成长是一种能力，带着团队一起成长则是另一种能力，所以运营人员要不断提高自身的运营综合能力与管理能力。

4.2.1 业务逻辑分层分析法

序号	方法名称	方法分类	针对问题	影响指标	应用场景	方法图标
35	业务逻辑分层分析法	综合运营能力与管理能力	产品宏观运营战略不清晰，无法达成主产品核心目标，产品前台、中台和后台规划配合效率有待提升	所有指标	产品宏观运营战略规划、以运营及产品为核心的效率提升规划、共用中台和后台的模块拆解	

业务逻辑分层分析法指的是将一个大型的、复杂的运营项目进行层层分解，从上到下地梳理每一层子项目，再找到相关数据指标量化子项目完成的情况，最终匹配运营策略或方法，再落实责任到团队或个人。层层分解中的"层"，可以理解为"维度"，即每一层都是具有同类属性或相似特点的集合。该方法适用于高级运营管理者分解业务，制订战略和搭建团队执行落地。

整套的业务逻辑分层分析法通常有五个层级：业务架构层、数据指标层、产品项目层、运营策略层和执行层。

A. 业务架构层

业务架构层是指产品为了完成终极目标而设计的运营架构，包括该产品对供给的运营目标、产品本身的生态健康度和外界的竞争情况，通常分为微观供给侧运营维度、中观平台维度和宏观竞争维度。这三个维度分别分析供给侧的整体运营情况，是否可以持续稳定地输出好的商品、内容或服务；分析产品本身（平台本身）的运营能力，是否能打造出健康的生态，流量分发是否合理；分析市场环境与竞争态势，是否有足够的竞争力来获取、转化用户。

以某大型电商产品（平台）和内容产品（平台）为例，对它们在战略层的拆解分析如表 4-1 所示。

表 4-1　电商类产品的业务架构层

业务逻辑分层分析法 – 电商类产品			
业务架构层	微观 （供给侧的营收、成本、利润）	中观 （平台生态健康与流量分发）	宏观 （竞争、用户）

内容类产品，如表 4-2 所示。

表 4-2　内容类产品的业务架构层

业务逻辑分层分析法 – 内容类产品			
业务架构层	微观 （供给侧的内容生产和变现）	中观 （平台生态健康与流量分发）	宏观 （竞争、用户）

由此可见，电商类产品和内容类产品在业务架构层的区别并不大，都是从供给、平台本身和竞争态势三个维度做整体分析。

B. 数据指标层

数据指标层是将业务架构层中的每个维度做数据量化，通常一个架构需要多个数据指标做衡量。互联网运营最重要的就是数据化，所以指标层的分解至关重要。花大量时间去找那些可以衡量每个架构运营情况的数据指标是值得的。把数据指标层的各个关键数据维度与业务架构层对应起来，就会得到电商类产品的数据指标层如表 4-3 所示。内容类产品的数据指标层如表 4-4 所示。

由此可见，在数据指标层电商类产品与内容类产品的区别比较大。在内容类产品中关键的数据指标是与内容创作与内容消费相关的数据，而电商类产品中则是与流量获取与流量利用能力相关的数据。

数据指标层中的每一个关键指标都不是孤立的，而是与其他指标有联系的，某些指标的上涨可能会带动部分指标共同上涨，但又会导致其他指标的下降。接下来就是要成立专门的项目组或对产品做整体迭代，从而改善上述所有关键指标。

C. 产品项目层

产品项目层是指为了完成上述数据指标所做的产品改造或专项项目集。

表 4-3 电商类产品加入数据指标层的结构

业务逻辑分层分析法 - 电商类产品

业务架构层	微观（供给侧的营收、成本、利润）						中观（平台生态健康与流量分发）						宏观（竞争、用户）	
	收入效率				成本效率		供给优化	综合服务指数	平台服务指数	开放平台	商家培训	平台生态健康	用户运营	竞品动态
	流量获取能力	流量利用能力	复购引导能力	UV价值	人力成本	经营成本							用户获取和转化	竞品运营
数据指标层	指标：UV[1]同比增速和达到x值	指标：平均转化率	指标：月度、季度和年度复购率复购率增长比例	指标：UV价值达到x值与x值同向访问深度	指标：人力同成本、在平台中的基础操作消耗的总时间 指标：人力变现金成本、单人营收贡献	指标：基础运营成本、知识产权成本、物流快递成本	指标：行业/品牌/店铺/商品丰富度的持续性 指标：商家总数、2年以上存商家留存数 指标：新商家入驻数、1年内留存数	指标：商家服务指数 指标：商家服务水平（用户好评率、综合满意度和净推荐值）	指标：平台服务指数 指标：商家满意度、服务/服务/产品上线数、履约度	指标：引入ISV[2]的总数、接口开放数、商家付费使用率	指标：商家参与培训的渗透率、新商家90天内留存数	指标：平台治理效率 指标：重大违规处罚次数、违规处罚次数 指标：自动化治理达标指数	指标：用户结构健康度 指标：老用户留存、新用户增长 指标：用户16宫格分析法	竞品动态：用户维度 供给维度 政策维度 营销维度 投资维度

① Unique Visitor 的首字母缩写，独立访客的意思。
② Indepentdent Software Vendors 的首字母缩写，独立软件开发商的意思。

表 4-4　内容类产品加入数据指标层的结构

业务架构层	微观（供给侧的生产和消费）								中观（平台生态健康与流量分发合理度）							宏观（竞争、用户）	
	内容生产和消费效率						变现效率		平台运营能力与流量分发							用户运营	竞品动态
	内容生产：每日新增内容数、优质内容数						指标：广告变现GMV、商品销售变现GMV										
数据指标层	平台创作能力 指标：创作者垂类分布、更新频次	创作者人数和创作者结构 指标：创作者人数、消费内容结构	内容消费能力 指标：人均消费内容数、消费时长	消费时长 指标：内容消费类型占比、消费时长同比增长	内容互动能力 指标：内容的点赞数、评论率	内容的转发数量 指标：内容的发表数量、转发率	广告变现 指标：广告变现总金额、同比增速	商品销售变现 指标：商品销售变现总金额、同比增速 非直播销售金额、直播销售金额比增速 指标：商品变现主要品类分布、同比增速	普通分发 指标：点击率、阅读完成率、完播率	热门分发 指标：热门内容阈值、热门内容数量、转发量	创作者服务 指标：创作者服务指数 指标：创作者私信回复率、好评回复率、变现满意度	平台服务 指标：平台综合服务数 指标：平台投诉处理时效、不良内容处理时效、反馈改进时效	开放平台 指标：引入ISV的总数、接口开放数、创作者付费使用率	创作者培训 指标：新创作者活跃度、培训内容覆盖率、考试合格率	平台生态健康 指标：平台治理效率 指标：严重违规处罚次数、一般违规处罚次数、敏感内容违规数 指标：自动化治理达标数、用户负向反馈数、负反馈率	用户运营 指标：用户获取和转化 指标：用户结构健康度 指标：老用户留存、新用户增长 指标：付费用户数、广告互动用户数、商品购买用户数	竞品运营 指标：用户维度、供给维度、政策维度、投资维度、变现维度

从数据指标层中可以看到，要提升一款产品的综合竞争力，只优化一两个数据指标是远远不够的。所以，就要通过整个产品的迭代、成立专门的项目组来进行全面的提升。那么，对应数据指标层，可以梳理出第三层的产品项目集合。继续以上述电商类产品和内容类产品为例：

（产品/项目名称可以根据业务特点来取，每个公司都有自己的风格，以下举例中的项目名称仅供参考，主要学习该方法的逻辑对应关系）

电商类产品，如表4-5所示。

内容类产品，如表4-6所示。

D. 运营策略层

运营策略层是指针对成立的专项项目和产品迭代后提供的功能，运营人员制订出策略将产品迭代后的竞争力不断地提升到最大，不断地完成产品项目所针对的数据指标，最终使整个产品上升到新的高度。

每一个产品项目所肩负的终极目标不一样，所以运营策略会非常繁杂，限于篇幅，在表4-7、表4-8中以简单的要点体现。

E. 执行层

执行层是明确最终执行落地运营策略的责任团队或责任人。一个团队可以直接负责若干个项目，一个人可以负责多个团队，但是不可以一个项目由多个团队负责，一个团队有多个责任人。执行层最好有负责的团队或人员、时间进度计划和结果跟踪。

最后，完整的业务分层分析就会得到如下两张图：

电商类产品，如表4-9所示；

内容类产品，如表4-10所示。

以上就是业务分层分析法，无论是一线运营人员还是高级运营管理者，在分析核心业务时均可以灵活使用。该方法的精髓就在于运用分层的思维，将每一层串联起来，找到业务突破口。

表 4-5 电商类产品加入产品项目层的架构

业务逻辑分层分析法 - 电商类产品

业务架构层	微观（供给侧的营收、成本、利润）				中观（平台生态健康与流量分发合理度）					宏观（竞争、用户）	
	收入效率		成本效率		平台运营能力与流量分发合理度			平台生态健康		用户运营	竞品运营
	流量获取能力	流量利用能力	复购引导能力	指标：人力成本+经营成本	经营成本	供给优化	综合服务指数	平台服务指数	开放平台指标	商家培训		
数据指标层	指标：UV 同比增速和达到 x 值	指标：UV 价值达到 x 值 单个 UV 平均访问深度	指标：月度和年度复购率及复购率增长比例	指标：人力成本、时间成本、在平台中的基础操作消耗的总时间	指标：基础运营成本、知识产权成本、物流快递成本、单人营收贡献	指标：行业/品牌/店铺商品丰富度持续性 指标：商家总数，2年以上老商家数，人驻数，1年内留存数	指标：商家服务指数 指标：商家服务水平（用户评价、综合满意度和净推荐值）	指标：平台服务指数 指标：商品意度、服务、产品上线数、履约度	指标：引入 ISV 的总数量，接口开放数，商家付费使用率	指标：商家参与培训的渗透率，新商家 90 天内留存数	平台治理效率 指标：严重违规处罚次数，一般违规处罚次数 自动化治理达标指数	用户获取和转化 指标：用户结构健康度 老用户留存、新用户增长 用户 16 营格分析法	竞品动态 指标：用户维度 供给维度 政策维度 营销维度 投资维度
产品项目层	店铺短视频化、联合营销、营销工具产品迭代 2 期、转化提升专项、复购低门槛			操作链路优化产品、自动化配置、即时通信迭代 3 期、物流调整项目、知识平台产品平台 2 期		店铺生命周期专项、平台召回产品	精选金牌店铺项目、极速退款项目、净推荐值调研产品、上门取件项目		ISV 招募专项、开发平台产品升级	学习中心产品、商家成长专项	违规边际专项、快速服务专项	SCRM①产品专项、用户签约共享项目、竞品监测平台产品

① Social Customer Relationship Management 的首字母缩写，意思是社会化客户关系管理。

表 4-6 内容类产品加入产品项目层的架构

业务逻辑分层分析法 - 内容类产品

	微观（供给侧的生产和变现）					中观（平台生态健康与流量分发）				宏观（竞争、用户）		
业务架构层	内容生产和消费效率		变现效率			普通分发	平台运营能力与流量分发合理度		平台生态健康	用户运营		竞品动态
数据指标层	内容创作能力 **指标**：创作者人数和创作者结构分布、创作者垂类分布、更新频次	内容消费能力 **指标**：人均内容消费数、消费时长	内容互动能力 **指标**：内容的点击率、评论率、内容的发数量、转发率	变现效率 **指标**：广告变现 GMV、商品销售 GMV	广告变现 **指标**：广告变现GMV 总金额、同比增速	商品销售变现 **指标**：商品销售总金额、同比增速	普通分发 **指标**：点击率、阅读完成率、完播率、热门分发 **指标**：热门内容播放阈值、互动阈值、热门数量、热门转发量	创作者服务 **指标**：创作者服务指数 **指标**：创作者私信回复率、好评回复率、变现满意度	平台服务综合指数 **指标**：平台服务指数 **指标**：平台投诉处理时效、不良内容处理时效、反馈改进时效	开放平台 **指标**：引入的总数量、接口开放数、创作者付费使用率	创作者培训 **指标**：新创作者活跃度、培训覆盖率、考试合格率	平台治理效率 **指标**：严重违规处罚次数、一般违规处罚次数、敏感内容规范 **指标**：自动化合理达标率 **指标**：用户负向反馈数、负反馈率	用户获取和转化 **指标**：用户结构健康度 **指标**：老用户留存、新用户增长	付费用户 **指标**：付费用户数、广告互动用户数、购买用户数	竞品运营 **指标**：供给维度、政策维度、投资维度、变现维度
产品项目层	X平台引入计划、头部创作者专项、Y类重点扶持计划		路径缩短专项、看了又看推荐项目、互动人口升级产品		品牌招募专项、海量商品计划、创作者V任务专项、广告主分级管理专项		内容消费增专项、同框视频产品、热门助力专项	繁星计划、百万粉丝创造者专项、高优内容审核提速专项、24小时服务专项、第三方开发者变现计划、小程序上线			内容专项培训、变现培训专线、上短视频培训专项	敏感内容警报产品、内容理解产品、自动处理产品	M明星代言专项、分享得红包产品、结算产品	竞品热门监测产品、竞品话题度监控

表 4-7 电商类产品加入运营策略层的架构

业务架构层	微观（供给侧的营收、成本、利润）					中观（平台生态健康与流量分发合理度）				宏观（竞争、用户）	
	收入效率		成本效率		供给优化指标	平台运营能力指标			平台生态健康	用户运营	竞品动态
数据指标层	指标：月度成交额同比增长大于 x 的商家占比	流量利用能力 指标：UV 同比增速和达到 x 值 单个 UV 平均访问深度	复购引导能力 指标：季度和年度复购率及复购率增长比例 月度、年度、季度复购率 × UV 价值 达到 x 值	人力成本 指标：人力时间成本、平台基础操作消耗的总时间 指标：人力现金成本、单人营收贡献	经营成本 指标：基础运营成本、知识产权成本、物流快速成本	行业/品牌/店铺/商品丰富度的持续性特征 指标：商家总数、2 年以上老商家存数、新商家入驻数、1 年内留存数	综合服务指数 指标：商家服务指数 商家服务水平 好评率/综合满意度和净推荐值	平台服务指数 指标：平台服务指数 商家满意度、平台服务上线约度	开放平台 指标：引入 ISV 的总数量、接口数、商家付费使用率	商家培训 指标：商家培训的渗透率、新商家 90 天内留存数	平台合规效率 指标：严重违规次数、一般违规处罚次数 指标：自动化合理达指标数	用户获取转化 指标：用户结构健康度 指标：老用户留存、新用户增长 指标：16 用户营分析法
产品项目层	1. 鼓励标杆店铺先做短视频、营销工具、产品迭代 2 期、联合营销跨大类组商家；2. 联合营销跨大类组商家执行；3. 复购需要分量单价与低单价产品，以低价带高为主要策略			操作链路优化产品、自动化设备、即时通信迭代 3 期、物流整合项目 2 期 识产品平台 2 期		店铺生命周期专项、平台回访项目	精选金牌店铺项目、极速退款项目、以净推荐值调研产品、上门取件项目		ISV 招募专项、开发平台产品升级	学习中心产品、商家新商家成长专项	违规边际违规、快速服务专项	SCRM 产品专项、用户标签共享项目、竞品监测平台
运营策略层						1. 分层分类分析、同流量扶持；2. 流失店铺回访策略二次入住；3. 服务质量之星评选、给予更多流量奖励			行业头部第三方开发者定向招募、开一次开发者大会	将新商家的成长期分为 30 天、60 天和 90 天三个阶段、不同阶段匹配不同的专项成长政策	针对山寨冒产品专项、用户联合执法、用户自动举报智能化处理	1. 与品类核心供给商家签订年度框架合作协议；2. 平台所有客户数据归一、统一营销

201

表4-8 内容类产品加入运营策略层的架构

业务逻辑分层分析法 - 内容类产品

业务架构层	微观（供给侧的生产和变现）					中观（平台生态健康与流量分发合理度）					宏观（竞争、用户）	
	内容生产和消费效率、优质内容		变现效率			平台运营能力、综合服务指数				平台生态健康	用户运营	竞品动态
	平台创作能力	内容消费能力	内容互动能力	广告变现	商品销售变现	普通分发	创作者服务	开放平台	创作者培训		用户获取和转化	
数据指标层	指标：创作者人数和结构、创作者垂类和更新频次	指标：内容消费数、消费时长、内容消费类型类型消费时长同比增长	指标：内容的点击率、评论率、内容的转发数量、转发率	指标：广告变现GMV、广告总金额同比增速、广告变现结构、广告主要结构和分类、广告变现类型占比	指标：商品销售变现GMV、商品销售变现金额同比增速、非直播销售金额同比、商品变现主要分类和同比增速	指标：内容点击率、阅读完成率、热门内容热门内容播放阅值、互动阅值、热门转发量	指标：创作者指数、创作者投诉率、信箱回复好评率、变现满意度	指标：引入ISV的总数量、接口开放数、创作者付费使用率	指标：新创作者培训内容覆盖率、考试合格率	指标：严重违规处理效率、一般违规处理效率、敏感内容违规数、自动化治理达标率、用户负向反馈频率	指标：用户结构健康度、用户留存、新用户增长、付费用户数、广告互动用户数、商品购买用户数	竞品运营：供品维度、政策维度、投资维度、变现维度
产品项目层	1. X平台引入计划、头部创作者专项、Y垂类重点扶持计划	路径缩短项目、又又看推荐项目、互动人口上升级产品		品牌招募计划、品商店计划、任务平台、广告广告主管理专项		内容消费营专项、同框视频产品、热门助力	繁星计划、优内容审核提速专项、24小时服务第三方开发者小程序产品		内容专项培训、变现培训、线上短视频培训	敏感内容预警专项、内容理解产品、自动化处理专项	M明星代言专项、分享得红包产品、结算产品	竞品热门监控产品、竞品话题监控
运营策略层	1. 个人创作者和机构创作者分层分析，内容评级效率提升；2. 保护原创内容，为内容重要使用户匹配原创作文；3. 变现类活动节奏安排，与电商大型节点匹配			1. 平台内容量体分4级，优质、待定和劣质、普通，对筛选出优质内容从培训、制作、分发和推广方面与创作者同行；2. 热门内容特征挖掘，梳理每个大类TOP10潜力重点创作者名单；3. 潜力创作者挖掘，签独家纪合约							1. 明星自带流量，拉新好策略；2. 以红包分享裂变等利益刺激方式促进用户传播平台内容	

第 4 章
运营综合能力与管理能力

表 4-9 电商类产品完整的业务逻辑分层分析

业务逻辑分层分析法 - 电商类产品

业务架构层	微观（供给侧的营收、成本、利润）				中观（平台生态健康与流量分发）				宏观（竞争、用户）	
	收入效率		成本效率		供需优化	平台运营能力：整体服务质量	开放平台流量合理分发	商家培训	平台生态健康	用户运营	竞品动态
数据指标层	流量获取能力 指标：UV同比增速和达到x值	复购引导能力 指标：月度、季度和年度复购率及复购率增长比例	人力成本 指标：人力同比成本、在岗团队中的冗余核算、所在位置的工作时间 指标：人均金成本、单人营收贡献	经营成本 指标：基础运营成本、知识产权成本、物流快递成本	行业/品牌/店铺/商品丰富度的持续性 指标：商家总数、2年以上的商家留存数 指标：新商家入驻数、1年内留存数	综合服务指数 指标：商家服务水平（用户好评率、商家满意度综合值和评推荐值）	平台满意指数 指标：商家满意度、服务/产品上线数、履约度	引入ISV数量、接口开放数、付费使用率	商家参与培训的渗透率、新商家90天内留存数	平台合理效率 指标：严重违规处罚次数、一般违规处罚次数 指标：自动化合理达标指数	用户获取和转化 指标：用户结构健康度 指标：老用户留存、新用户增长 指标：用户16名格分析法	竞品维度：用户维度、供给维度、政策维度、营销维度、投资维度
产品项目层	店铺短视频化、联合营销工具（达代2期）、转化提升专项、复购降低门槛		操作链路优化产品、自动化配置3期、物流整合2期、知识平台2期		店铺生命周期专项、平台召回产品、上门取件项目	精选金牌店铺项目、极速退款项目、净推荐值调研产品			ISV招募专项、开发平台产品升级	违规冒牌专项、快速申诉服务	SCRM产品专项、用户标签共享项目、监测平台产品	
运营策略层	1. 奖励标杆店铺先做短视频，批量带动商家执行；2. 联合营销跨类大类组商家，购买达任意商品给用户流量奖励；3. 复购需要分商品类低单价为主要策略		1. 调优不同层级店铺的人力成本，提效产品给自名测试；2. 物流建统一仓、多商家组合单量降低单件成本		1. 分层分类分析、匹配不同流量扶持；2. 流失店铺回访、入库入驻、3. 服务质量之星评选、给予更多流量奖励			行业头部第三方开发商定向招募、开一次开发者大会	将商家成长期分为30天、60天和90天三个阶段、不同阶段匹配不同的成长专项成长政策	针对山寨假冒产品的联合执法、用户报自主处理	1. 与竞品签订年度框架合作协议；2. 平台所有客户数据归一、统一营销	
执行层	商家运营部 张三		后台产品与运营部 王五		招商部 袁六	服务体验提升部 季七			开放平台部 张八	平台治理部 杨九	平台大学 王九	用户增长部市场部	战略分析部

表4-10 内容类产品完整的业务逻辑分层分析

业务逻辑分层分析法－内容类产品

业务架构层	微观（供给侧的生产和变现）		中观（平台生态健康与流量分发）					宏观（竞争、用户）	
	内容生产和消费效率 优质内容数 指标：每日新增消费内容数	变现效率 指标：广告变现GMV、商品销售GMV	平台运营能力与流量分发合理度				平台生态健康	用户运营	竞品动态
			普通分发	创作者服务	开放平台分发合理度	创作者培训			
数据指标层	平台创作能力 指标：创作者人数和创作者结构分布、更新频次；内容创作能力 指标：内容的点赞率、评论数、转发率；内容消费能力 指标：人均消费内容数、消费时长；内容消费时长 指标：内容消费时长同比增长；内容消费类型 指标：类型、消费时长同比增长	广告变现GMV 指标：广告变现金额、同比增速；商品销售变现CMV 指标：商品销售总金额、同比增速、直播销售金额、同比增速；广告变现者结构 指标：广告变现创作者和广告主结构和分类；广告变现类型 指标：广告变现类型分类占比	指标：点击率、阅读完读率、完播率、分发热门内容放阀值、互动数量、热门转发率	创作者服务 指标：创作者服务投诉数；创作者私信回复率、好评回复率、满意度	开放平台引入ISV的总数量、接口开放数、创作者付费使用率	创作者培训 指标：新创作者活跃度、培训内容覆盖率、考试合格率	平台合理效率 指标：严重违规处罚次数、一般违规处理次数、敏感违规数 指标：自动化处理达标指标数 指标：用户负向反馈数、负反馈率	用户获取和转化 指标：用户结构健康度 指标：老用户留存、新用户增长 指标：付费用户数、广告互动用户数、商品购买用户数	竞品运营 指标：供给维度、政策维度、投资维度、变现维度 指标：竞品热门监测、产品、竞品话题监测
产品项目层	X平台引入计划、头部创作者专项、Y垂类重点扶持计划	品牌招募专项、海量商品计划、创作者V任务管理专项、级管理专项	内容消费增长同质频同步专项、热门助力专项	繁星计划、百万粉丝创造营、优质内容审核提取、第三方开发者小程序产品	1.平台内容整体分4级、优质、待定和劣质、普通、开展话题比赛 2.热门内容特征提取、分发和推广方面与创作者同步 3.潜力创作者挖掘、梳理每个大类TOP10潜力创作者名单、花费预算独家签经纪合约	内容培训项专项、变现培训专项、上线视频培训产品	敏感内容答报产品理解产品、自动处理	M明星代言专项、分享得红包产品、结算产品	1.明星自带流量、拉新好策略 2.以红包分享裂变等利益刺激方式促进用户传播平台内容
运营策略层	1.个人创作者和机构创作者分层分析、内容评级效率提升； 2.保护原创内容、为内容消费用户匹配原创图文； 3.变现类活动节奏安排、与电商大型节点契合								
执行层	垂类运营部	商业化部 电商部	主站产品部 内容推荐组	算法推荐组	机构运营组	开放平台部	平台大学	内容治理部	用户增长部	战略分析部

4.2.2 数据分析四种基础方法

序号	方法名称	方法分类	针对问题	影响指标	应用场景	方法图标
36	数据分析四种基础方法	综合运营能力与管理能力	无法做到数据化运营、日常数据分析找不到结论、汇报逻辑混乱且效果差	所有指标	日常数据化运营、日报/周报/月报运营数据分析、根据数据制订运营策略	

数据化运营所需要的四种基础分析方法，是指对各种数据维度所呈现的趋势、对比、结构和关系等进行分析，帮助运营人员决策。在纷繁复杂的数据海洋里，掌握这四种基础方法，就具备了通向数据化运营高手的路径。

数据化运营是几乎每一个互联网公司都要求必须做到的。所以，对于运营人员来说，数据分析能力尤为重要。同样一份数据，高水平的运营人员往往能看出"问题"，普通运营人员就只能当汇报材料用。

数据化运营可以很难，通过复杂的数学模型形成一整套对业务的全面分析，并且预测未来的走向；数据化运营也可以很简单，大多数情况下只要掌握四种基本分析方法就足够了。

另外，每一种分析方法都需要充分图形化才能进行有效的分析，所以，本书介绍每一种方法前都会匹配一个"代表图形"。注意，"代表图形"不意味着该分析方法就只能用这一种图形，或者这一种图形只能代表一种分析方法。在实际运营工作中，通常是多个数据分析方法一起使用。

接下来，正式介绍趋势分析法、对比分析法、结构分析法和关系分析法。

A. 趋势分析法

趋势分析法是来自财务分析的专业术语。这种方法是通过对有关指标的各期对基期的变化趋势的分析，从中发现问题，是为追索和检查账目提供线索的一种分析方法。

在互联网运营中，可以将趋势分析法通俗地理解为把历史数据按发生时间列出来，连成趋势线进行分析。数据图形化时横坐标通常为时间维度，纵坐标为长期跟踪的核心数据维度，如成交额、流量、利润、新增用户数等。

趋势分析法的代表图形是单数据维度的折线图，如图 4-2 所示。

趋势分析法的作用是利用历史数据发现指标波动的规律，从而找出对应原因；同时也可以通过历史数据的趋势去预测未来。

举个例子。下列数据是 X 产品（App）的新增用户数据，如表 4-11 所示。

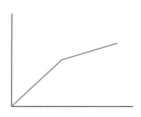

图 4-2　趋势分析法代表图形——折线图

表 4-11　X 产品的新增用户数据

日期	新增用户数（个）	日期	新增用户数（个）	日期	新增用户数（个）
12 月 11 日	57450	12 月 18 日	67467	12 月 25 日	68792
12 月 12 日	58888	12 月 19 日	68891	12 月 26 日	78000
12 月 13 日	60311	12 月 20 日	70321	12 月 27 日	79011
12 月 14 日	61738	12 月 21 日	71765	12 月 28 日	79789
12 月 15 日	63186	12 月 22 日	73128	12 月 29 日	79981
12 月 16 日	64600	12 月 23 日	74621	12 月 30 日	80001
12 月 17 日	66020	12 月 24 日	75831	12 月 31 日	80021

单看列表是很难直观清晰做判断的，所以转化为趋势图（见图 4-3）。

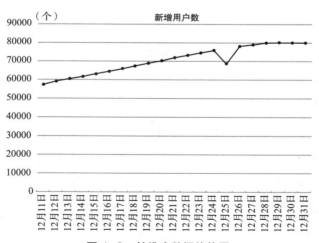

图 4-3　单维度数据趋势图

从这张趋势图来看，运营状况似乎不错，产品整体新增的用户数不断地增长。但是，12月25日当天数据突然下降，这时就要马上分析背后的原因。有时候原因比较简单，可能当天是特殊的节假日，也可能是某一个用户来源有其他的活动；有时候原因比较复杂且是多方面的，这就需要根据产品特征和实际情况进行多人讨论分析。通常的分析方法就是找该指标的影响因素，并逐个去排查，简单而有效。

趋势分析法最好综合多个数据指标一起看，否则只看单一维度很容易产生错误的判断。想要尽量避免误判，就需要做数据"对比"。

B. 对比分析法

对比分析法也称比较分析法，是来自经济学的专业名词，定义为：通过实际数与基数的对比来提示实际数与基数之间的差异，借以了解经济活动的成绩和问题的一种分析方法。

但在互联网运营的数据分析中，对比分析法可以理解为，通过同等维度的数据对比，找到实际运营效果差距。毫不夸张地说，对比分析才是让运营数据分析产生作用的起点。趋势分析往往多用于展示表面的运营结果偏好还是偏坏，只有加入了对比分析才可以真正判断"好"与"坏"，甚至是判断"有效"还是"无效"。比如，自己运营的产品某个关键指标在15天内数值增长了3倍，就觉得运营很好、策略也有效了，但实际上跟行业平均增长8倍来对比，其实并没有多好，甚至可以说运营策略是无效的；反之，自己运营的产品某个指标突然下降了30%，就觉得运营出了大问题，而实际上跟行业平均下降了80%来对比，其实还算运营得不错。因此，使用对比分析法才是数据化运营的开始。

对比分析法的代表图形是多维柱状图，或者是多维折线图，如图4-4所示。

图4-4 对比分析法代表图形——多维柱状图或多维折线图

对比分析法在开始使用之前必须遵循一个重要的原则——可比性原则。可比性分为业务形态可比性、运营模式可比性和计算口径与量级的可比性。

业务形态可比性要求运营人员找到正确的对比对象。如果是跟自己对比，则需要在主要目标人群没有发生较大改变的情况下进行对比。比如，有一个做心理咨询类的产品（App），之前的目标人群是偏向普通用户（C端用户），运营方法和产品内容均以C端为主，但是，转型后目标人群为特定人群（精神类医院、心理辅导机构），即偏向机构/企业合作人群（B端用户），这时就不能做用户量等对比。如果是跟竞争对手对比，一定要选择直接的、绝对的竞争对手，不要盲目选取行业头部品牌做对比。比如，一个经营高端吸尘器（价格段在2000～3000元）的电商商家，就不适合与经营中低端吸尘器（价格段在500～1000元）的电商商家做对比，尤其不适合对比总用户量、转化率之类的核心指标。所以，不同业务形态的产品基本不具备可比性，对比出来的结论都是错的。

运营模式可比性要求在同样业务形态的情况下，深入找到运营模式的差异，如果不是相似的运营模式，则不具备可比性。比如，前些年我在网易严选做渠道运营时，经常有同事将核心数据与天猫做对比，这就是错误使用对比分析法的典型。诚然，表面上网易严选和天猫都是做电商产品的（App），但运营模式完全不同。网易严选是自己找工厂生产，并将货物先放入自己的仓库再发给用户（通常称为重模式，需压货、压资金）；而天猫是平台模式，商品由各大品牌方提供（通常称为轻模式，不需要压货、压资金）。如果两者做运营数据的对比，相当于是用一个消费零售品牌与一个渠道品牌做对比，两者的商品数量级、目标用户群等方面都存在根本性的差异，在部分核心运营指标上几乎没有可比性。

计算口径与量级的可比性要求同样一个数据维度，计算口径要一致，并且数据量级也要一致。同样一个数据指标，不同业务形态和运营模式，往往有着不同的计算口径。比如，之前两个具有同样业务形态、同样运营模式的电商平台，A平台比B平台的转化率高出20%～30%，但B平台的商品价格优势、服务和口碑普遍好于A平台，找了较多的原因都没有太强的信服力。偶然的一个机会，发现原来是两个平台对于转化率的计算口径不一样造成的，A平台是以订单数除以UV来计算转化率的，而B平台是以购买用户数除以 UV 来计算的。计算口径的一致性是一个很基础的问题，尤其是跨平台的数据对比，务必要明确计算口径的一致性。

除了计算口径一致外，还需要计算的数据量级也要相似。不同数量级也会造成比较大的对比结果误差。比如，在运营一款内容型产品（App）时，首页增加了一个专题活动广告位，需要对比此类专题活动广告位和普通商业广告点击率数据，以评估专题活动的吸引力和用户有效参与度。运营人员分配了大概 5 万次的曝光量（流量）来支持这个专题活动。最后，数据显示专题活动的点击率为 1.1%，普通商业广告的点击率为 0.7%。结论似乎显而易见是专题活动的点击率更好。但是，等到专题活动结束，全量上线后反而点击率爆降，甚至低于普通商业广告。分析原因，其实就是数据量级差异较大，偶然性增强。整个产品全量的曝光量在 600 万～800 万次，与运营人员分配的 5 万次的曝光量相差了两个数量级，导致对比产生的结论是错误的。正确的方式应该是同一个位置放置两个不同的入口图（一个专题活动，一个普通商业广告），然后各分 50 万次、100 万次、200 万次左右的曝光量，在产生点击率数据后综合对比，这时得到的数据才真正具有可比性。

综上所述，可比性原则直接决定了对比分析法得出结论的准确性。所以务必在做对比分析前先明确数据是具有可比性的。

此外，对比分析法所对比的对象，一般有三类：自我对比、竞争对手对比和行业整体对比。如无特殊情况，对比对象越多，越能有更多机会看到真正的问题。

还拿趋势分析中的 X 产品的新增用户数举例，当加上与自己对比（每日环比）和竞争对手 Y 产品（App）的相关数据时，结论又会有所不同，见表 4-12。

表 4-12 X 产品与 Y 产品的新增用户数对比

日期	X 产品新增用户数（个）	X 的日环比(%)	Y 产品新增用户数（个）	Y 的日环比(%)
12 月 11 日	57450	2.5	49834	2.2
12 月 12 日	58888	2.5	50930	2.3
12 月 13 日	60311	2.4	52124	2.2
12 月 14 日	61738	2.4	53247	2.4
12 月 15 日	63186	2.3	54525	2.8

（续）

日期	X产品新增用户数（个）	X的日环比（%）	Y产品新增用户数（个）	Y的日环比（%）
12月16日	64600	2.2	56052	3.4
12月17日	66020	2.2	57958	3.5
12月18日	67467	2.2	59986	3.4
12月19日	68891	2.1	62026	3.5
12月20日	70321	2.1	64197	3.5
12月21日	71765	2.1	66443	4.3
12月22日	73128	1.9	69301	4.6
12月23日	74621	2.0	72488	4.9
12月24日	75831	1.6	76011	4.9
12月25日	68792	-9.3	79842	-2.0
12月26日	78000	13.4	78245	16.0
12月27日	79011	1.3	90765	3.1
12月28日	79789	1.0	93578	3.5
12月29日	79981	0.2	96854	3.2
12月30日	80001	0	99953	3.8
12月31日	80021	0	103751	4.0

把两个产品的新增用户数转化为柱状图（见图4-5）。

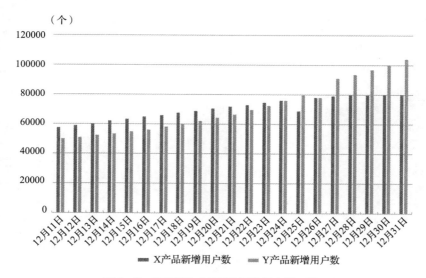

图4-5　X产品与Y产品新增用户数对比

从图 4-5 可以直观看出，除个别情况外，两个产品的新增用户数基本逐步增长，X 产品在 12 月 24 日被超过，之后 Y 产品的新增用户数持续向上发展。通常看到这样的数据对比图都会主要分析 12 月 24 日前后的运营推广执行情况。先拆解两个产品的新增用户来源，再重点看 Y 产品增长较快的渠道和 X 产品的有哪些不同。

可是，是否能再早一点发现在某个时间点数据会被反超，从而更早地找到问题并制订应对策略？其实是可以的，加入两个产品与自身对比的数据，即日环比趋势图，就可以更早发现"趋势"，见图 4-6。

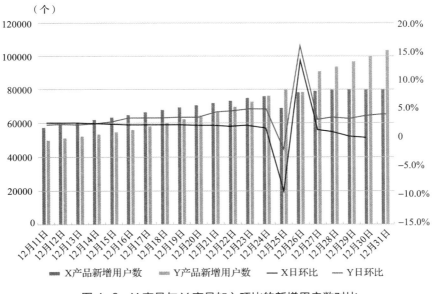

图 4-6　X 产品与 Y 产品加入环比的新增用户数对比

从图 4-6 中可以明显地看出，X 产品虽然在 12 月 11 日到 12 月 24 日新增用户数的绝对值每日都在涨，但是在这期间日环比增长率却呈下降趋势，意味着如果没有采取任何运营手段来干预，增长将停滞甚至下降。从 12 月 15 日开始，Y 产品的环比增长率逐步超过了 X 产品，并且渐渐拉开差距，如果结合环比增长率（不断与自身对比），就能提前发现 Y 产品即将迎来数据反超，这样就可以及时制订很多运营策略并执行，可能新增用户数最后就不会被反超。

值得一提的是，从图 4-6 中可以看到 12 月 25～26 日有一个巨大的波动，波动后又恢复到之前的水平，通常类似这样的波动会被当成特殊节点单独分析，在整体对比分析图中可以暂时跳过，只看波动前和波动后的趋势。所以，去掉 12 月 25～26 日的对比图，如图 4-7 所示。

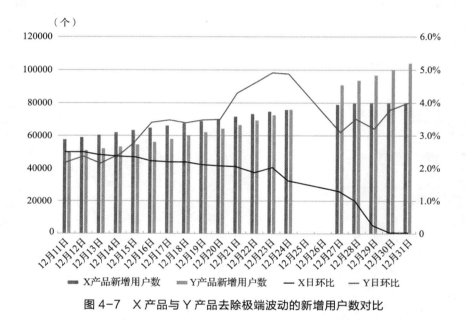

图 4-7　X 产品与 Y 产品去除极端波动的新增用户数对比

由此可见，X 产品和 Y 产品的环比增长率的趋势对比更加明显。

以上就是对比分析法，需要结合自身业务的特征做各维度的对比，所有对比一定是以有可比性为前提的。过程中可以去除极限值、波动较大的数值的影响。

C. 结构分析法

结构分析法也来自经济学，是指对经济系统中各组成部分及其对比关系变动规律的分析。结构分析主要是一种静态分析，即对一定时间内经济系统中各组成部分变动规律的分析。

互联网运营的结构分析与经济学类似，就是对各个可向下细分的关键指标进行组成分析。一般还会加上与行业整体、竞争对手的结构对比分析，从而找到关键运营策略方向。

结构分析法主要针对那些可以向下细分的数据指标来做，分析的目的往往是为了调整整体运营方向。结构分析法几乎是趋势分析和对比分析得出表面结论后，再向下深挖原因的下一步分析。

结构分析法的代表图形是饼图，可以直观地看到各部分的组成占比，如图4-8所示。

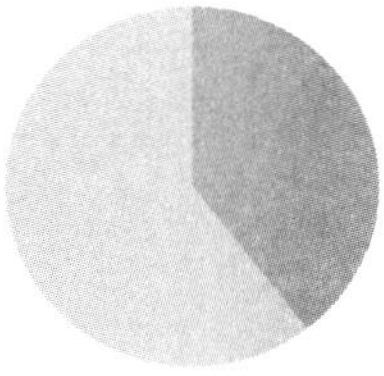

仍然以上述X产品的新增用户数为例，表面上看是新增用户数逐步被Y产品所超过，原因可能是特殊节日影响等，但实际上节日是否真的有影响，影响具体有多大，都是无法直接判断的。因此，要进一步分析新增用户数来源的结构，从结构上才能看具体影响程度。根据新增用户来源渠道，X产品的新增用户数据如下表4-13所示。

图4-8 结构分析法代表图形——饼图

表4-13 X产品新增用户数和各渠道来源

日期	X产品新增用户数（个）	渠道1（个）	渠道2（个）	渠道1占比（%）	渠道2占比（%）
12月11日	57450	31622	25828	55.0	45.0
12月12日	58888	30129	28759	51.2	48.8
12月13日	60311	30351	29960	50.3	49.7
12月14日	61738	31260	30478	50.6	49.4
12月15日	63186	30429	32757	48.2	51.8
12月16日	64600	31169	33431	48.2	51.8
12月17日	66020	30753	35267	46.6	53.4
12月18日	67467	31395	36072	46.5	53.5
12月19日	68891	30345	38546	44.0	56.0
12月20日	70321	31094	39227	44.2	55.8
12月21日	71765	31751	40014	44.2	55.8
12月22日	73128	30078	43050	41.1	58.9
12月23日	74621	31277	43344	41.9	58.1

（续）

日期	X产品新增用户数（个）	渠道1（个）	渠道2（个）	渠道1占比（%）	渠道2占比（%）
12月24日	75831	30411	45420	40.1	59.9
12月25日	68792	30464	38328	44.3	55.7
12月26日	78000	30550	47450	39.2	60.8
12月27日	79011	30389	48622	38.5	61.5
12月28日	79789	31061	48728	38.9	61.1
12月29日	79981	31678	48303	39.6	60.4
12月30日	80001	30220	49781	37.8	62.2
12月31日	80021	31587	48434	39.5	60.5
总计	1479812	648013	831799	43.8	56.2

根据表4-13，可以制作出X产品在某些时段的新增用户来源构成图，如图4-9所示。

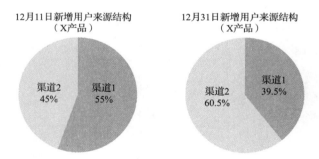

图4-9　X产品的新增用户来源结构对比

分析初期和末期的对比，常用于观察整体结构的变化。可以明显看出渠道2的占比增长很快，结合总新增用户数也在增长，说明渠道2是更优质的渠道，需要加大投入。

再来看看Y产品的新增用户来源构成，如表4-14所示。

表4-14　Y产品新增用户数和各渠道来源

日期	Y产品新增用户数（个）	渠道1（个）	渠道2（个）	渠道1占比（%）	渠道2占比（%）
12月11日	49834	12468	37366	25.0	75.0
12月12日	50930	12919	38011	25.4	74.6

（续）

日期	Y产品新增用户数（个）	渠道1（个）	渠道2（个）	渠道1占比（%）	渠道2占比（%）
12月13日	52124	12131	39993	23.3	76.7
12月14日	53247	12035	41212	22.6	77.4
12月15日	54525	12465	42060	22.9	77.1
12月16日	56052	12243	43809	21.8	78.2
12月17日	57958	12637	45321	21.8	78.2
12月18日	59986	12531	47455	20.9	79.1
12月19日	62026	12866	49160	20.7	79.3
12月20日	64197	12610	51587	19.6	80.4
12月21日	66443	12199	54244	18.4	81.6
12月22日	69301	12861	56440	18.6	81.4
12月23日	72488	12180	60308	16.8	83.2
12月24日	76011	12329	63682	16.2	83.8
12月25日	79842	12437	67405	15.6	84.4
12月26日	78245	12256	65989	15.7	84.3
12月27日	90765	12363	78402	13.6	86.4
12月28日	93578	12377	81201	13.2	86.8
12月29日	96854	12524	84330	12.9	87.1
12月30日	99953	12475	87478	12.5	87.5
12月31日	103751	12769	90982	12.3	87.7
总计	1488111	261675	1226436	17.6	82.4

根据表4-14，可以制作出Y产品在相同时段的新增用户来源构成图，如图4-10所示。

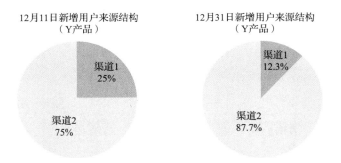

图4-10　Y产品的新增用户来源结构对比

Y产品的新增用户来源构成一开始就是渠道2占比较高，自然也会重点投入，就会造成渠道2的新增用户会更多，占比更高。

接下来，再看X产品和Y产品在相同时间点的不同渠道新增用户构成的对比。先来看12月11—31日，整个分析期的总体渠道构成对比，如图4-11所示。

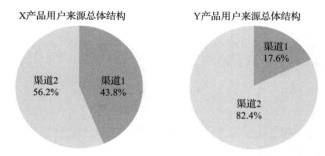

图4-11　X产品与Y产品的用户来源结构对比

整体结构的对比完成，按照这个分析思路继续向下走，需要拆解不同时期的结构对比，以观察趋势的变化。所以，在12月11日、12月21日和12月31日，每个节点都进行X产品和Y产品的新增用户来源对比（对比图略）。就可以很明显地看出，Y产品的主要新用户增长来源于渠道2，同时渠道2的新增用户数在X产品的新增用户数中占比越来越高。

如果这个分析结论能在12月18日前帮助完成用户结构方面的判断，就能很快判断渠道2是一个关键渠道，就能马上制订运营策略，加大对渠道2的投入，新增用户数很可能就不会被Y产品所超过。

注意，限于篇幅，将新增用户来源的渠道统一缩减为渠道1和渠道2，实际运营中可能会有十几个、上百个用户来源渠道，要根据不同业务的各自情况进行分析。

以上，就是结构分析法的应用，当趋势分析法和对比分析法看不到具体的问题时，就要向下拆解正在分析的数据指标，看看其中的结构，一定会有不一样的收获。

D. 关系分析法

关系分析法就是寻找数据之间的相关性，一般会有正相关和负相关的关系。正相关是指两个或多个指标，同时上升或同时下降；负相关是指两个指标或多个指标出现此消彼长的关系。

关系分析法的代表图形是散点图，如图 4-12 所示。

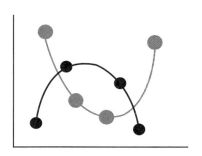

图 4-12　关系分析法代表图形——散点图

将各散点表示的数据连起来，再去看两个数据指标的趋势，就会得出结论。与趋势分析不同的是，散点图的数据指标波动性更大，更加没有持续增长或持续下降的显著走势，所以需要通过散点的分布，用"线性分析"来判断趋势，从而找到那些微妙的相关性。相关性一旦找到，可能就会有较大的运营突破。

关系分析法的使用有两个前提，一个前提是需要的数据量足够大，积累的时间足够长；另一个前提是有参照目标系，来进行关联性的进一步验证。这样才能更加客观准确地将多个数据维度变化逐一洞察。如果只有若干天或几周的数据，其实是很难避免较大波动性引起的误判。

举个例子，在做一个内容平台的运营时，我们猜想用户的互动会影响平台给予的曝光量，但具体哪些互动行为会影响并且影响的程度是多大，不知道。所以，需要进行关系分析。单独取出每周的日均新增评论数（评论是强互动行为），然后再将每周日平均曝光量进行关系分析。做出如下数据图表，如图 4-13 所示。

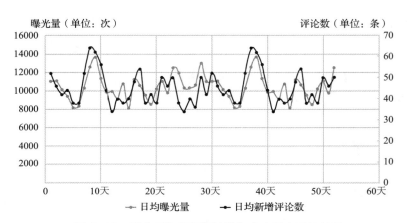

图 4-13 用户日均新增评论数与内容曝光量的关系

从图 4-13 可以明确地看出，用户的评论行为与曝光量有着极为密切的正相关关系，所以，在该平台的内容运营中，要做一些互动的引导，就能获取较多的流量。

以上就是互联网各类运营在做数据分析和数据决策时使用的最基本的四个方法，需要结合自身的业务特点选取关键数据，并进行综合运用。

4.2.3　节点跟踪法

序号	方法名称	方法分类	针对问题	影响指标	应用场景	方法图标
37	节点跟踪法	综合运营能力与管理能力	运营工作与取得结果无法关联、运营策略有效性验证困难、无法及时发现运营问题	所有指标	日常运营管理与问题分析、有效运营策略的复用、利用数据提升实时发现问题与解决问题的能力	

节点跟踪法是指通过分析核心运营数据指标的变动与运营策略落地间的关系，找到有效影响数据指标的运营策略和分辨无效的运营手段，最终把有效的运营策略逐步复用到其他运营场景中，把无效的运营策略关停并转，从而使运营资源更加合理地分配。

节点跟踪法的运用分为如下五步：

A. 保证数据采集的准确性和及时性

节点跟踪法是以数据实时跟踪为基础的，所以，需要保证数据的每日更新，准确而及时。通常大型电商平台都会提供数据工具，诸如阿里系的生意参谋、京东系的商智等。如果没有大型电商平台的店铺，可以使用较为主流的第三方数据公司的数据。

数据采集后要做成趋势图，接着以自然周为单位进行日期分割。注意，一定是以自然周的周一到周日来做分割，不能随意找七天进行分割。原因是绝大部分用户的行为所带来的数据，都是有自然周规律的，有些用户固定周一早上开周会，有些用户周五晚要做总结，进而流量规律也在自然周里有所体现。从大数据来看，淘宝、天猫一类购物网站的流量高峰出现在周一至周四，周五到周六普遍较低（遇到大促除外）；而抖音等内容型产品的流量规律通常是周五至周日为流量高峰，周一至周四较低，如图4-14所示。

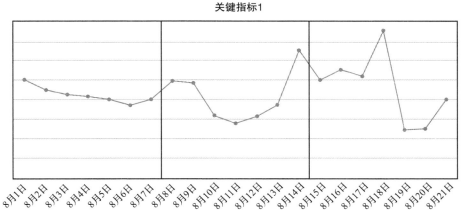

图4-14　按照自然周做分割的节点跟踪法

B. 明确跟踪的数据指标与负责团队

明确跟踪的数据指标由哪个团队负责，最好还可以责任到人。将数据需要达到的目标也标注出来，通过固定展示屏展示或者以日报形式发给每个团队成员。这样做除了能让各团队时刻"监控"自己负责的部分以外，还能给予团队成员每个人很明确的目标感，甚至可以把每个人的头像印制成磁力贴，紧贴指标的变化。

C. 结合数据变化与运营策略执行情况

每周分割好数据指标的变化和负责人后，就要将团队当周所做的工作（通常是运营周报中的重点内容）标注在数据跟进表里。

这时候进入分析阶段。建议着重看数据变化的两个方面，一个方面是拐点，另一个方面是异常。

拐点是指当前研究的数据，在某一个日期后，突然就呈现明显的增长或下降趋势，而且增长或下降幅度非常大。此时着重看当周执行了哪些运营策略，重点营销指标要详细地与执行团队进行沟通。往往拐点造成的趋势变化，在拐点出现的当周即可造成，一定要非常重视。

异常是指趋势的异常。需要看一段时间数据指标的变化。这段时间数据指标较以往的变动很特别。可以是超乎想象的波动，可以是没有任何波动保持异常平稳等，这些都要回溯本周或者上周乃至上上一周执行了哪些运营策略，执行的细节大概是什么样的。一般持续一段时间的异常，都可能是之前的运营动作所造成的。

数据的拐点和异常都找到后，就要匹配运营动作。要把所有增长趋势和下降趋势当中出现的运营特点或运营问题做好深度总结，然后与相关负责人或执行人一起沟通，哪些好的运营手段可以多场景地复制，哪些运营手段短期内提升了某个指标但是对另外一个重要指标产生了负面影响等。不断地进行数据—运营—数据—运营的总结和提升。

一个完整的节点跟踪法看板，如图 4-15 所示。

D. 多维度数据分析并评估投入产出比

节点跟踪法比较容易出现的错误是只盯着一个指标看，比如很多运营团队只喜欢看成交额，然后看所有运营手段与成交额的匹配和影响趋势。这是不对的。成交额由很多细分的指标构成，而有些手段会提升某些细分的指标，而不一定对成交额有直接影响。所以，数据的跟踪也要求多维度，把核心指标拆分，将细节指标也进行运营匹配和数据跟踪，这样才能找到哪些运营手段对 A 指标有正向影响，但对 B 指标有负面影响，那如果什么都不做，这两个指标间会是怎样的关系（正相关还是负相关），会直接决定是否要复用运营策略。

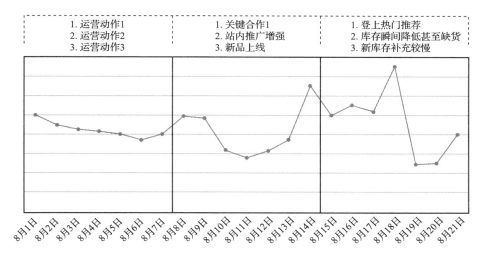

图 4-15　节点跟踪法中加入每周关键运营事项后的完整看板

所以，节点跟踪法在跟踪指标的时候是单一维度或者若干量级相近的维度，但是在分析的时候一定是综合的多维度数据的共同分析。

E. 可复用的有效运营策略和分辨无效策略

以上分析都完成以后，就需要对可复用的策略进行场景迁移。比如，在做一款快消品打爆的运营后，X 产品在经过一系列运营策略的落地后，成功地进入搜索排名的前 10 名。那么，经过这段时间所有数据指标变化匹配的运营策略，迁移到 Y 商品上，是否也会有同样的效果，需要运营 X 产品的人和运营 Y 产品的团队一起讨论。把可复用的方法摘取出来，结合 Y 产品的特性，进行定制化。一直以来我有一个观点，任何运营策略都不可能

100%被复用,因为无论是技术发展还是用户需求的变化和竞争情况的改变,都会导致同样的策略难以获得再次成功。所以,一定要围绕目标,进行适合当前业务特征的个性化运营策略的制定。

以上就是节点跟踪法的使用,用于帮助运营人员找到真正有效的运营方式。值得注意的是,很多运营方式需要经过较长时间才能产生效果,在做判断时,一定要综合考虑各方因素。

4.2.4 运营方案模板

序号	方法名称	方法分类	针对问题	影响指标	应用场景	方法图标
38	运营方案模板	综合运营能力与管理能力	运营规划方案无从下手、年终运营总结质量低、高潜力机会项目申请资源难	绩效考评成绩、获得资源支持	运营规划、运营汇报和高潜力机会项目申请	总-分-总-时间-进度-资源-人

好的开始是成功的一半,好的开始源自好的方案。运营方案是每个成熟的运营人员展开工作的第一步。

经过10余年的运营工作,写过上百份运营方案,看过上千份运营方案,我总结出了一份优质运营方案所必须具备的五个要素,并且提供了一套模板,帮助大家更快地写出运营方案。

A.背景和目标

运营方案的开头,要阐述清楚运营方案的背景,即遇到了什么问题、看到了什么样的商业机会、用户的需求变化等内容,可以加入一两个数据表来辅助证明该项目的重要性和必要性。

接着,制订1～3个目标,并且分出每个目标的优先级或重要性。目标可以是一种结果,比如,××功能上线、完成×××个内容上线;也可以是一套可量化的数据指标,比如,用户数增长多少,成交额达到多少。

然后,将目标分解。结果型目标可以分解成若干个阶段目标,不同阶段陆续达成,最终的结果就会达成。比如,完成××条内容上线,就可以分解为第一周上线多少，第二周上线多少，以此类推，直到运营期结束总共会完成多少；数据型指标可以倒推成一个计算公式，公式中的变量即是运营方案接下来重点阐述的，比如，以成交额为目标，就可以把其分解为成交额 = 流量 × 转化率 × 客单价，接下来的方案就重点阐述流量、转化率和客单价三个子指标的提升。三个子指标都完成了，成交额自然就完成了。还有一些指标是无法拆解为公式的，比如，新增用户数，是一个绝对的数值，但可以拆分它的来源，诸如付费来源和免费来源，再进一步拆解为免费线下地推来源、付费出厂预装 App 来源和免费的社交裂变来源等。

目标拆解完成，接下来就是针对子目标的相关因素分析。

B. 运营关键点

每个子目标的达成都是有路径的。每个路径对应一系列的运营关键点。比如，目标是成交额，子目标之一是流量，那获取流量的关键点有哪些，就可以逐一列出。比如，流量渠道可以列出有 A 平台、B 平台和 C 平台，其中，这些平台的免费流量有哪些（搜索流量、频道页或相关活动），付费的流量有哪些（信息流广告位、佣金结算推广位），再加上其他免费的流量来源，如自身产品的老用户口碑传播、自营社群和自营微博等渠道。接着，将这些来源渠道的流量占比和优先级划分出来，重点看占比较高的来源，然后寻找影响这些来源的关键点和运营方法，围绕总目标做一套解决方案。比如，在 A 平台的搜索流量占新增用户的来源比较大，那就围绕 A 平台的搜索优化进行关键点分析，可能是标题质量、所含关键词数量和评论量等，再将这些逐一列出。同时，找到各渠道的共性关键点，在后续分工的时候可以进行统一调配。

C. 运营策略

运营策略通常来自两个方面，一方面是对标，即观察研究竞争对手是如何做的，我们根据自身情况制定相关策略，比如竞争对手每日更新两次内容，我们就要做到两次以上；另一方面是加强已有策略，比如目前利用营销活动获取用户的数量占比偏低，那就加强营销活动，从频次、优惠力度和推广力度等方面加强。

大部分"对标"和"加强"的运营策略，能保证不会"犯错"，大家都这样做，再这样做不会有大问题，但是，要想有较大的突破，还必须有第三种运营策略输出——创新。

一个好的运营方案的核心，就是能针对目前的运营问题有深刻的洞察，除了完成常规的运营，还需要有突破式的创新。

创新不必是那种翻天覆地改变整个行业的创新，只需要在一些关键的用户体验、用户成本和运营效率上有显著提升即可。

D. 执行节奏与资源需求

执行节奏通常是一根时间线，上面列明每个运营策略需要落地后达到的目标和时间点。方案中需要简明扼要地把优先级高的项目重点列出。方案确定后，根据这个大的时间计划，做成数据看板，张贴到公共区域，以便大家实时跟进。

资源需求分为三个方面，人、钱和合作资源。人的需求通常是根据未来计划的工作量而确定，实习生是很好的人力资源补充，在人力预算比较紧张的公司，可以将实习生的预算适当做多；钱的需求主要根据推广中所需的现金多少而定，现金资源往往在做红包类活动中吸引新增用户数时使用；合作资源指的是一些媒体资源、跨行业资源，主要是人脉关系上的资源。

三个方面的需求都能理得特别清楚，将会对执行层面有巨大的帮助。

E. 落地执行的人事匹配

运营策略、执行节奏和资源需求都梳理完成后，基本就是一套完整的运营方案了。最后一步是责任到人。绝大部分方案都会忽略这个细节。把所有运营策略与执行事项列出后，最终非常明确地匹配责任团队、责任人，并约定完成时间。

方案层面尽可能地详尽、完善。在管理层面，需要明确团队所要承担的责任和所能获得的收益。比如，达到了哪些目标，就有多少奖励，如果没有完成，则会有怎样的调整和后备方案。

总结一下，运营方案从结构上看，逻辑顺序为：总—分—总—时间—进度—资源—人。

以上就是运营方案的撰写逻辑和技巧，可以帮助大家快速、准确做出优质的运营方案。

4.2.5 终态构造法

序号	方法名称	方法分类	针对问题	影响指标	应用场景	方法图标
39	终态构造法	综合运营能力与管理能力	运营打法不明确、产品的价值待验证、冷启动困难	用户数、用户满意度、产品商业价值（估值）	满足用户所有需求的终极形态畅想、产品运营打法与价值提升规划	

终态构造法是对运营最终的结果和产品最终的形态进行想象，想象一个"完美"满足用户"所有需求"，"完美"解决用户"所有痛点"的产品或内容。这样的想象是一种重要的运营能力，需要建立在对用户需求深刻挖掘的基础之上，同时必须具备一定行业经验和一定的一线工作经历，对业务有着极强的敏感性，适合中高层决策者来使用。

终态构造法有两个构造方向，一个是整个产品基于竞争环境的终态构造，另一个是基于用户需求的运营内容的终态构造。这两个方向相辅相成，缺一不可。只有产品层面的终态，新用户无法增长并且回流；只有运营层面的构造，产品是一个空壳，是无法让用户留存的。

在进行产品终态构造之前，必须理解互联网的根本价值，否则永远找不到产品最终的那个形态和运营最终的那个结果。

互联网的根本价值在于对信息的革命性改造，包括信息传播成本的改造、信息流向的改造和信息边界的改造。

首先，互联网极大降低了信息的传播成本。过去可能需要骑马飞奔一个月才能送达一封书信；后来有了无线电，可以实时快速远距离地传送语音信息；而现代互联网能轻易做到让图、文、视频等多媒体信息瞬间传输到任何有网络的物理空间。用户获取信息的时间成本极大降低。同时，信息获取的金钱成本更是降低到极致，相比于传统的纸质媒介、无线电，互联网获取同样信息所花费的成本几乎为零。

其次，互联网把信息的流向由单向改造为双向。得益于互联网对信息传播速度的极大提升，用户和信息的发布者可以很快地建立互动，将单向信息流向变为实时可反馈、可互动的双向信息流向，使人人都可以成为信息的发布者，也使人人都可以成为信息的接收者。信息发布源不再为中心化的少数人把控，这一点在移动互联网时代尤为突出。

最后，互联网拓展了信息传播的边界。传统信息传播的方式多数都是在极小范围内的，原因要么是成本过高，要么是传统方法传播速度太慢，要么是其他范围的用户根本无法获取。而有了互联网，打破了很多信息传播的边界。基于速度和成本的降低，信息传播的边界几乎消失。

用互联网的三个根本价值去衡量一个产品的终极形态构造得是否成功，是一把非常好用的标尺。如果一个产品可以在对用户需求最大化满足的情况下，还能降低用户成本、使价值流由单向变为双向、拓展使用边界，那么这个产品的终态构造大概率就会是成功的且有商业价值的。

举个例子，比如淘宝平台（互联网产品），能满足用户购物的需求。首先，淘宝用户可以快速、低成本地进行商品信息的寻找，可以轻松地对同类商品进行对比，更重要的是还可以参考网络上其他人的评论等信息作为购买依据，相比于出门花费交通成本和时间去购物中心获取商品信息的成本，可以说是非常低廉了。再者，淘宝对商品信息的流向改造也是由单向转变为双向，用户可以实时找到客服人员在线了解商品情况，还能通过提问功能询问其他购买过该商品的用户了解商品的真实情况。传统的商店在顾客较多时，往往只能用户自己去观察商品来获取信息。最后，淘宝对商品信息传播的边界突破，可以说是最大限度的，在全球任何地方都可以查询各种商品信息，而在传统的线下商店的覆盖范围是极其有限的，甚至有的小店只能覆盖方圆3公里的范围。

再举个例子，比如滴滴打车这款产品，能满足用户出行的需求。传统的打车方式是用户有了需求，站在街边等车出现（即将发布信息），然后向过往司机招手（发布打车需求信息），在视野范围内（通常为200米）的车辆收到信息后停下来接上乘客。而通过互联网产品滴滴打车，用户事先选好目的地，然后一瞬间将打车信息发布到可能接单的任何区域，周边司机可以迅速接单，极大地降低了用户等待的时间成本。由于能提供给司机较多精准的乘客，司机不需要开着空车巡航找客，所以车费比传统打车方式更低。再者，打车时的信息沟通也从单向变为双向。以往用户是上车后再告知司机目的地，这样在很多特殊地点（如机场、火车站）和特殊时间（如即将交班），司机不愿意接到距离较近或离交班地点相反方向的乘客，而滴滴打车提前将乘客目的地信息发布给司机，司机根据情况接单，有特殊原因还可以与用户随时沟通（双向信息传递）。送达后乘客还可以对司机进行点评，为其他乘客提供乘车参考，也能保证司机服务质量（再次双向传递信息）。最后，从信息拓展的边界来看，滴滴打车对于打车需求信息的发布范围远远超出了传统打车依靠视野的200米范围。通常滴滴打车会将需求信息发布到乘客周边方圆1~2公里的范围，如果周边空车较少，还能拓展至3~5公里的范围，遇到特殊情况，还可以加价进行远程调度，这样打车范围几乎可以做到10公里以上。

综上所述，对互联网的根本价值的理解，是运用终态构造法的前提。

接下来，将分产品终态构造和运营终态构造详解具体的使用方法。

A. 产品终态构造

产品终态构造是基于整体的互联网竞争环境做出的。你的产品与其他同类产品到底有什么差别，竞争优势在哪里，劣势在哪里，覆盖范围（目标人群总数）大概是多大，这些都要有非常清晰的理解。

然后，将自己的产品放入用户对互联网使用的诉求当中去做分类分析，并且通过诉求本身的"最终形态"去构造属于符合自己产品目标人群的"终态",这样构造出来的结构,往往是比较成功的。

用户对互联网使用的四大诉求分别是:资讯娱乐、社交游戏、商务获利和工具替代。

资讯娱乐类产品的终态目标,是尽可能提供足够的多样化、碎片化内容。资讯类产品尽可能以搭配图文和小视频的形式展现精简短小的内容,毕竟用户的耐心越来越少;娱乐类产品尽可能是视频形式,以综艺、娱乐、影视为主要产品内容。然后,需要不断改进内容的推荐算法,以符合不同用户的不同兴趣点。一个用户的兴趣点通常比较稳定,虽然偶尔会有变化,但在一段时间内,用户的兴趣是可保持的。比如一个用户对科技类和财经类的信息感兴趣,那么在一段时间内,持续推荐这两类信息会使用户黏性更强,但是,随着时间的推移,用户可能会对养生类内容或育儿类内容产生兴趣,那就要及时判断兴趣变化,及时调整推荐内容。另外,这类产品的用户习惯在于随时打开随时看并且随时关闭,阅读时间非常碎片化。如果有这样一款资讯娱乐类内容产品——当用户每次打开时,前三屏展现的内容可以100%被点击(说明推荐算法精准),关闭再打开时停留在原文的原位置(符合用户习惯),那这个最终形态就是一个完美的形态,我们需要向这样的方向去构建此类产品。

社交游戏类产品的终态目标,是以极强的互动性体验,实时反馈,实时奖励,实时愉悦,来增加用户的停留时长。互动性的极致完善是此类产品终态构造的精髓。以社交类产品为例,目前市面上所有的产品都支持发送文字内容、图片或视频等常规交流方式,但为何在移动互联网时代只有腾讯的微信一家独大?原因是用户规模特别大。每个人都希望快速找到自己需要联系的人,而微信就能做到这点,利用微信就能随时与想互动的人产生联系。再以游戏类产品为例,什么样的终态是成功的,给用户及时的互动反馈(获得积分、获得装备或者可以跟其他人一起互动、一起玩),使用户持续保持愉悦,很多游戏类产品的构造理念即是如此。同时,此类产品的用户习惯是可以拿出较为整块的时间进行互动，比如社交类产品，用户和朋友就某个话题聊天，可能在一段时间内都会持续互相发送信息；比如在玩一个网络游戏时，用户需要单独拿出一段时间进行，而不会随时打开、随时关闭，一旦开始了很难随时停下来。所以，这样一款社交游戏类产品的终态应该是，用户可以拿出一段时间与上面的其他人（朋友、陌生人或机器）互动，且这类互动始终有一个主题或目标作为引导，完成后双方都可以获得愉悦的心情。构建完成这样的产品终态，产品的运营大概率会成功。至于用户量达到一定规模，产品中再加入一些诸如支付、购物、便民服务等功能，是锦上添花的辅助。

商务获利类产品的终态目标是，提供符合目标人群需求的商品，具有合理的浏览路径，提供购买前充分信息的参考，具备顺畅安全的支付流程保障，更可以节省买方资金或让卖方持续获取资金。这类产品的构建是互联网产品中最为复杂的一类，不仅要考虑单纯互联网产品给用户的体验，更需要对零售中信息流、现金流、物流、用户流和店铺（商品）流进行互联网化构建，其中，物流和商品流是成本风险较高的点。而此类产品的用户习惯也比较特殊，从访问动机及消费动机的角度来看，可将用户行为分为"寻找"动机和"发现"动机。"寻找"动机意味着用户有明确的商品购买的需求，这需要在构建产品时充分考虑商品丰富度；"发现"动机意味着用户自身也不知道要买什么商品，来逛逛看有哪些好玩的东西，这需要在构建产品时充分考虑商品的个性化与趣味性。至于这两种动机哪一种为主导，则需要运营人员对市场竞争情况进行判断，充分给出一个最终的产品构建方向。

特别是，商务获利类产品的另一大难点在于供需双方的共同满足。对于买家来说，购物需求是短时瞬间易转化的，即买家在购物过程中，如果有任何节点卡住，就很可能放弃购买，而且在完成一类商品的购买后，需求马上转化甚至消失。比如，一个用户准备买一双运动鞋，如果让他在某个环节等待10分钟，很可能就对眼前的商品失去了兴趣，就会产生较多弃单的情况；接着，购买完成运动鞋后，用户需求马上转化甚至消失，短期内不会重复购买运动鞋，需求可能会转化为购买运动袜或者裤子等可做搭配的服饰。而对于卖家（供应方）来说，这个商务类产品是否可以简单快速地发布商品信息并且将精准的用户分发到商品上，是值得关注的价值点，也是构建商务类产品对于后端供应方的需求所要充分考虑的。所以，如果有这样一款产品——可以提供用户想购买的商品和发现新奇好玩的商品，并且能合理高效地将其匹配对应的卖家，双方交易流程顺畅，逆向服务（退换货）流程透明、权责清晰，大概率是可以成功的。

工具替代类产品的终态目标，是准确和易用。这类产品最为简单，只需要将传统工具充分地线上化自动化即可，而且在运营中，推广的成本相对较低。只要此工具产品易用，自然而然就会获得用户。此类产品的用户习惯在于特定场景的固定用途，用完即结束。比如地图工具，从纸质的地图产品到互联网的地图产品，只要能准确地导航，让用户以最省钱、省时间的方式到达目的地即可。再比如测量工具，只要能准确地标识出各种长度单位即可。如果有这样一款产品——交互界面简单直观，对传统工具电子化、智能化充分，使用户更省力地获得一个结果，大概率是可以成功的。

需要特别注意的是，产品的终态构造会随着技术的进步时代的发展而发生很大变化，不可做一次终态构造用三年以上，需要不停地回顾、总结，进行实时调整。

B. 运营终态构造

运营的终态构造非常考验运营人员的能力，只有具备丰富的行业经验、对用户需求的深度理解和超凡的革新精神与勇气，才能构造出合理的运营终态。同样的一个产品终态，在不同的运营战略下，产出的结果可能是大相径庭的，很多时候可以直接决定产品甚至公司的生死。运营终态的构造其实是对未来的一种预判，由于市场环境不断变化，运营也需要随着市场的变化而对终态的构造进行变化。

举个较为经典的例子——团购类产品的运营终态构造。

团购网站（产品）起源于美国，做得最好的是高朋网（Groupon），成立于2008年11月。2010年1月，国内第一家团购类产品满座网上线，开创了国内团购类产品之先河。随后,团购类产品在资本的挟持下,疯狂发展。仅1年后的2011年8月,全国团购网站共有5058家,从业者超过10万人,彼时竞争之激烈难以想象,被称为"千团大战"。然而,在5年后的2016年,团购网站的存活率仅为3.5%。其中美团、大众点评、百度糯米占据了84%以上的市场份额。如今,美团与大众点评合并,百度糯米已无人问津。在这短短的几年时间里,美团对团购类产品运营的终态构造,成为最终胜出的决定性因素。

创始人王兴对团购类产品运营到最后的终态是这样判断的:团购是一件长期追求低成本又高效的事;美团最终是一个"本地生活"的服务商,不做实物商品的团购。反观竞争对手,当时量级最大的团购类产品拉手网三轮融资共1.6亿美元,大众点评1亿美元。相比于美团的1200万美元融资,真的是差距太大了。但是,其他团购类产品的运营策略是"唯快不破",大面积烧钱打广告来快速占领一线城市,通过补贴现金红包的方式快速获取用户。所以,在当时北京、上海的各大写字楼、地铁站处处可以看到拉手网的广告。而美团在"团购是一件长期追求低成本又高效的事"的指导下,充分挖掘国内其他城市,避开上千家团购网站争夺的一线城市的市场,将有限的资金运用到获客成本更低的地区。所有互联网产品的商业价值,最后拼的都是总用户数,不是个别区域的用户数。在经营的品类上,美团以餐饮团购和电影票团购为主入口,到逐步拓展到所有的本地生活服务场景,而其他团购网站要么沿着高鹏网的路线做"每日一单"极低价商品团购,要么局限在餐饮团购的单一消费场景中,要么是为了获取用户疯狂地铺广告和补贴现金。事实证明,美团笑到了最后。

这一切都离不开高层对产品运营终态的构造,然后一步一步走向终局。

再举一个面向商家(B端)的产品运营终态构造的例子。这个运营终态的构造,与团购类产品面向个人用户(C端)完全不一样。

做一个大型电商平台的商家后台运营,终态是什么?是没有运营。这类产品的最终形态就是让商家不需要再去"运营",通过后台的一个页面展示所有店铺好的情况与坏的情况，若要改进坏的情况，只需一次点击，就可以自动完成最合理的运营操作。让商家有大量的时间可以好好研究自己的商品，提升对用户的服务，而不是通过运营技巧获取平台的流量。

咨询娱乐类产品的运营终态构造也比较明确，就是提供优质的视频内容。这类产品的内容呈现最早只能是文字；后来可以加入图片，选择好看有趣的图片就能获取用户；再后来升级为会动的图片（GIF格式）；随后发展为短视频。运营方式持续向满足用户听觉、视觉双重感官的方向发展。短视频，是目前的最终形态。只要端（移动设备或PC上网设备）不升级，这类产品的运营就只能通过视觉和听觉来满足用户，即短视频的形式。因此，我们也看到现在的内容型产品，都在"短视频化"。

终态构造法是一种"战略眼光"的表达。运营人员做任何产品时都要去思考产品或业务的最终形态是什么，以便不断修正眼前执行的运营动作，始终保持在正确的方向上。

以上就是终态构造法，用于明确最终要做出怎样的"完美"产品，用于对同类产品在不同运营战略情况下最终走向的判断，还可以用于评估产品持续运营下去是否具有真正的商业价值。

4.2.6 结果倒推分方法

序号	方法名称	方法分类	针对问题	影响指标	应用场景	方法图标
40	结果倒推分方法	综合运营能力与管理能力	运营/产品项目优先级难分、各员工工作的价值评估与意义	项目完成度、及时率、上线率	分工、岗位协作、产品提升评估、重要性分级	

结果倒推分方法是指将解决未来远期问题的大项目分解为多个子项目，将每个子项目匹配对应的人力和资源逐步落地。任何运营目标和产品规划都需要落地执行，但是，所有重大的运营效果及产品形态不可能一蹴而就地瞬间完成，一定是分步骤、分阶段地逐一落实的。

在战略级的运营计划分解上，其实就是将上文提到的"终态"进行倒推，逐步分解成多个最小可用版本，然后逐步执行。而在日常运营中，也可以进行阶段性项目的再倒推分解。一般而言，项目周期在 3 个月以上的适合使用此法，因为完成周期特别短的运营项目，没有太大的必要进行倒推分解。

倒推分解后的子项目运营具体该从哪里开始、需要多少资源、多项工作应该先做哪一项等问题都是经常碰到的，通过以下五个使用技巧，可以顺利地解决这些问题。

A. 阶段性产出目标的确立

从最终的目标每倒推至一个阶段性节点，都需要确立具体的产出目标或产出结果，并对其具体描述。目标分两种，一种是可以量化的数字指标，比如，"产生 100 条内容""上架 1000 个商品"；另外一种目标是某项具体功能的"上线"、子项目的"完成"等。其中，设立一个可量化的数字指标为必须项，可以不作为对本项目的"考核指标"。

切忌阶段性产出目标是一种模糊的描述，比如使用户体验更好，或者是没有一个大众认可的标准衡量，比如使交互页面更加"好看"。这里的"好看"，就没有统一标准，每个人的审美标准是不同的，一个人觉得好看，另外一个人可能觉得就不好看。所以，最终确定下来的阶段性产出目标如果没有一个统一的标准评估，实际上就不会真正地完成运营目标。

B. 围绕主线识别优先级

一次目标的分解，会拆出来特别多的子项目需要运营，受制于人力、资源的限制，往往只能优先部分项目开始。所以，这个时候正确评估优先级就特别重要。

较为通用型的评估原则为：

- 区分与主线目标直接相关和间接相关的事，先做直接相关的事；
- 区分串行运营项目和并行运营项目（串行运营项目指一个运营动作未完成，后续工作无法开展的项目；并行项目指可多人同时开展的项目）。串行运营项目可优先完成前续节点，并行运营项目可稍后集中时间一起完成；

- 需要花钱解决的问题优先安排，并且越早完成越好，否则以后大概率会花更多的钱。

C. 详细罗列相关人员

一个较大的项目不可能只由一个运营团队完成，必须依靠产品、技术、客服、设计等多部门的协同。所以，在目标倒推分解后，就需要非常明确且详细地列出相关人员——任何与此阶段目标相关的人都要一一对应列在子项目下方。这样不仅可以保证子项目完成的进度，还可以做到赏罚分明，增加凝聚力。

D. 识别关键决策者

为了保证拆解出来的子项目按时完成，需要在所有相关人员罗列出来后，指定一个关键决策者。由于跨部门合作经常会出现不同团队对具体运营细节有不同意见，往往会引发很多人的讨论。但是，讨论后又会突然发现对方团队某位领导的一句话就可以全盘否定大家已经达成一致的结论。所以，在子项目对应的相关人员中，识别出最终可以做决定的关键决策者，对项目最后的决策至关重要。

E. 风险预警机制

被拆解出来的每个子项目最终都会影响目标是否可以达成。所以，要针对每个项目设定预警机制。不需要特别复杂的监控措施，只需要设定一个时间点和一个数字目标值。对运营到临近时间点还未完成计划的人，就要对其处罚和预警，同时增加人力、增加工作时长或增加预算来解决；在项目进行的过程中，当衡量其是否达成的关键指标低于某个值时，也要启动预警，解决方式因子项目的情况而定。

举个简单的例子：大项目是内容电商运营，目标是通过内容吸引用户，在6个月内卖出6000双袜子。现在开始倒推：6个月6000双袜子→分解到每个月的销售量→达成月度目标所需要的运营子项目（关键）→子项目的相关人员与关键决策者沟通→资源与预算的匹配分解→监控指标和预警值设定。

下面用表格进行一次具体的倒推演示：

第一步分解：最终目标拆解到每月的阶段目标。

目标拆解往往是按时间进度做的，模板表如表 4-15 所示。

表 4-15　最终目标每月拆解　　　　　　　　　　　　单位：双

总成交量—6000						
月份	1月	2月	3月	4月	5月	6月
销量分解	50	150	500	900	1800	2600

注意，从大的结果指标（6000 双袜子）分解到每个月的时候，一定不会是每个月的销量相同，不能将总目标求平均数式地分解，这在实际运营过程中基本不可能。正确的分解方式都是递增型地分解。

第二步分解：每个月的阶段目标完成所需要运营落地的子项目。

目标匹配运营项目越详细越好，如模板表 4-16 所示。

表 4-16　每月目标匹配运营项目

总成交量—6000 双						
月份	1月	2月	3月	4月	5月	6月
销量分解（双）	50	150	500	900	1800	2600
子项目1-内容产出	生活方式主题2篇 产品功能主题1篇	年货场景营造3篇 产品卖点主题1篇	应季主题4篇 热销从众2篇	活动信息3篇 产品卖点6篇	网红宣传1篇 大牌热点5篇	大促预热4篇 产品热销3篇
子项目2-活动玩法	买3双返3元红包	买5赠1	分享获得2%的返利	3件8折	满99元减10元	"618"狂欢全场5折
子项目3-物流发货	人工发货，运营人员兼职即可	发货区域分析，种子用户分析	加速发货，系统自动填单号	3件为一包，提前排放	临时发货人员招聘、培训	提前打包，分区发货

在子项目分解环节中，所有的运营动作都符合当前子目标的需求。月度整体分解完以后，还可以继续拿出当月的子项目，继续分解为每周的运营动作。

第三步分解：每个子项目对应负责团队，再分解给"关键决策者"负责目标达成，模板表如 4-17 所示。

表 4-17　关键项目责任到人

总成交量—6000 双						
月份	1月	2月	5月	6月	负责团队	关键决策者
销量分解（双）	50	150	1800	2600		
子项目1-内容产出	生活方式主题2篇 产品功能主题1篇	年货场景营造3篇 产品卖点主题1篇	网红宣传1篇 大牌热点5篇	大促预热4篇 产品热销3篇	内容运营组 渠道运营组	王××
子项目2-活动玩法	买3双返3元红包	买5赠1	满99元减10元	"618"狂欢全场5折	活动运营组	李××
子项目3-物流发货	人工发货，运营人员兼职即可	发货区域分析、种子用户分析	临时发货人员招聘、培训	提前打包，分区发货	物流组 客服组	赵××

由于篇幅限制，表 4-17 隐去了 3—4 月的具体内容。在子项目分解到负责团队时，一定要考虑"合作方"的配合情况。比如，在上述分解中，子项目 1—内容产出方面由内容运营组完成，但是有了内容没有用户看是不行的，所以注意要加入渠道运营组的同事。在关键决策者栏里，要把子目标从团队分解到个人。

第四步分解：资源与预算匹配分解。

责任团队与关键决策者明确后，再次匹配"资源"，推广资源和团队资源都需要理出，如模板表 4-18 所示。

表 4-18　关键项目责任到人

总成交量—6000 双						
月份	1月	2月	5月	6月	负责团队	关键决策者
销量分解（双）	50	150	1800	2600		
子项目1-内容产出	生活方式主题2篇 产品功能主题1篇	年货场景营造3篇 产品卖点主题1篇	网红宣传1篇 大牌热点5篇	大促预热4篇 产品热销3篇	内容运营组	王××
子项目2-活动玩法	买3双返3元红包	买5赠1	满99元减10元	"618"狂欢全场5折	活动运营组	李××

（续）

总成交量—6000双						
月份	1月	2月	5月	6月	负责团队	关键决策者
销量分解（双）	50	150	1800	2600		
子项目3-物流发货	人工发货，运营人员兼职即可	发货区域分析，种子用户分析	临时发货人员招聘、培训	提前打包，分区发货	物流组	赵××
预算分解(元)	20000	15000	10000	30000		
总推广预算—100000元						

由于篇幅限制，表4-18略去了3—4月的内容。资源包括人力资源和时间资源，预算指涉及的推广费用。推广费用的分解一般是"两头大，中间小"，就是项目刚开始和即将结束时预算较多，中间过程使用预算稍低。当然，这是一般情况，预算的实际分解分配要根据项目特征进行实时调整。

第五步分解：监控指标和设置预警值。

最后一步是做指标监控和预警，模板表如4-19所示：

表4-19 指标监控和预警

总成交量—6000双						
月份	1月	2月	3月	4月	5月	6月
销量分解(双)	50	150	500	900	1800	2600
完成数（双）	51	119	512	860	1670	2911
完成率	102%	79%	102%	96%	93%	112%
预警值（双）	30	120	450	800	1300	2000
子项目1-内容产出	生活方式主题2篇 产品功能主题1篇	年货场景营造3篇 产品卖点主题1篇	应季主题4篇 热销从众2篇	活动信息3篇 产品卖点6篇	网红宣传1篇 大牌热点5篇	大促预热4篇 产品热销3篇
子项目2-活动玩法	买3双返3元红包	买5赠1	分享获得2%的返利	3件8折	满99元减10元	"618"狂欢全场5折
子项目3-物流发货	人工发货，运营人员兼职即可	发货区域分析，种子用户分析	加速发货，系统自动填单号	3件为一包，提前排放	临时发货人员招聘、培训	提前打包，分区发货
预算分解（元）	20000	15000	10000	15000	10000	30000
总推广预算—100000元						

完成数和完成率的监控必须是再分解到每日的数据，每天都需要更新监控数据。预警值的设置，是完成子目标的底线，一旦低于底线，就需要制订运营改进方案，甚至调用预算进行加强推广。

以上就是结果倒推分方法，用于将大项目、大目标逐步分解成小目标，在小目标中继续分解运营动作，明确当前所需要完成的工作，逐步落实各子项目运营效果，最终保证运营终态得以实现。

4.2.7 视觉交互效率提升——三三法则

序号	方法名称	方法分类	针对问题	影响指标	应用场景	方法图标
41	视觉交互效率提升——三三法则	综合运营能力与管理能力	设计与运营协同效率低下、引流入口图的美观与有效难平衡、活动上线时间过长	准时上线率、活动流量获取、成交额	公司运营效率提升、设计与运营协同方式与权责划分、产品整体体验升级规划	1 2 3

在互联网运营管理中有一个核心效率节点，即视觉交互内容制作并上传的速度。因为几乎所有用户的终端设备都是智能手机、电脑等的"屏幕"，所以，满足用户的方式主要是视觉，然后是听觉。故而，交互内容制作的速度和质量，直接影响所有运营策略的执行。比如，做一场线上活动，在后端的准备流程有方案策划、货品盘点、核心玩法、营销资源组织、推广资源筹备等，但最终呈现到用户眼前的，就是一个线上交互页面，这个页面可以说是卡住了所有前期准备工作，页面上线延迟就是活动延迟。然而，就是这样重要的流程卡点，经常出现效率低下的情况，主要原因是"层层审核导致设计稿的反复修改"。

前端页面从策划到上线的典型流程是，运营人员提出需求→设计师沟通细节并制作初稿后交付→运营人员提出修改建议→设计师修改后交付→运营主管审核并给出修改建议→设计师再次修改后交付→运营主管给到业务经理审核并出具修改建议→设计师修改后交付……如果遇到比较大的活动，甚至需要公司总经理审核。一个活动页面经过层层审核、层层给建议后最终上线可能要耗费非常多的时间,极大地拉低了整体运营效率。审批的层级数越多,效率就越低下。归根结底,是每个审核层级的运营负责人大部分都通过"审美"标准来判断交互页的问题所在,经常会以"不好看""没有质感"为由来提出修改建议。其实,审美是非标准化的,每个人对"好看"的定义并不一样。交互页面实则更加强调"有效",而非"审美"。"有效"是标准化的,可以用点击率、跳失率和转化率等数据指标来衡量。同时,这样的反复修改也会导致比较多的互相推诿责任、互相指责等事情的发生,进一步恶化整体运营效率。

因此,针对如此重要的运营效率卡点,我专门制订了一个三三法则,以提升视觉交互页从提需求到上线的整体效率。

三三法则,即三人负责、三日时效和三次修改,主要是指在设计和上线视觉交互页的流程中需执行的标准。无论电商类运营还是内容类的运营,都可以使用。

三人负责,即规定视觉交互页的主要责任群体,一位是执行运营的人员,一位是直线主管,最后一位是最终业务负责人。注意,这里面没有设计师。如果上线后的数据效果不达预期,主要责任就由需求发起方承担,或者由最终业务负责人承担,其他运营伙伴最多有连带责任,设计师只是帮助运营人员实现最终视觉效果的,并不清楚用户的核心利益点、决策点和本页面的营销方向。三人负责制明确地将权责划分开,责任归属为执行运营的人员,这样在协作层面能最大限度地避免运营人员与设计师的互相推诿,互相指责。

三日时效,是指从初版提交到最终确认的时间,最多3天。很多重要的视觉交互页经常出现即将上线时还要做一些微调的情况,这类既临时又紧急的需求更容易导致出错。另外,每一层审核页面的领导者的反馈速度也不同,经常是交互稿完成后等待一次审批就要1～2天,极大地拖慢了整体进度。因此,约束大家都要在一个确定的时间内审批非常重要,如果超过时效,追责至"三人负责"的最高层即可。

三次修改,是指设计师交完第一次初稿后,最多再修改三次,然后必须上线测试。这个是三三法则里提升效率最关键的一个法则。通过长期的观察发现，初稿交付后一般不会有太大的改动，反复的修改主要集中在一些元素和细节上，即使修改十几次甚至几十次，最终上线的版本和前两三次上线后所带来的数据结果，并不会有太大的差别。两三次修改后的主要"优化"点，都集中在某些字要大一些、某些字要小一些、某个元素（如品牌标识）要突出一点上，这些小细节更多的是出于个人"审美"，不太会影响整个页面的效果。

注意，三次修改的原则还有一个重要的前提，就是每一次修改建议的提出，都必须要求"三人负责"中的每一个责任人都到场，共同提出修改建议。务必要避免一线运营人员提了很多建议，到了上面运营主管再审核的时候改回去。

以上就是视觉交互页面提升上线效率的三三法则，帮助大家从运营策略的制订到执行到呈现在用户眼前，能速度更快、质量更好，并且数据表现更佳。

4.2.8 运营节点流面试法

序号	方法名称	方法分类	针对问题	影响指标	应用场景	方法图标
42	运营节点流面试法	综合运营能力与管理能力	无法选拔出真正的人才、不能提出关键且正确的问题、难以甄别高水平运营人员	所有指标	面试招聘、运营交流、述职晋升	

运营节点流面试法是一种挑选真材实料运营人才的有效方法。将应聘者讲述的工作经历（或项目案例），分步骤地拆分成若干关键节点，对每个节点进行一次深挖，并且形成多个节点的互相验证，最终把起因背景、执行细节和取得结果的所有节点形成信息流串联起来，就像看一条短视频一样高效、简洁、有重点，所以称为运营节点流面试法。

在互联网这个相对浮躁的行业中，履历作假屡见不鲜，招聘者找到真正高水平的运营人员难度很大。所以，需要有一套完整而系统的方法去识别真正的人才，运营节点流面试法就是经过不同类型的运营业务，面试过上百人后总结而出的。

运营节点流面试法总共分为七步，每一步设置一个关键节点，层层递进，最后形成一个完整的、可验证的、事实充分的信息流，落到书面上，就是一份客观翔实的面试报告。七步如图4-16所示。

图4-16 运营节点流面试法七步

第一步，自我介绍。这一步无须赘述，就是面试开始请应聘者做自我介绍，这几乎是所有面试的第一步。在自我介绍的几分钟里，迅速查看对方的简历，建议选取中间一份工作经历（既不是最近一份工作经历，因为比较近容易编造，也不是第一份工作，因为时间比较久远容易忘）。如果对方只有2份甚至更少的工作经历，则选择跟目前应聘岗位工作内容更加接近的一份。接着从选定的工作经历中找到第一个"节点"——关键案例点。这个关键案例点是跟目前招聘岗位相关的，或者团队需要互补的能力点，以此切入，准备第二步。

第二步，案例输出。围绕这份工作经历，询问对方最成功（业绩达成、最有亮点、最有心得、拿到结果并晋升）的项目是哪一个，请以此作为案例，详细介绍项目的"背景"。应聘者当时遇到了什么问题或发现了什么样的用户痛点？应聘者是如何发现这些问题及痛点的？这里经常会遇到的回答是通过"数据分析"。随后一定要追问分析了哪些数据。如果遇到的回答是通过"用户调研"，则追问调研了多少用户、具体方式等。接着，将案例的关键部分简单记录下来，聊到最后再重复询问那几个关键部分，这是很好的检验信息真实性的方法。如果某些关键部分应聘者回答记不清了，可能有两种情况，要么案例是别人做的，要么就是应聘者是单纯做执行工作的，并没有策略制订或有所思考。在应聘者讲述关键案例时，需时刻准备关键数据点的挖掘。

第三步，数据追问。只要是互联网项目，肯定会涉及（围绕）某些数据，最常见到的有新增用户数、每日活跃用户数（DAU）、总用户数、转化率、活跃数、停留时长等。在应聘者讲述关键案例的时候，那些目标运营数据的变化是什么样的要一一挖掘出来。除了指标的绝对值，还要多问增长率。从结果数据向下挖掘过程数据，并且关注运营策略与实际执行过程中出现的偏差，以及偏差产生的原因。如果运营过程数据并不理想，要问当时是如何做应急方案补救的。也就是说，从关键数据点出发，反推"策略"与"效果"的关联关系，逐步考察应聘者的业务成熟度。此外，围绕一个数据指标，开始"发散"，这时要跳出目前所谈论的案例，针对这个数据指标，询问对方在最近一份工作中是否有所涉及。如果涉及，谈谈目前工作是如何完成或改进此项指标的。如果未涉及，那跟这个指标相关或类似的有哪些，并且是如何完成的。充分的以数据运营为导向，从一个关键数据点串联出对方所有的运营知识结构。

不可避免的，询问过于详细的数据大部分人可能并不会清楚地记得，所以，当应聘者要求"查看邮件"或稍后回复时，就可以给他查看的时间，如果回复说并不记得，也没有关系。

第四步，项目关键。通过若干运营数据指标的追问，应聘者对运营项目的贡献程度、执行深度均会显露出来。接下来就是考验应聘者对事物本质的洞察能力。应聘者所述项目的数据指标完成得通常都会比较好，也能说出完成过程和制订的运营策略。接下来，就要询问对方，是否可以总结出完成类似项目的数据指标的关键点有哪些。当对方说出 1～2 个时，就需要不断追问是否还有更多，直至问出 5 个左右的关键点。

如果应聘者只能说出 1～2 个，说明对于运营项目洞察其中本质的能力不足，可能只会照着上层管理者制订的策略执行，进而才拿到不错的结果；如果能总结出 3～5 个运营的关键点，则说明应聘者除了执行能力强，还善于总结，善于举一反三。考验还没有结束，紧接着，再要求应聘者对 3～5

个项目关键点进行"优先级排序"。优先级排序有两个目的，一个是考察对方是否能分清楚项目的主次优先，一个大项目纷繁复杂，能总结出关键点并且分清楚优先级的运营人员才是真正具备高水平的运营人员；另一个目的是再次验证应聘者是否真的有所总结和归纳，如果是临时编撰的，很少能再完整地复述出来多个关键点。

第五步，核心难题。对方将项目关键点的优先级排序完成后，挑出前两个最关键的点，继续深挖。考察对方关键点中最难完成的部分是哪些，以及为什么难，这个难点是如何造成的。是行业特征，是平台资源，是人员结构，抑或是本身业务欠缺有力的抓手造成的，一步一步，层层深挖。也许这个难点在其他项目中就不是一个问题，也许这个难点在当时很难，但是到了现在并不难。在这个环节中，努力引导甚至鼓励对方去抱怨之前项目遇到的难处。此时已经不是在考察对方的业务能力，而是在考察其心理状态以及面对问题时的态度。能激发出对方在之前项目中遇到难题后的不满情绪则更好。只有遇到过难题还能保持乐观积极的态度的运营人员，只有解决过关键节点中那些难度最大的问题的运营人员，才具备真正的高水平素质。

第六步，解决策略。项目关键点的难题都挖掘出来了，接下来顺水推舟地问对方是通过什么样的策略主动解决这个难点的，并且背后的思考是什么。

这一步往往可以揭穿造假者或者夸大履历者。如果说前面的数据、项目关键点和问题难点，都是应聘者可以在简单参与项目或看总结报告时"背下来"的，那解决策略的讲述，几乎是无法当场完整地复述出来的，并且还要把当中的"思考过程"解释清楚。

我曾经在这个环节遇到过各式各样的应聘者，有的开始现场编撰解决方案，有的开始努力解释前面夸大自己负责的部分，还有的人会转移话题聊其他方面，甚至还有的人直接说问题没有解决就离职了。只有那些真正经历并解决了各种难题的人，才能娓娓道来。

第七步，如何复用。到了这一步，应聘者的过往工作经验、真实能力和个人素质几乎都完整地展现出来了,现在只需再推一把,考察复用能力。究竟该应聘者是经验主义者,还是真正的有运营能力,最后一步考察复用能力就能将其验证。

随着技术的进步和时代的发展,市场环境在变化、用户的行为习惯在变化,行业的竞争格局也在变化,都会造成过往的经验无法适应新的工作岗位。所以,任何人的过往成功经验都不会100%地复用到下一份工作中。最后这一步,就是快速识别对方能否胜任目前的工作、是否具备跨界思维。在之前工作中积累的经验,看到的关键点,遇到的问题,以及最后解决问题的方式,能通过微调而复用到现有的岗位中,才是其最大的能力体现。

因此,这一步需要直接给应聘者出题。可以把目前运营项目的背景介绍一遍,然后把所需要完成的目标、资源情况和竞争对手的分析都总结成几个要点也同步给对方,接着就是直接给对方一个假设——如果他是项目负责人,该如何去完成目标。此时就让对方自由发挥,考察其经验的复用能力。

以上就是运营节点流面试法的使用,帮助运营管理者选择合适的人才,也帮助运营人员自己梳理业务时,有一个明确的方向性的参考。

4.2.9 运营提效管理——运营人员成长的三维评估

序号	方法名称	方法分类	针对问题	影响指标	应用场景	方法图标
43	运营提效管理——运营人员成长的三维评估	综合运营能力与管理能力	运营人员的成长与职级评估无依据、奖惩制度不明确、运营职级设置不合理	稳定性、离职率、人才梯队合格率	人才梯队建设、自身运营能力评估、运营团队管理思路	责任心/业务能力/工作态度

运营人员成长的三维评估,是指通过业务能力、责任心和工作态度三个方面对运营人员的水平进行的评价。

好的互联网公司通常更加关注运营人员的成长。运营人员的成长评价是比较复杂的工作。以运营从业者的年龄划分来看,30岁以前努力修炼运营能力,完善知识结构,锻炼思维,最后形成自己的核心竞争力;30岁以后,无论在哪个公司,做到什么程度,即使还是一线运营人员,也要学会"带人"。所以,评估一个运营人员是否在持续成长,就非常重要。实践证明,通过责任心、工作态度和业务能力三个方面的评估,赋予每个维度相对应的分数,即可将运营人员的整体能力量化出来,以用于对运营人员的全面考评、晋升评估和汰换,如图4-17所示。

A. 业务能力

能力是比较抽象的概念,但依然可以用三个方面进行描述:知识结构、经验和执行力。

图 4-17 运营人员成长的三维评估

知识结构是指该运营人员是否对所负责的相关业务有充分的知识储备,若是对这类业务总结出了自己独到的方法则更佳。知识储备的评估可以通过小型笔试,也可以通过行业内较为热门营销事件的优缺点分析、大平台的新战略解读来对运营人员进行提问。运营类的完整知识结构已在开篇列出(见本书第4页图1-2)完成,只要对照当中的每一个知识点进行自查即可。

经验区别于"经历",经验是从过往工作中总结出的有效方法论。作为一个项目的"策略制订"者,哪怕最后负责的项目并没有成功,依然可以有所总结,有自己的认知;而"经历"则只是"参与"过一些项目,所负责的内容更多的是沟通、执行基础任务。所以,判断运营人员是否具备"经验",主要看其是否真正发起过某些项目,制订过某些运营策略,并且能详细地解释策略背后的思考、背景和想要达到的目的。

运营人员执行力的体现也很简单,一方面是能做到"随叫随到",在任何紧急需要的时候都可以电话联系到本人;另一方面是在规定的时间完成指定的运营工作。执行力强的人往往可以带动身边的人一起前进。不过,执行力强并不代表一定可以拿到好的结果,有的时候运营策略是错误的,执行力越强结果越糟糕。因此,要辩证地看执行力,即使没能取得预期的结果,也并不一定影响对运营执行力的评估。

B. 责任心

责任心是一种主人翁精神，自己职责范围内的事要跟进到底，自己责任范围外的但跟公司利益相关的事也会辅助推进；用户有需求时，如果不是自己负责的事，也会帮忙找到负责的同事，也是具备强烈责任心的体现。

另外，责任心还体现在犯错误的频率与错误的程度。任何人在工作中都会不可避免地犯错，但是，责任心强的人往往犯错的频率较低，且犯的错误也不会造成特别大的损失。在适当的时候，甚至需要鼓励犯错（试错），对错误的宽容，就是对突破留有窗口。在犯错频率比较低的情况下，还要再关注错误的程度，轻错误和重错误。轻错误，比如，发邮件广告时写错词、放错链接等这类低级的事，可以容忍，但不能发生的频率过高；重错误，比如，价格设置错误导致无法挽回的用户体验方面的投诉和损失，约重要客户会面却迟到很久。

最后，无论犯错频率是高还是低，轻还是重，都要杜绝同样的错误反复发生，否则，就是极度没有责任心的体现。总之，运营人员可以犯错，但不能反复犯同样的错误。

C. 工作态度

工作态度，也可以理解为一种敬业精神，包含两个方面，一方面是积极主动地去想、去思考怎样做可以给公司带来更大的收益或解决哪些关键问题，并且努力带动他人去完成；另一方面是对组织分配的工作不挑肥拣瘦，再小的事也肯干，并且给出超出期望的结果。能做到这两方面，就具备优秀的敬业精神，也就具备良好的工作态度。

工作态度这件事，对初入职场的新人非常重要。因为新人没有工作经验，整体业务能力较弱，责任心短期内表现不出来，只有工作态度是可以快速赢得大家认可并且赢取上级信任的，从而获得更多机会学习提升，获得更多机会展现自己的责任心。

综上，业务能力、责任心和工作态度分别构成了对运营人员评判的三大维度。如果对这三个维度分别赋予 3 分，就可以将目前团队内各个运营人员的成长水平予以数据量化，再加上评分标准，即得出评估表 4-20。

表 4-20 运营人员的成长评估表

姓名	业务能力	责任心	工作态度	总分
张某某	3	1	2	6

评分标准（参考）
0 分：完全没有做到或不具备任何一个特质。
1 分：日常工作中仅有少部分能体现或偶尔表现出来。
2 分：经常有所体现，并且与过去一个季度、一年有较大的进步。
3 分：不仅自己经常可以做到，并且能带动身边其他人一起完成。

每一项的评估建议由 3～5 名同事共同打分，包括直属上级、同组同事和跨部门同事，多人打分去掉极高和极低值后取平均分。

得分 7～9 分，建议提拔重用；得分 5～6 分，建议培养待用；得分 3～4 分，观察、提点、适当给予机会；得分 2 分或以下，建议适当淘汰。

以上是运营人员成长的三维评估方法，无论是带团队的运营人员还是一线执行的运营人员，建议先自我评估，然后找到努力的方向。

4.2.10 运营职级制度与运营能力特征模型

序号	方法名称	方法分类	针对问题	影响指标	应用场景	方法图标
44	运营职级制度与运营能力特征模型	综合运营能力与管理能力	运营层级不明确、层级晋升路径模糊、下一级能力要求不清晰	离职率、晋升率、员工积极性	运营人员的职业评估、下一阶段成长所具备的能力、晋升评估标准	

每个大型互联网公司都有职级制度，给每个员工都会匹配一个级别，根据级别确定差异化的薪酬与福利制度。以阿里巴巴为例，职级管理体系设计的简单而高效，甚至成为业内公司对标的主要对象。

阿里巴巴的职级管理体系简单来说分为两个序列，一条是 P（Professional）序列，代表专业人才；另一条是 M（Management）序列，代表管理人才。P 序列包含了大部分的岗位类型，如运营类、客服类、产品类和技术类，代表在某一领域有专业技能；M 序列都是管理岗位。P 序列和 M 序列有一定的对应关系，并且每个层级对应了不同的薪酬福利范围，如

表 4-21 所示。

表 4-21 阿里巴巴职级管理体系参考

阿里巴巴职级体系即薪酬范围					
P 序列	运营职称	技术职称	M 序列	管理职称	薪酬范围（元/年）	配股（分4年归属）
P4	运营专员	初级工程师	–	–	10 万~15 万	0
P5	高级运营专员	中级工程师	–	–	15 万~20 万	0
P6	资深运营专员	高级工程师	M1	主管	30 万~40 万	0（特殊除外）
P7	运营专家	专家	M2	经理	50 万~70 万	800~1200 股
P8	高级运营专家	高级专家	M3	资深经理	70 万~100 万	2000~2200 股
P9	资深运营专家	资深专家	M4	总监	100 万~120 万	6000~8000 股
P10	研究员	研究员	M5	资深总监	150 万以上	12000 股
P11	高级研究员	高级研究员	M6	副总裁	单独谈，根据集团战略重要性	
P12	资深研究员	资深研究员	M7	资深副总裁		
P13	–	科学家	M8	执行副总裁		
P14	–	资深科学家	M9	副董事长		
–	–	–	M10	董事长		

注：表格所列明细仅供参考，公司政策、制度细则和薪酬范围随时间多有变化。

阿里巴巴的职级管理体系 P 序列从 P4 开始，P3 及以下在 2010 年前后还有，大多是外包职位、初级客服职位或应届毕业生，目前新入职的 P 序列员工几乎没有 P4 以下的，校园招聘应届生也从 P5 起招，校招也要严格筛选较高水平的人才。P 序列最高为 P14，只有那些着眼未来、有能力彻底颠覆行业格局的人才能到达。

M 序列从 M1 开始，一般是带领应届生和不超过 P6 的员工。P6 与 M1 是对应关系，但不是相等关系。M1 需要管理类的业绩，即需要有对属下员工成长方面的考核；P6 带团队业绩优异的话，可以顺利转入 M1。P7 对应 M2，以此类推。M 序列最高的级别是 M10，为阿里巴巴集团的董事长。

阿里巴巴的职级管理体系非常有借鉴意义，但是并不能完全复用。不同规模、不同业务特性和不同管理风格的互联网公司，要根据自身情况进行改进。

之所以要职级管理，是因为每个人的运营能力是分层级的，所以也要分层级管理。运营的水平不同，承担的责任不同，为公司做的贡献也不同，切忌吃大锅饭的管理方式。做得多和做得少待遇应该不一样，做得好和做得不好待遇也应该是不一样的。职级管理制度还有两方面特别重要的作用，一方面是提升招聘效率，通过职级的确定让所有人对"高水平"和"中等、初级水平"有统一的认知，业务部门提出用人需求后人事部门就清楚到底需要招到什么样水平的人；另一方面，是更重要的作用，就是让较低层级的运营人员有明确的努力方向，知道达到什么样的水平就可以得到晋升，就会对工作前景抱有上升的预期。

对此，除了要做好职级管理制度的设立，还需要明确每一个职级需要具备的能力与素质。我在之前的创业经历中，根据中小互联网公司或电商公司的业务特点，梳理出了运营能力的特征模型，可以直接作为职级管理制度来用。在实际公司的运营中，按照此表分层管理，让每个人有明确的目标，审视自己缺少的部分，主动学习。另外，在各个业务部门提招聘需求的时候，也会按照此表对应的能力特征来明确待招聘人员的水平，如表4-22所示。

表4-22 中小互联网/电商公司职级体系对应的职业能力特征模型

描述	主动成长，责任心强	执行配合，快速学习	独立执行，小有成就	主动执行，自有一套
职级序列	P1（助理）	P2（专员）	P3（高级专员）	P4（资深专员）
业务能力	1. 高质量完成所分配的工作。 2. 快速执行，负责到底。 3. 勇于提出自己的想法和改进建议。 4. 善于发现店铺经营中的问题并及时反馈	1. 能看懂数据，发现异常，及时汇报。 2. 对店铺动态了如指掌，明确知道现在要做的优化工作。 3. 目标清晰，及时并且更好地完成所安排的工作。 4. 熟知淘宝现有营销工具的使用及活动的报名方式	1. 能跟踪数据，发现问题并提出基本解决方案，把眼前的问题很好地解决，结果符合期望。 2. 店铺情况烂熟于心，主要竞品店铺状态有所了解，并有方法跟随类目第一店铺，伺机超越。 3. 熟悉淘宝现有营销工具和互联网营销工具以及营销方法，能够建议制订业务策略	1、理解数据，能看到较深入的数据反映的情况，出现异常能从类目角度分析，并提出改善方法，汇报讨论结果，主动执行到位。 2. 自己店铺和主要竞品店铺动态和运营指标都熟记于心，充分了解自己店铺与竞品店铺产品情况和优势、劣势，有方法，有思路，正在做超越工作。 3. 能配合大型活动，出错率低。 4. 能安排好其他人配合工作
行业知识与经验	1. 主动学习，快速成长。 2. 勤奋肯干，勇于担当	入门型掌握： 了解该行业基本情况，有基础的商品专业知识	进阶型掌握： 了解该行业基本情况，熟悉该行业商品的分类和特征，以及拥有相关行业工作经验	技巧型掌握： 有一定的行业工作经验，并熟悉行业动态，掌握市场需求并能有效地分析消费者需求与心理，对行业发展有一定的预见性

（续）

描述	主动成长，责任心强	执行配合，快速学习	独立执行，小有成就	主动执行，自有一套
职级序列	P1（助理）	P2（专员）	P3（高级专员）	P4（资深专员）
营销策划及执行		撰写简单的广告语，能配合完成简单的活动策划与执行	较强的书面语言表达能力，能撰写简单的广告语，策划简单的活动并形成分析报告	具备策划大型活动的能力，并根据活动效果分析得失，提出改进方案并复制到下次活动
数据分析能力	1. 主动学习，快速成长。 2. 勤奋肯干，勇于担当	拥有行业产品线各纬度数据收集及汇总等处理能力	通过调研及各种渠道定量和定性地收集、整理业务相关有效数据和现象，并对数据趋势及现象有简单的分析	通过有效数据和现象，分析市场和业务情况，发现并汇总核心问题，提出并落实改进计划
项目管理		简单项目执行与支持： 能配合执行项目中的简单任务	简单项目执行、管理；配合执行有效完成某大型项目之中独立模块	独立发起项目与管理，协调资源落地； 对运营活动具有独立规划能力，能制订季度的工作计划和目标，并争取相关资源实施项目
薪酬构成	1. 固定工资 –70% 2. 绩效工资 –30% 3. 层级工资 –200元	1. 固定工资 –60% 2. 绩效工资 –40% 3. 层级工资 –400元	1. 固定工资 –50% 2. 绩效工资 –50% 3. 层级工资 –600元	1. 固定工资 –40% 2. 绩效工资 –60%（团队绩效） 3. 层级工资 –700元 4. 管理津贴 –200元

描述	娴熟运用，辅助团队	统筹规划，指挥有度	战略规划，参与决策	深究行业，未来可期	运筹帷幄，平定天下
职级序列	P5（专家）	P6（高级专家）	M1（总监）	M2（副总经理）	M3（总经理）
业务能力	1、熟读数据，深入挖掘问题的根源，出现异常能从整体大盘分析到行业情况再到类目情况，做出整套解决方案，并安排专业人员执行到位，对产生的结果负责。 2. 非常了解自己店铺和竞品店铺以及行业整体情况，能深入分析各店铺优势、劣势、机会、威胁，并有整体方案做突破，可安排专业人员做针对性工作，以提升单个店铺的业绩	1. 透析数据看到问题本质，创新性地提出整体解决方案并运用到公司所有业务当中，对未来半年的运营方向和思路提出自己的理解和想法，并提前安排专业人员到岗到位，建立科学的考核制度，把团队和业务带到新的高度。 2. 对整个行业优秀店铺情况均熟知，细致到各店铺产品线优劣情况，以及对未来消费者需求能做出合理预判，能做出突破方案并提前规划未来稳定策略，带领团队提升整体项目组业绩	1. 对业务有着清晰的认识和规划，对项目团队每个员工有深入了解并且可安排到合适的岗位，使员工发挥特长。 2. 对结果负责。业务能拿到良好的结果，使团队业绩有较大提升。 3. 执行团队文化建设，团队凝聚力强，工作氛围良好。 4. 招聘到符合公司发展现状的专业人才，并让新员工快速融入。 5. 团队人员普遍成长，能力有所提升	1. 统筹多个项目组，对业务规划和对未来的判断均有自己独到见解，并能向下传递能量激励员工。知人善任。 2. 对过程和结果双向负责，既能控制做出良好的过程，又能拿到超出期望的结果，使整个项目组业务有较大提升。 3. 以公司文化为根基，创出自己独到的团队文化，工作氛围非常好。 4. 招聘到适合公司未来发展的人才，并带我其进入职业生涯的新开始。 5. 跨部门沟通顺畅合理，能带动其他业务团队进步	1. 统筹、规划、协调公司所有业务部门，跨部门沟通非常顺畅，能与其他部门一起达到一个新高度。 2. 创新性地做出新业务模式规划，甚至可以完成"企业再造"工程，系统性地从商业环境、行业现状，竞争态势找出公司业务发展方向，带领团队实现公司愿景，完成员工梦想。把整个公司带到一个崭新的境界和高度。 3. 找到适合公司未来发展的高端人才，并使其发挥最大能量，把公司业务部门带到新的高度。 4. 制订公司管理规章制度，使公司运营顺畅良好。 5. 公司文化建设的规划者和实践者，业绩指标制订合理，将离职率控制在合理水平。 6. 对公司外部声誉和影响力负责

第 4 章 运营综合能力与管理能力

（续）

描述	娴熟运用，辅助团队	统筹规划，指挥有度	战略规划，参与决策	深究行业，未来可期	运筹帷幄，平定天下
职级序列	P5（专家）	P6（高级专家）	M1（主管）	M2（经理）	M3（总监）
行业知识与经验	娴熟型掌握：熟练掌握并预测行业动态，能制订半年及以上的行业发展规划，是专业领域资深人士，能提高单项业务线的效能	高级型掌握：对行业产业链了解，能提出行业一年以上的发展规划，是行业专家级人物。在部门有一定的影响力	高级型掌握：熟知行业产业链体系，能提出行业中长期的发展规划，是行业专家级人物，在公司有一定的影响力	参与公司在相关行业的决策，对行业未来的发展方向具有一定的影响力	参与公司在相关行业的决策，对行业未来的发展方向，具有一定的影响力
营销策划及执行	能够跨品牌、跨媒体整合营销推广资源，制订年度类目营销活动计划并且拿到预期结果，并且能够跨事业部和子公司组织大型活动	全面整合线上线下营销推广资源，能制订长期类目营销推广策略，并且产生足够的业界影响力	能够全面策划并推动有业界影响力的活动，并产生足够的业界影响力	能够产生创新策划与推广模式，成为业界经典案例	能够产生创新策划与推广模式，成为业界经典案例
数据分析能力	结合业务现状，能够系统地对数据进行解读，并通过数据分析提出相关解决方案	结合行业现状，制订数据分析的方向，并通过数据分析提出相关解决方案。在复杂的数据报表中，能够敏感地提前发现问题，提出查找原因的数据需求			
项目管理	复杂（高风险、多工种）项目发起和管理：能独立规划和管理跨部门项目（复杂项目），对关键环节有备用方案，事先做好防风险措施	跨部门或子公司重大项目：能独立主导多个相关项目（复杂项目）			
薪酬构成	1.固定工资–40% 2.绩效工资–60%（团队绩效） 3.层级工资–800元 4.管理津贴–400元	1.固定工资–40% 2.绩效工资–60%（团队绩效） 3.层级工资–1000元 4.管理津贴–600元	1.固定工资–40% 2.绩效工资–60%（团队绩效） 3.层级工资–1300元 4.管理津贴–1200元	单独谈	单独谈

从表 4-22 中可以看出，运营类岗位一共分 9 级，P1～P6 为专业人才序列，M1～M3 为管理类人才序列。原则上 P4 及以上层级可带团队，P5 以上层次带人需有管理绩效和团队建设绩效考核。所有人对应层级定岗定薪。

职级管理制度的合理运用，除了能更规范地管理以外，还有一个巨大的好处，就是提升员工稳定性。在高速发展的互联网行业中，当某些公司发展到一定阶段时，会出现两个较为严重的人才瓶颈问题，一个是受制于新的业务并没有增加，导致没有更多的管理岗位给部分表现非常优秀的员工；另一个是有些核心员工自己的个人能力很强但却无法带着团队一起向上发展。于是，这两类人才越来越没有动力，看不到"向上"的希望，努力创造价值的动力逐步消失，最终导致离职。因此，实施合理的职级管理制度，就可以明确地让优秀的员工"升级"，升的是岗位认同、公司认可，同时还有薪酬待遇。正所谓升级不升岗位，有了合理的职级管理制度，虽然不会人人都当"领导"，但人人都有"向上"的希望，可以提升员工稳定性。

以上就是职级管理制度与运营能力特征模型，在使用时一定注意根据自己的实际情况进行改进，不可完全照搬。

4.2.11 绩效相对排名法

序号	方法名称	方法分类	针对问题	影响指标	应用场景	方法图标
45	绩效相对排名法	综合运营能力与管理能力	运营人员/客服人员的离职率高、团队不稳定、绩效考核受淡旺季影响大、团队内因为工资问题气氛差	离职率、投入产出比、总成交额	流量变现中与客服、运营、销售相关的管理与考核工作	

绩效相对排名法是指将员工的绩效以相对排名的方式进行考核，以促进内部良性竞争，激发员工潜力，并且降低离职率。该方法特别适用多人做一样的工作，但每个人取得的结果不同的岗位考核，以此来制订差异化的薪酬政策，奖励优秀，汰换不合格人员。尽量避免"吃大锅饭"和"躺赢"的现象发生。

无论哪一种类型的互联网公司，只要涉及收入的部门，大都会被制订绩效考核制度，该制度往往规定运营人员完成某一个销售额后，即给运营个人或团队一定数额的绩效奖金奖励（通常是总销售额的1%~10%）。但是，就是这样常见的考核方式，却是造成团队不稳定性的重要因素。因为大部分行业都有淡旺季，而且互联网产品的生命周期普遍不长，就会造成获得高绩效奖金的团队，在遇到低绩效奖金的时候，个人的心态波动较大，容易造成团队成员的流失。另外，只通过最后的结果指标（成交额）来计算绩效奖金，还会滋生出各种不择手段完成目标的情况，有的行为会影响公司声誉，有的行为甚至跨越法律的红线。

绩效相对排名法就可以解决这些关键问题，不仅能极大地弱化淡旺季对总成交额的影响，还能保持团队的整体稳定，引导群体良性竞争并且激发员工潜力，最后还可以兼顾过程和结果，使每个人通过漂亮的过程获得良好的结果。

首先，整理出目前员工的薪酬结构，再制订一个目标薪酬结构，这样就能得出一个员工的薪酬上限和下限，绩效奖金需要在这个上限和下限范围内浮动。

其次，制订出符合自身业务特征和部门特征的大原则，这些原则指导后续具体参与相对排名的指标和不参与的指标。

然后，列出所有该岗位的关键"过程"指标，并结合层级制度、在职司龄、价值观评分和出勤情况，形成一份绩效相对排名的细分指标表。

再次，按照每个细节指标的重要程度，给予不同排名对应的不同薪酬标准，并且根据现有数据进行测试，观察其是否在薪酬上限和下限的范围内。

最后，将已有的每个员工的表现数据，放入新的绩效相对排名法里，去对比新考核方法与旧考核方法所带来的每个人的薪酬差异。同时，检验最终结果是否符合上述原则，如果符合，则开始执行，如果不符合，要找到关键问题。

我们来看一个真实的例子：

背景：C公司是一家以销售"付费会员权益"为核心业务的互联网公司，

主要变现方式是销售各大内容平台（如优酷、爱奇艺等）的付费会员卡，每张卡的有效期和包含权益不同，所以价格也不同。该公司的主要获客方式是运营人员根据热点做活动并且从全网买流量，除了部分用户直接转化购买外，大部分用户要与在线销售人员进行咨询沟通后才下单。因此，承接能力强大的在线销售团队，是保障公司整体营收的重要部门。

问题：由于在线销售团队的绩效奖金是根据每月成交额的百分比计算的，而付费会员权益的销售则是与近期热门剧集的多少和暑假、寒假等淡旺季有明显关系，所以，绩效奖金的波动使每个人的收入情况很不稳定，高的时候能拿到 8000 元以上，低的时候只有 5000 元左右。一旦拿到过 8000 元以上的薪酬，预期就会一直停留在此，随后降低到 8000 元以下并持续若干月，很多在线销售人员就会产生离职的想法，不仅会让团队氛围马上变差，还会导致部分同事真的离开。

绩效相对排名法的实施：

首先，整理出目前该岗位员工的薪酬结构，再做一个要调整的目标结构，得出调整后薪酬结构的上限和下限，如表 4-23 所示。

表 4-23　薪酬结构梳理

薪酬结构调整						
原结构				新结构		
薪酬范围（元）	人数	占比		薪酬范围（元）	人数	占比
5000 以下	11	14%		5000 以下	8	10%
5000~5500	20	26%		5000~5500	14	18%
5501~6000	15	19%		5501~6000	16	21%
6001~6500	19	25%		6001~6500	21	28%
6501~7000	3	4%		6501~7000	8	10%
7001~7500	7	9%		7001~7500	5	6%
7501~8000	0	0		7501~8000	3	4%
8000 以上	2	3%		8000 以上	2	3%

从表 4-23 中可以看出，原有薪酬结构分布不合理，6500 元以下收入

员工占比过大；在5501～6000元区间占比19%，而在5000～5500元和6001～6500元区间，员工人数达到或超过25%；到了中高收入区间，甚至还有7501～8000元这样的真空区间。在大部分互联网公司中，比较合理的薪酬结构为"两头小，中间大，顶端稀有"，即最高收入和最低收入区间人数占比最低，中等偏下收入占比相对高，中等偏上收入相对低。新的薪酬结构即是按照这样的规律做了整体调整，并且在各收入区间内没有"真空"现象。

其次，根据核心业务特性，制订出了绩效薪酬的四个原则：

原则一：强调团队合作，引导良性竞争。因此，将以上人员分为2个小组，每个组各有1名组长。每个月除了所有人做绩效相对排名外，两组之间把各关键数据加和，总数据更优的队伍可额外获得1500元团队奖金，并且获得一次对方小组购买下午茶的机会。奖金加荣誉，即可激发每个人的潜力。

原则二：取得好的结果有奖励，多做也会多奖励。因此，考核指标中加入了"接待用户数"，并且将其计入绩效薪酬。不仅各项指标优秀的人会得到更多奖金，只要你足够努力、接待的人数多也会有更高的薪酬。各项转化率高可能是因为熟悉业务，也可能是因为某些月份运气更好，但只要肯努力多干，依然会有好的奖励。

原则三：优秀的人获得更多，不好的人加速淘汰。因此，要使每个关键数据排名靠前的人增加绩效奖金，而排名最后的人降低绩效奖金。

原则四：能力与价值观并重。因此，在绩效中加入价值观考核，分数由主管和其他3～5名同事打出。避免出现一个能力强的人，由于价值观（态度、作风、为人处世）问题而影响更多的员工。

再次，列出该岗位的关键"过程"指标，如转化率、客单价、引导成交额占团队比、响应时间，结合层级工资、司龄补贴、价值观评分和客户反馈评分，形成如下的考核维度，见表4-24：

表4-24 关键"过程"指标

基本工资	层级工资	转化率	客单价	引导成交额占团队比
接待量	响应时间	价值观评分	客户反馈评分	司龄补贴

复次，按照上述"关键"指标的重要程度，给予每个指标不同排名对应的不同薪酬标准，并且符合上述的四个原则。所以，可以得到如下排名标准，如表4-25所示（表格中数据为举例）。

表4-25 相对排名的绩效标准

基本工资	层级工资	转化率	客单价	引导成交额占团队比
3000元	P1：100元	排名第1：800元	排名第1：600元	排名第1：1500元
	P2：300元	排名第2~前10%：500元	排名第2~前10%：380元	排名第2~前10%：1000元
	P3：500元	排名10%~30%：400元	排名10%~30%：300元	排名10%~30%：800元
	P4：700元	排名30%~50%：300元	排名30%~50%：260元	排名30%~50%：600元
	P5：900元	排名50%~80%：200元	排名50%~80%：200元	排名50%~80%：500元
	P6：1100元	排名80%~95%：100元	排名80%~95%：150元	排名80%~95%：300元
	以此类推	排名最后5%：20元	排名最后5%：20元	排名最后5%：150元
接待量	响应时间	价值观评分（满分30）	客户反馈评分	司龄补贴
0.8元/人	30秒内：300元	26~30分：600元	排名第1：800元	1年以下：0元
	30~50秒：260元	21~25分：550元	排名第2~前10%：600元	1年：200元
	51~90秒：200元	16~20分：450元	排名10%~50%：400元	2年：400元
	91~120秒：120元	11~15分：400元	排名50%~90%：200元	3年：600元
	120秒以上：50元	10分以下：100元	排名最后10%：50元	每增加1年加200元，封顶2000元

最后，按照已有员工的薪酬数据，试算调整前和调整后的每个员工的获取绩效奖金的差异。检验是否符合之前确定的四个原则，同时是否符合调整薪酬结构的上限和下限。如果不符合，则可以调整上述薪酬标准中每个排名的奖金额度。

最终的效果是明显的，该公司实施绩效相对排名法后，公司线上销售人员的离职率全年降低24%，咨询转化率提升58%。

以上就是绩效相对排名法，在正式实施新的考核方式前，一定要对每一个相关员工做面对面的沟通，讲解清楚具体计算方法，不要直接发邮件通知或书面通知，以保障执行效果。

4.2.12 每日清单法

序号	方法名称	方法分类	针对问题	影响指标	应用场景	方法图标
46	每日清单法	综合运营能力与管理能力	日常运营总是在救急，运营没有规划性、目的性，流程不清晰	所有指标	日常运营管理、运营人员执行规范管理、每日运营工作检查	

每日清单法是指将日常运营工作中"基础且关键"的"动作"逐一列出，形成一份标准的运营清单，每日对照清单检查基础运营工作的落实情况。每日清单是一套完整严谨的运营流程，可以最低成本地让新运营人员熟悉日常工作，可以减少老员工离职带来的运营交接空白，更可以提高不同细分岗位的协作效率。活动运营、用户运营、产品运营、电商运营等，都可以根据彼此岗位的运营清单进行跨细分岗位的互相补位，也能更好地互相配合和互相理解。

运营人员的每日清单需要依据不同层级和不同细分岗位进行定制。层级间的差异主要体现在职责上，比如，一线运营人员、运营主管、运营经理之间，差异主要是管理权限和运营范围；而细分岗位的差异主要在职能上，比如，用户运营、产品运营、活动运营之间，主要差异是运营内容与运营结果。

另外，每日清单一定是不断更新的，根据产品的业务特征、目前发展的阶段、大型活动的时间、用户体量的变化、用户行为的变化等，要对每个运营层级的每个细分岗位做相应的变化。比如，在电商运营中，在大促活动"双11"前的每日清单内容，一定是跟日常有所区别的。数据的关注维度最先产生变化，从日常关注单品的销售，变为大促预热商品群的数据表现。

在设计每日清单时，需要根据自身业务特点进行，如果是单纯的产品运营，就列出通用型的运营模块和运营项目，如果是电商类的运营，还需要考虑仓储物流这样线下的环节，更要考虑退换货与售后这类逆向运营项目。

电商类每日清单，以细节的店铺运营维度为基础梳理，见表4-26。

表4-26 电商类运营每日清单

必做大类	必做子项	必做大类	必做子项
经营概况	昨日销售额、销售量分析	活动执行	可报名活动筛选
	购买用户数分析（分新客和老客）		活动进行中的商品库存监测
	重点单品的销售分析		新活动选品与价格设置
	昨日加收藏、加购物车情况		固定频道活动长期报名情况
	商品榜单数据		节点型大促活动时间、筹备情况
	平均转化率		平台运营小二活动对接
	客单价		活动所需成本分析
	总推广花费金额		活动效果预估
	总利润		活动期提前打包与预发货
流量分析	整体流量和变化	售后处理	待发货/未发货/延迟发货/异常订单处理
	流量来源和变化趋势		纠纷/违规/下架
	站内免费流量构成		售后服务处理
	搜索流量入店关键词		昨日评价表现
	站内付费流量构成与成本		昨日赔付金额
	分CPC/CPM/CPS推广方式的ROI		售前应答率
	站外免费流量来源与内容制作		售前响应时长
	站外付费流量构成与优化		售后处理时长
	监测引流款单品的搜索排名		售后指标查看
	监测单品的流量、转化趋势	库存与供应链	总库存量、订货在途量
	重点单品搜索结果页前后产品		发货时效、到货时长
	老用户回购情况		周转速度
转化相关	全店转化率变化，高转化单品监测		新品发布与定价
	静默转化率变化，优化		利润空间与返点情况
	询单转化率变化，客服情况梳理	店铺巡检	关键商品主图
	关联商品转化情况		标题优化
	重点单品的转化情况		价格检核
	潜在客户（加购物车、收藏）促进转化		链接的准确性
	下单未付款用户催付转化		页面信息合规情况
	与行业转化对比分析		评论查看与维护
	询单转化客服应答率		好评率变动情况
	询单转化客服响应速度		活动页检查
	询单转化客服话术优化	竞店巡游	竞争店铺商品、主图、标题查看
内容与直播	图文商品内容发布与质量		竞争店铺活动参与情况
	短视频内容数量、质量和获取流量		竞争店铺热门商品评论信息
	直播卖货选品、红人合作、排期		竞争店铺新品上线情况
	每日直播销售总结		竞争店铺广告投放情况
	大型直播活动策划与合作		竞争店铺发货时效体验
	站外内容传播与付费推广		竞争店铺退换货售后体验
违规与申诉	店铺违规数查询	平台官方消息	类目商家群消息
	申诉时效和申诉成功情况		商家后台消息
	被扣分数		官方即时通讯软件消息
	违规责任人问责		线下大会社群消息

互联网其他产品运营，以不同运营岗位分工为基础，通用型的内容如表 4-27 所示。

表 4-27 互联网其他产品类运营每日清单

必做大类	必做子项	必做大类	必做子项
整体运营情况	日活数据	内容运营	站内内容质量监测、数据表现
	新增用户数		站内内容投诉、反馈与转化效果
	拉回用户数		站外图文、短视频和直播平台运营
	流失用户数据		各类型内容平台流量分发政策
	供给侧相关数据		短期热点内容的规划和制作
	消费侧相关数据		短期热点优质内容付费推广
	产品总体收入		长期规划内容制作数量、上线数量
渠道与用户来源	核心站内流量来源查看		长期内容方向把控
	站内产品排名与下载		内容渠道用户来源对主产品贡献
	站外免费流量总数据		付费内容推广效果
	站外付费流量波动变化		付费内容制作成本、传播成本
	付费流量每日优化		付费内容综合获客成本与投入产出
	30 天内新增渠道用户数		直播内容脚本和计划
	新增渠道拓展进度		直播成本与收益评估
	取消合作渠道梳理及原因	流量变现（商业化）	整体流量变现（收入）结构
社群运营	社群总数量、新增数量		广告、电商、会员特权销售额和占比
	社群用户来源、精准度分析		已有广告客户维护情况、下单情况
	社群内人数增长、流失情况		已有电商供应商的商品情况、售卖情况
	社群质量提升，公告、内容完善		重点广告客户沟通
	社群每日消息发布反馈		重点商品供应商沟通、长期合作协议
	社群反馈/投诉问题		会员特权销售情况与定价分析
	社群门槛对用户影响		流量变现的模式创新
	社群流量对主产品贡献		流量变现对于用户体验的影响分析
活动运营	站外可参加活动筛选、报名		站外变现渠道的开拓、合作与分成
	站内活动组织策划，活动日历		线下与线上的打通变现
	活动排期、利益点和目标用户		变现分销商或代理商的管理
	已上线活动进度管理	用户运营	新用户特征数据分析
	已上线活动实时反馈		新用户留存数据与运营策略执行
	已上线活动效果监测		新用户裂变与转化情况
	未上线活动筹备进度		老用户 RFM 维护
	未上线活动主要问题与卡点		提升用户活跃方案执行情况
	未上线活动成本与收益分析		提升用户转化方案执行情况
	已结束活动复盘		用户投诉与负反馈处理
	已结束活动实际效果汇报		重点客户维护方案的执行

在每日清单中的每一个子项，由专门负责人进行每日排查。需要将重点问题罗列出来，然后形成"日常运营报告"给到管理者。管理者根据运营情

况给予统一指挥、统一调度资源来解决每个问题。

注意，每日清单的使用还要有一个日常不断更新升级的机制。一般情况下，刚开始由经验丰富的一线运营主管进行框架设计，将每日清单的子项列出，分发给各岗位人员。在使用过程中，每周周会对其进行讨论，把基础的、流程化的和重复度高的工作内容提炼出来，由一线运营人员把内容填入或修改，使每日清单升级。

每日清单的高效执行可以通过"敏捷站会"来完成。制订站会制度，时间为15分钟左右，所有人站着开会，快速梳理一下当天重点项目的执行情况和进度，重点关注新增任务和已有任务的完成情况以及带来的结果，最后分轻重缓急，将资源分配微调。把大型项目的执行细节，加入每日清单中，每日跟进运营情况。

站会的基础是有一块看板，大家对照看板一起梳理运营事项。以目标完成情况、差距产生的因素和运营策略落地情况为主要讨论项。

看板的模板如表4-28所示。

表4-28 每日站会看板模板

项目名称	目标/指标	解决的问题	正在做	已完成	最终形态	风险	负责人
项目1							
项目2							
项目3							

看板的维度设计有目标/指标、解决的问题、正在做、已完成、最终形态、风险和负责人。每一项维度下面建议用便利贴写清目前情况后填入看板，因为正在做的事项随着执行完成会变更状态，用便利贴可以随时移动位置。

以上就是每日清单法，用于日常基础运营工作的梳理检查，确保管理者可以及时发现问题、解决问题。将运营流程化，形成标准，这样就具备了高可替代性，不担心运营人员岗位变动造成的交接问题。

4.2.13 风险预警法

序号	方法名称	方法分类	针对问题	影响指标	应用场景	方法图标
47	风险预警法	综合运营能力与管理能力	产品不分大小各有风险，系统级、体验级、舆论级、合规级问题不可把控	投诉率、好评率、分享传播	新规则、新功能、新商品迭代上线前的风险预警、风险应对策略	

产品无论用户数多少，运营起来都会有风险。在任何运营场景中，都要防范对应风险。防范风险的成本远低于风险后补救的成本，所以，在日常运营中，就要建立风险预警机制，防患于未然。

互联网运营中的风险主要分为四类：合规风险、系统风险、体验风险和资金风险。

合规风险主要涉及法务方面，这个是最高优先级的，也是最难把控的。稍微有点事故，可能就会导致整个产品的下架，甚至公司的倒闭。举个例子，2018年4月10日，据国家广播电视总局门户网站消息，今日头条旗下"内涵段子"应用程序及公众号因存在导向不正确、格调低俗等突出问题被责令永久关停，随后字节跳动公司（"内涵段子"开发商）表示会对全线产品进行严格审查，举一反三，积极整改，并希望借此机会向"内涵段子"的用户及公众致歉。据官方媒体的解读，"内涵段子"为博取眼球、获取流量等目的，在内容上博出位、打"擦边球"，甚至不惜突破社会道德底线、违背社会主流价值观，不仅污染网络空间，严重影响青少年的健康成长，也扰乱了网络视听行业秩序。所以，被直接处以关停处理。如果平台未尽到内容审查义务，将会被立案调查。所以，无论任何产品，运营的第一根红线是必须在法律允许的范围内做事。虚拟世界不是法外之地，任何运营手段都要符合正确的价值观导向要求。合规风险的控制，需要有专业的法务同事实时跟进国家政策、法律的更新，不断提醒内部业务的合规性，做到定期宣讲、定期巡查风险。将合规风险控制到最小。

系统风险除了技术水平造成的产品本身的风险以外，还包括很多围绕整个产品周边支持的"系统"风险。系统风险往往会造成短期内产品无法正常运营，如果修复及时一般不会造成太大损失。但是，有些特别低级失误的发生，可能会造成上亿元的损失。比较知名的案例是，2015年3月8日，京东域名服务出现故障，导致用户无法登录，点击主页出现"无法访问"的错误提示。经查，原来是京东的CDN域名jdcache.com到期未续费。对，就是一次忘记续费，造成十几个小时的产品（网站）服务瘫痪。对于京东这个体量的公司来讲，一个小时的瘫痪可能就是过亿元的损失。

体验风险是指非产品技术错误造成的用户路径不通畅、欺骗用户点击或页面虚假宣传等。新闻资讯类的体验风险较低，即使用户不喜欢某个视频或文章，关闭就可以了。体验风险最大的发生点在电商运营，主要有价格设置错误、商品描述与收到的实物不符、商品快递途中破损丢失、评论中出现广告等。这样事关体验的风险每天都在发生，就不一一举例了。

资金风险主要体现在需要押金的产品中，比如，共享单车产品（App），在运营时需要用户缴纳押金。而这些押金在没有监管的情况下被企业用于日常经营开销，甚至擅自挪作他用的情况也常见。出现这种情况时，主要负责人也会因此触犯相关法律，情形严重的甚至会被追究刑事责任。曾经是业内顶级的共享单车OFO就出现了这样的风险，不仅损失了大量的用户，主要负责人更是被列入失信人名单，被限制乘坐高铁、购买房产。所以，有关钱的任何运营手段，都需要深思熟虑，谨慎再谨慎，不能擅自动用用户的任何资金。

风险预警机制的建立，其实没有简单的方法，必须逐项枚举可能遇到的风险。有一个效率较高的方法是，依据风险类型，在网上查询类似公司都出过哪些具体问题，将这些问题列为风险管理项。由运营负责人定期检查高风险级的项目，由主管负责检查中等风险级项目，由一线运营人员检查较低风险级项目（数量可能较多）。一旦发现高危风险，可以立刻发送邮件直达副总裁以上级别的领导，并且第一时间告知CEO（首席执行官）。

表 4-29 是枚举的一些互联网运营当中可能遇到的风险（均是其他产品真实发生过的），帮助企业建立完善的风险预警机制，为产品顺利运营保驾护航。

表 4-29 风险枚举

合规风险	系统风险	体验风险	资金风险
内容低俗	产品本身的问题	价格设置错误	挪用用户押金
负能量、绝望情绪	域名未及时续费	无货继续销售	挪用用户应付账款
侮辱英烈，改编烈士事迹	付款系统宕机	路径不通、找不到内容	挪用商家货款
侮辱国旗、乱改国歌	抽奖系统被内部人利用	已下单但未发货	因付款密码泄露而盗用账户
色情、暴力内容	路由劫持赚电商返佣	发错商品	离职员工盗用资金
污损、燃烧人民币	内部邮箱泄露	快递途中破损	用户过度借贷
商品虚假描述	页面出现乱码	评论出现广告	失信人员借贷
使用"最""第一"等极限用语	不兼容的付款工具	已退货但未退还货款	被恶意刷积分、刷优惠券
使用未授权的图片、字体	重要功能延期上线	购买到假货	对账错误
夸大保健食品功效			税点计算错误
向用户保证收益率			
销售假冒产品			

以上就是风险预警法，用于在运营中时刻保持警惕，防止风险事件发生。一个高阶的运营人员，除了会获取用户、会转化用户、会服务用户，更能建设一套高效的风险预警机制。

4.2.14 反向验证法

序号	方法名称	方法分类	针对问题	影响指标	应用场景	方法图标
48	反向验证法	综合运营能力与管理能力	运营人员提出产品需求但无法获得高优先级、业务运营价值验证难	关键项目决策效率、优先级评估时间	运营规划汇报、产品运营优先级提升方案	NO--> ?

反向验证法是指，假设如果没有做此运营动作（或没有更新某产品功能），结果可能是什么样的。这是一个运营优先级"评估"的方法，用于对

多项运营工作进行优先级分配。运营优先级直接决定了运营效率，在单位时间内产出多少和产出内容的重要性，需要被合理评估。时间是有限的，计划是无限的。往往时间是无法被管理的，运营人员只能管理好自己工作的优先级。所以，在日常产品运营中，经常会出现某个功能的迭代升级或者某个运营策略执行的优先级讨论，当正向的验证无法达成一致时，可以使用反向验证法来评估。

具体使用方法分为五步，明确目标—量化拆解—运营 / 产品关联—优先级初次分配—反向验证。

明确目标，这里的目标可以是定性的也可以是定量的。定性的目标是指在某个时间点上线产品或者执行运营活动；定量的目标是指一个具体的运营指标，比如一个月内转化率提升至某个值。所有运营工作优先级评估的前提，是所有人（注意是"所有"相关的人）对目标保持一致。否则，就没有继续向下一步流程做的必要。

量化拆解，是对目标进行分解，最后形成一个可以用数字量化的目标。定性的目标通常是用时间点进行量化的，即明确规定几月几日将某运营策略执行完毕。定量的目标需要将"大指标"拆解为相关联的"细分指标"，比如，制订了转化率提升到 ×% 的指标，可将其拆解为"访问店铺 – 浏览商品详情页的转化率"、"浏览商品详情页 – 下单的转化率"和"下单 – 付款的转化率"这三个"细分指标"。

运营 / 产品关联，是把目前要做的工作与前面拆解后的"细分指标"逐个对应，并区分出直接相关和间接相关的因素。直接相关因素是可以直接影响某一个具体指标的因素，比如，转化率的直接相关因素就是商品的折扣率，折扣越高，转化率越高。当然，我们需要排除极端情况，比如将商品价格降至 1 折后，转化率并不会特别高，因为用户担心价格太过便宜的商品是假货。间接相关因素是"理论上"可以提升指标的因素，比如加入员工微笑服务的图片，有可能会取得用户好感进而提升转化率，但不会明显直接地提升。

接着，保留直接相关细分指标的运营工作，去掉所有间接相关的工作，对优先级做一次初次分配。优先级可以初步分三级——特别重要、重要和较重要。让所有人先对特别重要的事项达成一致，这一点是比较容易的。接下来，对于特别重要的运营工作，确定具体优先级最高的是哪一项，然后就可以直接使用"反向验证法"评估了。

在所有特别重要的工作中，先找到这项运营工作与主目标的关联性，然后，假设不做这项运营工作，对结果的影响到底有多大。这个反向验证的过程不是几个负责人在会议室里讨论就能得出结论的，而是需要深入到用户一线去实地验证。

比如，在做活动运营时，经常会遇到一些紧急的运营需求同时提出。在某一年的"双11"，由于设计资源有限，在预热期只能做3个品类的活动承接页面，现在有10个品类都需要做，到底该先做哪一个？也就是说，保证哪3个品类的活动优先进行，不会影响平台整体的活动效果。按照刚才的流程，先明确目标——"双11"为平台创造成交额的新高；然后量化拆解目标——总成交额一共为1000万元，拆解到10个品类后，有A、B、C、D、E这五个品类的目标都是110万元，暂时具有同样的优先级，再向下拆解，将每个品类的成交额拆解为流量、转化率、平均客单价三个指标，明确每个品类细分指标的具体数字；接着，将运营/产品关联到每个细分指标，A品类的流量、转化率、客单价等5项是与运营工作有直接相关的（其中1个是活动页设计），B品类有8项是与运营工作直接相关的，C有10个，D有9个，E有12个；将这些运营工作进行优先级初步分配，如果这些工作都有"活动承接页设计"这一项，那么，就到了运用反向验证法的时候了。将品类的特性与活动承接页的必要性进行广泛的一线用户调研，注意不要在会议室里讨论得出结论。可以做一个简单的问卷，找公司内或公司外不接触这个项目的用户，询问对方"如果没有活动承接页，以下品类哪个不影响你的购买"。这就是反向验证法，用户一定会告诉你最后的优先级。

以上案例可以再具体一些，比如，A是女装品类，B是手机品类，C是小吃零食品类，D是眼镜配饰类，E是白酒品类。最后的调查结果是A、C、D。因为B和E是标准商品，用户的目的性非常明确，一般会直接搜索某个品牌的手机或某个品牌的白酒，不需要活动页去引导。而A、C、D的商品需要较为美观的活动页，对用户购买决策有直接影响。单价较低的零食还需要通过活动页进行凑单的引导。

另外，反向验证法还可以延伸出一个评估方法：信任力加权评估。

信任力加权评估是对运营策略/产品迭代优先级的快速评估方式。具体的执行方法是先组建一个 7～10 人的研讨小组，组员构成是有三类不同背景、经验的人：第一类是持续判断正确且有相关经验的人，人数在 3～4 人左右；第二类是运营/产品一线的员工 2～3 人；第三类是真实的目标用户 2～3 人。然后对他们详细地阐述完需要执行的运营策略或产品功能改进后，由这三类人分别进行投票。其中，第一类人给出评分的权重为 50%，第二类人的评分权重为 20%，第三类人的评分权重为 30%，计算加权分数后，依据结果进行优先级排序。可以正向评估做哪些运营策略，也可以反向验证如果没有做哪个运营动作，会产生什么样的坏结果，由这三类人再次加权打分。这里之所以要加权打分，是因为每组评估人的"可信度"不一样，持续判断正确且有相关经验的人，具有较高的权重，但不宜超过 50%，否则容易陷入经验主义而产生错误，甚至过于保守而抹杀创新；第二类人处于业务一线，常常是优秀的执行方，较少有主动思考运营策略的能力，所以权重较低；第三类人是潜在目标用户，是直接使用者，权重较第二类人高，但低于第一类人，原因是很多时候用户自己也不知道自己需要什么。

以上就是运用"反向验证法"做产品/运营的优先级评估，是实际运营中的一个判断标准，当大家讨论运营策略或产品功能迭代时，只要用反向思维讨论一次，就能获得清晰的结论。

4.2.15 复盘方法

序号	方法名称	方法分类	针对问题	影响指标	应用场景	方法图标
49	复盘方法	综合运营能力与管理能力	运营复盘无法找到关键问题、同样的错误反复出现、没有后续执行	后续运营所有指标	大型活动复盘报告、运营工作总结汇报、问题回顾与改进方案制订	

复盘是出自围棋的一个术语，本意是把对弈的过程还原并进行研讨、分析。后来运用到互联网行业，通常是指做活动回顾、项目总结、团队反思和战略汇报。复盘的主要目的是验证结果与过程的关联度，是策略有效，还是自然增长，然后找到执行过程中的问题，并制订改进方案，确保不会再犯错。再进一步，总结出规律，形成一套有效的方法论，将经验传承下去，提升后来者的运营能力。

一个完整的复盘过程通常分三个阶段：准备期、会议期和改进执行期。

准备期，明确一个复盘组织方，确定一个发起人。一般是整个项目、活动或团队的主要负责人成为发起人。

发起人先列出参与复盘的团队和人员名单，并且列出每个团队在本次项目中主要负责的子项，以及每个子项需要达到的目标和相应的责任人。然后，给出一套复盘的模板，可以是一个大纲，也可以是一套PPT（演示文稿）的模板。模板中必须包含总体数据表现、目标达成率、达成/未达成部分的主要问题及产生问题的原因（最多三点）、问题所影响的上下游团队有哪些等，再留出部分自由发挥的空间，列出一些项目中发现的规律、方法论和建议。接着，给各团队留出时间撰写复盘文档或PPT，在规定的时间点统一收齐，并且由专人把每份复盘文档中反馈的主要问题摘录下来，形成一份"问题清单"。最后，就是确定复盘会议的时间、地点和参与对象。

会议期，发起人先将"问题清单"打印出来并分发给每个参会者，并给大家10分钟时间阅读、思考，想想这些问题是偶然发生的，还是一直存在的；是某个团队的能力问题，还是组织协同的问题。带着这些问题和思考，由每个团队的代表进行复盘文档讲述。讲述过程中建议可以随时打断、提问。

随着每个团队的讲述完成，所有的问题也都更详尽地暴露出来，先由相关责任人给出解决方案，特别重要且复杂的问题，由大家当场讨论、研究并确定解决方案。每一个解决方案都形成详细的计划执行动作进度表，并明确一个完成时间点。由专人记录问题、对应解决方案、完成时间点和责任人。

改进执行期，复盘会议结束后把会议记录通过邮件发给每个参会人。根据执行动作进度表，每到一个时间点，就群发一次邮件汇报问题解决的情况。这样，就可以最大程度地保证复盘的有效性。

除了从复盘流程设计上保证其有效性外，要使复盘顺利地执行，还需要遵守三个原则。

原则一：当事人在场

复盘会议主要是讲问题，有问题就会有对应的负责人、执行人和关联人。这些人在复盘时务必要在现场，注意是在现场。很多问题的产生或者被解决，只有每个当事人在现场才能有更全面、更多角度的剖析，切忌隔岸观火，以旁观者的姿态随意指责。

原则二：坦诚而直接

对于项目过程中的每个问题，都要坦诚而直接地讲述。复盘开始前就要定调：关起门来随便吵，打开门来一条船。不要因为担心得罪其他人而闭口不谈或者模糊隐晦地表达。发起人甚至要在个别关键问题上引导各子项目负责人互相找出原因。复盘会议的气氛不能太和谐，越和谐事情就越微妙。人人都讲好听的，复盘就变成了"邀功会"，就失去了复盘本身的意义。

原则三：邀请第三方

复盘会议在确保核心机密不泄露的情况下，最好可以邀请1～2位项目组以外的同事参加，如果有行业内比较资深的"顾问"参加则更好。项目执行的结果和过程，每个人几乎每天都在参与，所以很难跳脱出固有的运营思维去看问题，甚至对于结果好坏的评判也是借鉴之前的经验，无法有更广阔的视角来审视同样反复出现的问题。因此，能邀请第三方参加会议并给出建议，复盘会更加客观有效。

另外，在实际运营中也常出现目标达成的复盘，变成了"功劳表彰大会"；目标未达成的复盘，变成了"互相指责大会"。而第三方的加入，可以一定程度的避免上述情况的发生。

以上就是复盘方法的主要流程和三个原则，希望大家都能组织出有效的复盘，不断地提升运营能力。

4.2.16 头脑风暴法

序号	方法名称	方法分类	针对问题	影响指标	应用场景	方法图标
50	头脑风暴法	综合运营能力与管理能力	某些专项问题无法解决、产品没有突破点、运营没有亮点	运营有效性、专项相关指标	创新产品功能、营销活动主题创意、内容运营评估	

头脑风暴法是团队共同畅想运营策略或产品创新功能的方法，是群体智慧、群体决策的体现。头脑风暴法最早由美国一家广告公司首创，目的在于让参与者打破常规，充分调动想象力、创造力，找到业务的突破点。头脑风暴法不是简单的"大家坐下来"边吃下午茶边聊天式的讨论，而是有固定流程、固定产出、固定结果的一套方法。下面以我个人参与的一次"正式"头脑风暴会议为例，详细讲解具有互联网公司特点的头脑风暴法的使用过程。那次的头脑风暴流程严谨、产出准确，最终拿到了结果。从那以后，凡遇到较大产品运营问题时，不再是简单地开会讨论，而是会组织正式的头脑风暴会议。

首先，为了使头脑风暴法最后的产出质量最好，有五条规则是必须要遵守的（其中两条是专为互联网公司改进的）：

第一条规则：终点评判。在头脑风暴法的使用过程中，禁止批评和评论任何想法，营造畅所欲言的过程，不进行任何可行性评估，也就是在会议过程中不能出现"这个根本行不通""这样做用户体验会很差"等声音。更不要自谦，如果每一个人的发言都以"我个人觉得可能不行，但是应该这么做，是不是也行"开始，可能会破坏整个讨论氛围。只有当所有人都完全阐述自己的想法后，到了最后的需求整理阶段，才可以对各种想法提出质疑（注意一定不能直接否定）。同时，要允许提出质疑的人员进行解释，但要态度诚恳且以请教的姿态问询，更不能有所惩罚。

第二条规则：想法改善。对于被质疑的想法，不能直接否定，而是要引导他人从不同角度改善这个想法。几乎没有人能在短时间内想到完美方案，对"怪异"想法包容的最好方式就是不断改善，这也是保证好想法变成好方案的前提。

第三条规则：地位平等。所有参与者一律平等，进入讨论阶段就再没有上下级关系，也没有职级高低之分，所有人把自己都当作"权威专家"。甚至可以让参与职级（职位）越高的人，发言顺序越排到最后。不仅要避免实际工作中的"权威"主导整个过程，更要避免这些"权威"限制大家的思考范围，从而影响产出质量。

第四条规则：团队胜利。最终被选为方案的想法，一定是团队智慧的结晶，因此要弱化个人的成绩。即使是一个人提出的好想法，最后也要特别强调所有人的功劳，目的是增加后续对方案持续改进时所有人的积极性。

第五条规则：时间限制。在每个环节限制时间，超时的小组在群里发红包，通过适当的时间压力激发创造力。在每个环节进入最后 3 分钟倒计时，每过 1 分钟提醒一下，这样也可以增强团队间的竞争感，让产出的结果质量更高。

然后，为每一个人说明整个头脑风暴法的流程。选取一位主持人，把控整个流程，时刻提醒每个人要在规则内进行发言。整个流程分 3 个阶段：前奏阶段、开始阶段和执行阶段。

前奏阶段：

头脑风暴法的使用需要先选出合适的参与人员。参与人数控制在 12~18 人比较好，根据问题的复杂度可上下浮动。构成人员需要三类人：第一类是产品本身的相关人员，互联网公司中的运营人员和产品岗位的同事一定要参加，如果是电商平台的话还需要客服等直接接触用户的人员参加；第二类是支持部门的同事，比如法务、风控等部门的同事，1~2 人即可；第三类是行业经验丰富或学识渊博的人，除了邀请本公司员工以外，甚至可以请公司外的行业专家参与，作为"外脑"提供不同视角下对问题的解读和运营建议。

将参与人员分组，日常工作在同一个团队的人员最好不要分到一组，领导者和直接下属也不要在同组。可将领导者、外请专家和法务、风控等人员成立一组，每组 4~5 人为佳。每人提前准备一支笔和一本便利贴（每个组用不同颜色的便利贴）。

找一个面积较大的空白墙，在墙上写出一个计划完成的大目标，接着拆解为若干个子目标。大家首先讨论对于完成子目标所遇到的问题，然后投票选出关键问题，以及这些问题的优先级和串联、并联关系。并联关系问题是指这些问题没有前后、因果关系，可以同时处理；串联关系问题是指这些问题之间有前后、因果关系。头脑风暴法的前奏阶段模板，如图 4-18 所示。

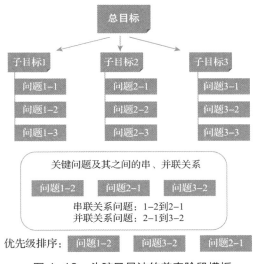

图 4-18 头脑风暴法的前奏阶段模板

开始阶段：

针对优先级最高且必须串联解决的问题，大家在便利贴上写上自己的想法和名字，限时 15 分钟。可强制要求写出 5 条以上的想法。

准时停止书写，收集所有人的想法便利贴，将重复的想法粘贴在一起。然后将每一个想法归类，贴到墙上的指定区域，形成第一个"创意池"。

接着，找到第二优先级且串联的问题，重复上述方法，最终形成第二个"创意池"。

之后以此类推，将所有问题处理完，形成多个创意池。

下一步，针对第一个创意池的每一个想法，由提出人进行讲解，内容包含三个方面：对问题的理解，提出这个想法的过程（或原因），以及需要什么资源支持。然后，提出人所在小组的其他成员做第一次"改善"，将此想法进行优化升级，再向所有人讲一遍。其他组讨论想法的可行性，充分地质疑，积极地讨论。最后，将依靠所有人充分改善的第一个想法，放到墙上另外一块区域——"方案备选池"。如果此想法不切实际，可以直接丢入"放弃池"。以此类推，对所有想法都"评估和改善"，分别放入"方案备选池"和"放弃池"。

在这个环节的最后，由外请专家对所有想法做一次解读和分析，从以往的经验或者另外一个角度为解决方案进行有效性评估。完整的头脑风暴法使用模板，如图 4-19 所示。

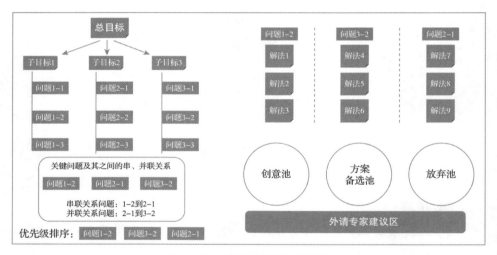

图 4-19　头脑风暴法使用模板

执行阶段：

头脑风暴法的最后阶段，必须形成具体的运营方案。最好在当场就确定解决方案的主要负责人，并明确责任、权限和奖罚机制。主要负责人将所有"方案备选池"的想法进行汇集整理，然后制订完整的运营方案，在方案中也必须明确每个想法可以执行的具体时间点以及需要的资源支持。

最后，在全年度的运营复盘时，对在头脑风暴法的使用上表现突出或提出有效解决问题方案的团队给予奖励，这样会极大调动每个人主动思考的积极性。

以上就是头脑风暴法，用于复杂问题的群体智慧产出，是日常运营工作中较为有效的方法。

第 5 章
短视频 / 直播平台运营

5.1 互联网常规体验的上限

随着技术的进步和互联网行业的发展,用户使用习惯也发生了巨大的改变。流量逐渐在短视频/直播平台聚集,截至目前,该类平台的日活跃用户数几乎与社交平台持平,甚至在"使用时长"这个关键指标上,短视频/直播平台已显现出超过社交平台的趋势。

众所周知,评价一个互联网产品是否具有高价值就要从三个角度出发:其一,是否有绝对的用户数量;其二,是否能使用户的时间极大地消耗在产品中;其三,平台是否有绝对高的现金(成交金额)流转。短视频平台起初具有了前两者,随着各平台加入了直播功能,第三者也呈现井喷式的增长。短视频/直播平台已经发展为获取用户、转化用户和服务用户的最大流量池。

可以预见的是,如果终端硬件方面没有颠覆性的突破,短视频/直播平台将是互联网产品生态最后一个大型流量中心,因为其仅靠一块屏幕就能满足用户视觉和听觉的极限体验。刷视频的最后障碍——网速与流量成本,已经被彻底打破。

用户在哪里,运营就在哪里。在此,特别将短视频/直播平台的运营单独成章。

5.2 短视频/直播运营的基础数据指标

短视频/直播平台对内容的理解绝大部分由机器完成,一条短视频的质量好坏,往往取决于观众产生的自然观看数据,所以,要先熟知平台都是靠哪些数据评判短视频质量，才能有效地做好短视频运营，并且最大化地获取平台分发的流量。表 5-1 为大家梳理了短视频平台评判视频质量的关键数据指标，几乎所有平台都会参考以下指标，区别无非就是各指标的权重大小罢了。

表 5-1 短视频运营基础数据

数据指标	定义	作用
播放数量	视频的播放次数	衡量该视频用户初级喜爱程度
点赞数量	视频被点赞的次数	衡量该视频用户更进一步的喜爱程度
评论数量	视频被评论的数量，包括评论中下面的回复数量	衡量该视频用户愿意互动的喜爱程度
分享数量	视频被分享的次数	衡量该视频用户更高级的喜爱程度
完播率	完播率就是视频的播放完成率，就是说所有看到这个作品的用户中，有多少人是完整地看完这条视频。100 个人中，有 30 个人看完了这个视频，完播率就是 30%。部分平台以播放完成 80% 以上内容即计算为 1 个完播	判断视频整体质量是否得到用户认可
停留时长	用户在该视频上停留的总时间，单位一般为秒	衡量用户一共对视频产生了多长时间的消费
复播率	视频的重复观看率，就是说所有观看完整视频的用户，有多少人看了两次及以上	衡量视频有多少人愿意看两遍以上
复播次数	视频重复观看的次数	衡量该视频得到用户喜爱的程度
账号主页视频点击数	账号主页的视频所被点击和观看的次数	衡量账号整体被用户接受的程度

5.3 短视频基础运营整套方法

短视频作为当前互联网流量最聚集的产品形式之一，有必要单独将短视频运营的所有方法整合成为一套方法。因此，下文将以短视频运营的"整套方法"为出发点，详述短视频的基础运营。

短视频运营整套方法

序号	方法名称	方法分类	针对问题	影响指标	应用场景	方法图标
51	短视频运营整套方法	短视频/直播	短视频渠道获取用户、转化用户和服务用户			

短视频运营的首要目标，就是要有一定的播放量。短视频质量再好，没有人看，也是失败的。制作短视频内容首先要具备一个核心的价值观——与用户做朋友，所拍摄的内容最好不要引导用户做"某些动作"（比如购买商品、下载 App 等），而是让你的"朋友"感到愉悦或是看完后有所收获。同时，还需要具备一个用户视角，就是自己拍出来的视频，自己是否愿意看两遍及以上。

不同的短视频平台有各自的特点和流量分发逻辑，但是，基本的内容质量评判标准与热门视频的标准，几乎是一致的，所以，用户经常会发现在某一个平台看到的热门内容在其他平台也可以看到。原因在于几乎所有短视频平台的热门视频，都是由用户的行为数据"投票"选出来的。这些行为数据趋于同质化，具体比较关键的有：点击率、播放数、点赞率、关注率、评论率、完播率和账号主页的视频的点击数等。基于此，我总结出了一套适合于各平台的短视频内容制作方法。

1. 拍摄设备与参数

短视频拍摄的第一步是拍摄设备与参数的设定。特别专业的设备或者参数设置得不合理，很容易使视频文件的质量降低，从而导致系统不经内容判定，直接降权限制流量。

每个短视频平台都会先判断视频文件本身的质量，比如，画面清晰度、画面比例、是否流畅、视频时长等，这些都是最基础的要素，不能犯低级错误。

从各短视频平台的官方建议当中，我整理了如下设备及参数的建议：

设备建议：手机设备即可，以高像素、高画质且具备防抖功能的机型为佳，如苹果 iPhone 11 系列或以上、华为 P30 系列或以上、OPPO Reno 2 系列或以上等，拍摄静态场景时最好配备三脚架。画面抖动对观感是有影响的，拍摄开始时就要避免。

关于手机拍摄的参数设置，建议选择录制视频参数：1080p/60fps，既能保证画面的清晰度，又不至于使视频文件过大，上传至短视频平台后被过度压缩。

拍摄与剪辑软件推荐：快影（限剪辑后发布快手平台）、剪映（限剪辑后发布抖音平台）、一甜相机、VUE等。注意，务必在上述软件中关闭水印功能。否则短视频平台监测出有其他产品的水印，会对视频进行适当降权处理。

另外，需要特别强调的是，如果不是特别大型的直播活动，建议只用手机直播，对高度专业且复杂的设备使用需持谨慎态度，除非有很专业的调试团队可以使各设备协同一致。

2. 短视频账号运营纪律

此运营纪律的前提是，这个短视频账号运营的目的是未来计划获得商业收益，也就是为了变现，所以下述内容均以可变现的角度来梳理。

（1）营造独特的人物设定

短视频平台会把内容分类，称之为"垂类"，在这些类别里很多都是无法变现的，比如时政新闻类、明星娱乐类等。而大部分有商业变现价值的，往往需要有一个主要人物（主播）为内容核心源。因此，一个具有商业变现潜力的账号，首先要有一个具备"看点"的人为主角。这个主角是设计好的，具有独特人物设定的（简称"人设"）。人设做得好，账号就成功了一半。

要想使人设具有天然的吸引力，建议可以从三个方面思考：

第一，反差萌人设。大部分观众对"违反常规"的、具有反差效果的人设产生天然的好奇，并且愿意花更多时间看。比如，常规认知中大部分从事护士职业的都是女性，但如果是一位男性护士，并记录大部分男性护士的工作日常，就会更有看点，具有反差萌人设的特征；比如，常规认知中大部分开重型卡车的职业司机都是男性，但如果是一位萌妹子，也会更有看点，具有反差萌的特征，会吸引观众更多地停留和观看。再配上真实的日常生活记录和表现工作"艰辛"的内容，比较容易使粉丝数增长。

第二，普通人梦想中的样子。普通人梦想中的样子是一个大类的人设，可以是草根逆袭者、成功人士、环球旅行者、咖啡店老板等人设，所拍摄内容可以是从草根逆袭成为成功人士的过程，成功人士本身对奋斗的理解，环球旅行路途中的所见所闻和风土人情，咖啡店老板的经营日常等。大部分短视频用户更喜欢真实的内容，也更喜欢看创作者已经过上自己梦想中的生活。

第三，资深专家。资深专家几乎是需要独特技能内容方向涨粉最快的人设，因为通常专家们制作的内容比较"有用"。比如，摄影专家（摄影师）制作的如何拍摄好看的照片的内容；健身专家（健身教练），制作的健身技巧和科学饮食的内容；科技类专家讲解数码产品的专业知识。

人设最终要体现在账号运营上，所以整个账号的头像、简介、背景图和短视频内容都要与人设保持一致，加强用户认知。其实，这也是"品牌"打造的过程，红人即品牌，品牌即红人。图5-1提炼出了红人与品牌的打造要素，绝大部分要素都相同。

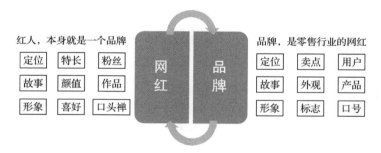

图 5-1　品牌与网络红人打造要素总结

（2）稳定且高频地发布作品

稳定且高频的作品输出很重要，最基本的要求是做到每隔3～5日更新1条视频，最佳状态是做到每日更新1条。更新频率较高不仅可以使短视频平台判定此账号为"活跃"（即可获得较高权重），还可以让普通用户或粉丝经常看到你的内容。从目前的趋势来看，短视频平台一天新增的内容数量在千万量级，内容的生命周期特别短，可替代性特别强，如果更新较慢，很快就会被用户/粉丝所忘记。一个账号长时间不更新，粉丝数自然就会下降。

（3）有趣、有用、有料的内容为主

用户打开短视频类 App 的动机大部分为消磨时间，当然，如果能再增长一些知识就更好了。所以，一个热门的短视频，要么使人愉悦（有趣），要么给人知识（有用），要么可以让用户得到奖品（有料）。

（4）积极与用户互动

积极与用户互动，不仅可以使普通观众转为粉丝，还能使粉丝进一步对账号产生好感。尤其是粉丝量较少时，频繁积极的互动会加快涨粉的进度。通常的互动方式为视频的评论要回复，私信也要回复。

（5）适当购买推广

几乎每一个短视频平台都有付费推广的功能，这类功能要在账号创建之初就适当地使用。从金额较低的推广做起，播放量较大的视频可以逐步加大推广力度，直到两周左右视频的生命周期完结。

鼓励大家做付费的推广，根本原因在于这是各大平台一项重要收入，所以，平台也会将付费推广产生的曝光量、播放量等数据计入对视频质量的判断中，只要有足够的完播率，系统会再次加大视频所进入的流量池，匹配更多的用户去观看。所以，付费推广在短视频运营中是必须要做的。

3. 打造热门视频的基础要素（短视频上热门法）

打造热门视频的基础要素有 8 个，分别为：

（1）原创内容

原创内容不用过多赘述，任何一个平台都会鼓励创作者做原创内容，打压抄袭作品。一方面是为了平台可以产生更多优质内容，另一方面是减少知识产权侵权的行为发生。所以，绝大部分短视频平台都有视频原创检测功能，一旦发现非原创视频，会马上降权限制流量，甚至会屏蔽/删除视频并处罚账号。

不过，这里的"原创"不是跨平台的，而是只能在同一平台里做约束。比如，甲用户在 A 平台发布的内容，又发布到了 B 平台，该内容在 B 平台也算是原创。但是，如果有其他用户把甲发到 A 平台的内容搬运到了 B 平台，那么，当甲再发同样内容的时候，B 平台的系统反而会判定该内容为非原创。所以，如果是同一个创作者在多个短视频平台有账号运营，建议同样的内容同时发布到所有平台上，避免其他用户搬运自己的内容后使系统误判自己为非原创。

特别注意的是，如果把某一条视频删除后再发，则会被系统认为是"重复"内容，也会被限制流量供给。大部分内容平台的"删除"，几乎都是"逻辑删除"（就是视频被标记为"删除"），而非"不存在"的删除。

（2）泛垂直化

短视频账号的内容要足够的"垂直"，意思是视频内容要围绕某个大的领域来做。比如，搞笑段子类的账号，就要一直拍搞笑的内容；直播带货类的账号，就要一直拍摄商品相关的内容。这样不但会让系统在推荐视频内容的时候更明确给该账号匹配相应的用户，还可以使账号本身在推广时获取更精准的人群。但是，又不可以过度垂直，因为这样会导致账号视频内容的"同质化"。虽然每个用户都有自己的偏好，但每个人对内容又是追求新鲜感的，就像每天吃同样的菜会腻一样，看过多同样类的视频也会"腻"。因此，建议账号的内容最好"泛垂直化"，在制作垂直内容的同时兼顾"丰富度"。比如，做旅行内容的账号，除了介绍各目的地的风景、人文和行程攻略外，还可以适当介绍当地特色美食及其制作过程（美食类账号的垂直内容），适当丰富账号内容。

（3）热门话题

互联网内容平台都会有话题，通常以 # 开头。热门的话题关注的用户自然会更多，巧妙加上热门话题是提升视频内容关注度的方法之一。通俗来说就是"蹭热点"。加入热门话题一定要快速，发现有热门苗头的，马上加入。因为热门话题普遍生命周期较短，通常 5～7 天左右就会失去热度。

特别需要注意的是，跟着热门话题做内容，一定要先评估两个方面：一个方面是此话题是否为"正向"事件，如果是违反社会公序良俗，或者是竞争对手的负面消息，那么，建议谨慎加入此话题；另一个方面是话题是否与账号的垂类方向相关，比如，一个做美食类内容的账号，就不适合加入汽车行业的热门话题。

（4）封面吸睛

封面的作用在两类短视频运营场景下是必须要做好的，其一，需要点击封面才能进入视频的App；其二，用户浏览账号个人页面时，需要点击封面图片才能选择观看视频。

这两类场景中一个决定了视频是否可以被用户观看，一个决定了账号整体权重的提升。因为几乎所有短视频平台都会计算用户看账号主页时还能再看多少个视频，看得越多，权重越大。因此，视频封面是用户的第一入口，务必做好。

封面的制作首先要保证图像的清晰度，无论是否好看，让用户看清楚是第一要务。其次，配色和排版要合理，封面的背景要选择较为鲜艳的色彩，或是与文案有较大的对比度，使画面主体与文案突出。将最吸引人的商品或主播放在封面的中心位置，并且适当放大文案。同时，文案的字数要控制好，力争用最少的字数说明视频内容。最后，封面内容与视频内容一定要保持一致，常见的方式就是截取视频中最好的一帧作为主图再加上合适的文案。

（5）字幕特效

短视频中只要有口播内容的，都要加上对应的字幕，方便用户明确清晰地理解主播所讲内容，也可以使部分不方便外放声音的用户看完视频，有助于视频播放量的增长。

特效是烘托视频内容气氛的手段，可以让视频在观感上更吸引注意力。

（6）热门音乐

热门音乐的使用可以增加视频内容的完播概率。用户听到熟悉的声音，总会多停留一会，看看最后会有什么样的内容呈现。

（7）高峰发布

高峰发布是指在流量高峰的时候发布作品，这样会增大被更多用户看到的概率。一般高峰时间指的是 11:00–13:00 和 18:00–21:00 这两个时间段。但是，现在知道高峰发布的创作者过多，大家都集中在这两个时段发布作品，导致被观看的概率逐步降低。所以，要根据自己的内容特点，在高峰时段前后发布会更好。

（8）明确标题

每个短视频都要有一个简单明确的标题来概括视频的内容。很多账号发布作品都不加标题，这是非常低级的失误。标题不仅可以使用户更快地了解内容，还能给内容增加更有趣的解读，同时，在用户搜索某类视频时，可以增加在搜索页面中的曝光，从而吸引更多精准兴趣人群观看，进而增加获取粉丝的机会。

注意，除了上述要做到的点，还有一些错误要避免。

避免画面不高清，只有画面足够清晰，才能吸引用户看完视频；

内容过短或过长，视频不宜过长（1分钟以上）或过短（10秒以下）；

商业意图过于明显：最好不要在作品里直接体现价格，或者大篇幅地讲解商品的卖点。

4. 通过内容带货的技巧

通过短视频销售商品是内容变现的主要手段。而做好一条能引起用户购买欲望的短视频是十分不容易的。对此，有五种技巧可以强化视频内容对商品销售的促进。

（1）商品作为唯一画面

不用铺垫，将商品直接展示，作为唯一画面进行露出。简单快速地给用户展示商品的各项功能、卖点和能解决的问题。这样会使对商品感兴趣的用户产生自然停留，不感兴趣的用户马上跳失，增加精准人群的覆盖率。其实这也是一种用户筛选方式，保留对商品感兴趣的人群，滤掉无关人群。

（2）真实使用体验

主播要直接使用商品并直接讲出感受，而不是一味地拿着商品进行多角度的展示。只有自己在亲身使用，才能增加用户的信任度。

（3）围绕一个核心卖点

大部分商品都有多个属性，从而也会有若干个卖点，商品类视频内容往往会讲得大而全。比如，一件某品牌的羽绒服，具备 5 个卖点：90 白鹅绒、发热涂层、抗菌防水、锁绒工艺和加厚貂子毛。绝大部分创作者都会将 5 个卖点在一条视频中逐个展示，但是：把所有卖点都泛泛地讲一遍很难让用户形成明确清晰的认知，不如围绕每一个核心卖点做一条单独的视频内容（形成卖点系列）。只要用户对其中一条视频（即一个卖点）感兴趣，就会回到账号主页找到其他的卖点充分地了解，从而让每个卖点都给用户很强的认知，这样的转化效果要好于大而全的卖点介绍视频，转化率自然也会提升。

还以上述羽绒服为例，可以围绕"90 白鹅绒"做一条单独的视频内容，需要详细讲解什么是 90 白鹅绒（即含量 90% 的白鹅绒），为什么是 90%（目前市场上常见的羽绒分为 50%、70%、80%、90%，百分比越高代表羽绒的品质越高，但最高的就是 90% 的鹅绒），为什么是鹅绒（因为羽绒服的填充材料等级从品质和价格上由高到底的顺序为：白鹅绒 > 灰鹅绒 > 白鸭绒 > 灰鸭绒，鹅绒为品质最高等级，并且鹅绒还具备异味小、清洁度高等优点），最后总结一下，当前羽绒服采用 90 白鹅绒与其他材质的对比，对比的结果落在羽绒服解决的问题——保暖性上面。这就是围绕一个核心卖点，将其拆解为三个子卖点，深度讲透的过程。同理，围绕每个卖点，可以如此拆解，最后形成卖点系列内容。

另外，围绕单一核心卖点做视频，还有一个很重要的原因——完播率的提升。大而全的卖点视频往往时间较长，会极大影响完播率，而单一核心卖点视频，往往短小精悍、重点突出，可以增加完播概率，使视频更容易上热门被更多的人看到。

（4）源头工厂日常展示

本书在内容运营部分讲过，围绕商品的内容想要获取用户信任，可以从两个方向来思考——拆解和溯源。所以，视频内容是可以做到很好的"溯源"展示的。每条视频都可以在生产工厂里拍摄，展示制作过程，用料情况等，使用户相信这个商品是直接从工厂出来的，无中间商赚差价。

（5）常规视频作品软植入

最后一个技巧是常见的软文植入。在该账号固有风格的作品中加入商品信息，最好能给用户一种出其不意的有趣感，让内容本身和商品能带来的好处巧妙结合在一起为最佳。

5. 推广作品技巧

每一个短视频平台都有付费推广功能。平台的主要营收手段之一，也是来自用户的付费推广。所以，专业的短视频平台账号运营，一定要有相当的预算做付费推广，给平台创造收入，平台也会补贴流量给账号。更关键的是，付费推广带来的播放和完播，都会计入短视频的质量指标，播放数高，进入更大的流量池的概率就会成倍提高。

因此，特别整理三个作品推广的技巧，帮助大家提升作品推广的效果。

（1）付费推广作品的选择

不是所有的作品都值得花费推广预算。付费推广是一种"锦上添花"的行为，而不是雪中送炭。只有短视频的质量足够优质（具有群众偏好基础），才是值得被付费推广的。否则，推广的预算就会被浪费。因此，选择正确推广的作品是第一步。

"正确的作品"是需要经过测试的。具体方法是，2天内发送3～5条作品，分别观察作品在同一时间段内（比如12小时）的播放量、互动数据（点赞、评论和转发），再计算出点赞率、评论率和转发率，综合播放数，选出1～2

条数据相对最好的作品进行推广。

（2）付费推广购买技巧

付费推广技巧最重要的就是掌握好推广的节奏。建议以"少量多次"的形式下推广订单。比如，可以先购买 1 万～ 2 万次的曝光（10 ～ 20 个 CPM），投放时间设定为 18 ～ 24 小时，这样系统会有相对较长的时间去寻找潜在的粉丝和兴趣人群。而且，在账号粉丝量不大的情况下，建议用通投（通用型投放计划，即非定向人群投放），当逐步有了稳定的粉丝和兴趣人群的互动后，再进行目标人群的定向投放。

（3）付费推广追加投放

基础的付费推广之后，要"乘胜追击"，筛选出效果较好的作品追加投放。对已付费推广的作品的基础数据再次进行统计跟踪，除了播放量、互动量以外，再增加一个重要观测的数据指标——涨粉成本，即总花费金额 / 总涨粉人数。找到上述数据指标均相对较好的作品，进行反复追加投放，此时可以给予作品大单大量的推广，也就是可以一次性下 100 万～ 200 万次的曝光订单，如果登上热门，还可以再次反复追加投放。

总的来说，付费的作品推广是以小成本试错开始的，对多个相对优质的视频进行测试，效果好的持续追投。

以上便是短视频运营的入门理论和基本运营方法，可以运用到各个短视频平台。下面进入短视频的升级体验形式——直播运营。

5.4 直播基础运营的全套方法

直播运营的首要目标，是增加观看人数，可拆解为增加实时在线人数和累计观看人数。无论是纯娱乐直播还是卖货直播，如果没有人看，就是无效的。因此，如何使更多的用户进入直播间，如何使已进入直播间的用户停留，是直播运营的核心任务。

直播的特点是用户不断地进入，也不断地流出，从头看到尾的观众非常少。所以，直播运营的特点就是做到"内容打散"，让每个刚进来的人快速理解在做什么，让每个想出去的人都有无法出去的理由。

直播的形态大概分为两类，内容类直播和交易类直播。内容类直播包括秀场类（才艺展示、吃播等）、课程类、游戏类等；交易类直播即电商直播，为了卖货而开直播。内容类直播以强互动、有趣好玩、新颖创意和有用知识为主要方向，交易类直播以丰富的选品、出人意料的价格和新奇特商品为主要方向。最重要的是，这两类直播一定不能同时做。要内容，就要一直做内容，要交易，就要从一开始就介绍商品，千万不可做内容的同时卖商品，也不可以卖货的时候讲笑话、秀才艺。

现在以交易类直播（电商直播）为重点，讲一讲直播运营如何做。

直播运营整套方法

序号	方法名称	方法分类	针对问题	影响指标	应用场景	方法图标
52	直播运营整套方法	短视频/直播		直播渠道获取用户、转化用户和服务用户		

1. 精选主播

交易类直播是以成交商品为最终目的，也就是说进入直播间的用户要被"转化"成购买用户。在传统的电商交易中，用户主要"转化"的是对商品的"价值评估"，比如，用户在淘宝上购物，搜索一个关键词，然后浏览不同的商品，选定了某个品牌的某型号商品，再去多家销售同样商品的店铺进行价格、服务的对比，最终"转化"为购买用户；而电商直播则略有不同，虽然第一步也是判断是否需要商品，价格是否合适，但更多的是出于对主播的信任才购买，而且大部分商品是具有冲动性消费特征的品类。总结为一句话，平台电商用户转化的是商品的价值感，直播电商用户转化的是对主播的信任感。

因此，直播运营的第一步，就是精心挑选一个主播。那么，一个优秀的主播应该是什么样的？可以从以下四个维度进行判断：

（1）人格魅力

人格魅力是指一个人的形象气质、性格、道德品质等方面具有较强吸引力。体现在直播间中的具体表现就是：具有良好的形象气质，性格豪爽或幽默健谈，道德品质高尚，时刻维护自己粉丝的利益。这样的人格是大众广受喜欢的。

（2）选品能力

交易类直播的核心是商品，选品能力决定直播间的整体效果，并且决定了用户回购、回看的概率。因为，用户购买某个主播的商品时，首先会从价值评估的角度先看这个商品是否值得买，然后出于对主播的信任，最终产生下单行为。

选品能力也是销售能力，需要主播掌握一定的说服技巧，不仅可以很好地展示商品外观、诠释商品使用技巧，还可以在直播过程中不断放大商品的特性和卖点。比如，服饰类主播需要具备较好身材，食品类主播需要能表现出食物的美味感。

（3）控场能力

主播的控场能力包括执行控场和临场应变。

执行控场指的是主播在直播过程中可以有条不紊地执行各个直播环节，表达流畅清晰，不出现冷场，不出现重复一句话等情况。

临场应变能力非常考验主播的应变能力，尤其是在直播间评论区产生大量负面评论，甚至有人恶意攻击的情况下，还可以镇定自若地回复，正向地引导。

（4）专业知识

对商品的专业知识储备是非常重要的。用户更加偏好信任在某一行业的"专家"。而专业知识的提升不是一朝一夕的事，所谓术业有专攻，不同行业的商品所需要的判断维度、判断标准和价值衡量标准都相差甚远。所以，专业知识要靠时间的积累和实战投入。

2. 选品精准

直播只是一种展现形式，用户真正转化的还是商品。所以商品的好坏直接决定了直播的销售额。下面就来说说选品的几个基础技巧。

首先，选品的出发点是用户。要根据粉丝的数据画像来选择商品，尤其是年龄段构成、性别构成以及区域构成这几个维度。比如，一个主播的粉丝是以 21～30 岁的男性用户为主，那就不太适合选择美妆、护肤等商品；如果大部分粉丝的所在地为广东、海南，就不太适合选择较为厚重的羽绒服产品。

其次，选择性价比高的商品。性价比高可以提升转化率，大部分用户都倾向于"只买对的，不买贵的"。

再次，根据自身优势和人设特点，选择合适的商品种类。比如，果农就卖水果，服饰类主播就卖服饰。即使跨品类售卖，也是要找到关联度比较高的商品，比如，水果可以搭配蔬菜、生鲜类商品。

最后，根据季节更替规律选择对应商品。几乎所有商品都是有淡旺季的，根据季节性及时调整选品重心非常有必要。比如，服饰类的主播，冬天以羽绒服、棉服为主，夏天以泳装、连衣裙为主。

3. 直播前的准备

直播前首先准备脚本，确定好整体流程、道具、节奏、选品（如做直播卖货）、话术（大致台词）。脚本模板如表 5-2 所示。

表 5-2 直播脚本模板

基本信息	
直播名称	幸福新春，好运整年
主播名	快乐的丫丫
直播计划时长	120 分钟
播出时间	2 月 3 日 20：00—22：00
播出平台	抖音
节目形态 1	棚内娱乐直播
节目形态 2	电商直播

（续）

流程编号	时间节点	直播内容	图片示例	产品	直播间价格	一句话利益点	台词与情节参考
1	18：30-19：30	准备工作：室内布置，道具摆放		无	无	无	无
2	20：00-20：15	跟观众打招呼，直播间预热，等待粉丝陆续进入		无	无	无	A: 兄弟姐妹们，大家好，好几天不见你们，真想你们啊！马上要过年了，咱们都玩起来！年货买起来！ （转向助播问问题） A：快过年了，你们都在家玩什么呢？ B: 在我家，有一个传统习俗，就是在家里蹦迪！怎么样？厉害吧？ A：这么会玩！全家人都蹦吗？长辈们受得了吗？ B: 放心，是静音蹦迪！重点是"静音"。我给大家展示一下！ 直播间突然静音，B开始很兴奋得手舞足蹈，A一脸惊恐和不解 A: 停停停，你赢了，快坐下来吧！大过年的，我们能不能静静地看别人蹦迪？
3	20：15-20：30	商品介绍1		1. 名称：JQM G800投影仪 2. 卖点：颜值高，360°立体式环绕音响，2+16G超大内存	3299元	比某平台低300元，再送1年视频会员	B: 那就弄个大屏，来！上投影！这个投影……（讲卖点） A：让我看看？（演示商品） （注意与用户互动，回答问题，引导购买）

所有准备工作完成后，直播前一定要再次做测试。按照真实开播所计划的环节，精简快速地试播一次。从流畅度、画面观感和操作商品改价等维度进行全面测试。尤其是较大型的多机位的直播，务必提前测试所有设备的协同。日常用手机设备直播的方式比较简单，一部手机承载了所有操作，简单快速，但多机位联动的方式会有很大的不同，所有设备单独拿出来都很专业，

但连在一起就会出现很多意想不到的情况，需要提前进行测试。

直播筹备的最后一步，是制作直播预告。制作直播预告海报和直播预告短视频，并提前一两天发布。

如果做电商类的直播，建议预热的时候列出主要商品的情况，图文并茂地发到各个渠道。直播购物的过程中不确定性因素非常多，很多情况是粉丝看直播时临时产生了需求并购买，所以，要在这样不确定的情况下增加确定性，提前给各类用户展示要销售的商品和大概价格，确定性的增强，就可以增强直播带货的效果。

4. 直播中的技巧

直播过程中要想使直播间人气不断，提升转化效果，需要注意五点。

（1）福利商品

几乎每一场直播都需要有秒杀、免费送等玩法，为用户送福利的商品价值在成本可控的范围内越高越好。在一个成熟的直播间，几乎要每过10~15分钟就做一次有条件（关注、转发直播间）抽奖，每过30分钟就抽一个大奖，如手机、平板电脑等。

这几乎是非常有效的留住用户、增加直播间人气的方法。

（2）情绪把握

主播要保持饱满的情绪，高昂的热情，因为主播的"情绪"是可以被用户感受到的，也可以感染屏幕前的用户。主播越是热情好客，越容易转化用户。很多主播在直播2小时后会进入倦怠期，能持续保持饱满情绪的主播，才是专业水平过硬的。

（3）助播配合

一个人对着屏幕直播很容易冷场，甚至是台词讲完后突然无话可讲。所以，有一个好的助播非常重要。除了在商品讲解上做补充，还能活跃现场气氛，与主播形成内容上的互相补充。

（4）积极互动

互联网直播带货相比于其他传统的电商渠道，最大的不同在于强互动性，是最接近线下面对面与导购交流的卖货方式。所以，务必多关注用户的评论，并且给予实时的反馈，不仅会让有同样问题的用户一起解惑，更能增加用户对主播的好感。

（5）适时推广

直播中可以根据人气做适当的推广。推广的时机往往是直播开播后5~10分钟的流量爬坡期，也可以是直播间赠送奖品的前10分钟。这样付费拉来的用户就会马上对主播产生兴趣，并且可以参加互动抽奖，不断提升直播间人气。

5. 直播后复盘

整个复盘的方法在本书已有讲解，这里不再赘述。

针对直播活动的复盘，指标方面会有所区别，主要是要统计和分析本场直播的成交金额、销售数量、推广费消耗、新老用户数、退货退款量等关键指标。

然后要看过程数据，比如平均在线时长、转化率、总观看人数，接着是对应这些数据的运营策略回顾，及运营策略对应的运营动作。

最后，根据这些运营动作和结果，综合分析哪些动作是有效的，哪些是无效的，出现的问题有哪些，后续如何解决。

以上是所有短视频/直播平台运营的基础理论。